山东大学基本科研业务费专项资金资助出版

涉外遗嘱法律选择方法研究

杨灵一　著

A Study on the Choice-of-Law Approaches of
Foreign-related Testament

WUHAN UNIVERSITY PRESS
武汉大学出版社

图书在版编目(CIP)数据

涉外遗嘱法律选择方法研究/杨灵一著.—武汉：武汉大学出版社，
2023.6

ISBN 978-7-307-23701-8

Ⅰ.涉… Ⅱ.杨… Ⅲ.遗嘱—继承(法律)—研究—中国
Ⅳ.D923.54

中国国家版本馆 CIP 数据核字(2023)第 062188 号

责任编辑:陈　帆　　　责任校对:汪欣怡　　　版式设计:马　佳

出版发行:**武汉大学出版社**　　(430072　武昌　珞珈山)
　　　　(电子邮箱:cbs22@whu.edu.cn　网址:www.wdp.com.cn)
印刷:湖北恒泰印务有限公司
开本:720×1000　1/16　　印张:17.5　　字数:260 千字　　插页:1
版次:2023 年 6 月第 1 版　　2023 年 6 月第 1 次印刷
ISBN 978-7-307-23701-8　　定价:70.00 元

序

在早期的国际私法立法中，关于涉外遗嘱法律选择方法的规定较为简单。为解决各国关于遗嘱的法律冲突问题，国际社会作出了不懈的努力。海牙国际私法会议分别于 1960 年和 1988 年通过了《遗嘱处分方式法律冲突公约》和《死者遗产继承法律适用公约》。在海牙国际私法会议的推动下，20 世纪 60 年代以来，世界各国掀起了一股国际私法立法的浪潮。荷兰、阿根廷、德国、波兰等近 70 个国家和地区相继制定或修订遗嘱冲突法，传统的涉外遗嘱法律选择方法被不断改造。

欧盟一直致力于协调其内部的国际私法规则，近年来则着力于促进继承法律适用规则的统一化。2012 年《欧洲议会与欧盟理事会关于继承事务的管辖权、准据法、判决的承认与执行、公证书的接受与执行以及关于创制欧洲继承证书的欧盟第 650/2012 号条例》(简称《欧盟继承条例》) 公布，促进了欧盟内部遗嘱冲突法的统一化，并对其他国家和地区的立法也产生影响。目前，涉外遗嘱法律选择方法趋于多样化、复杂化，已形成多种方法并存的局面，尤其是对意思自治原则和最密切联系原则的适用，克服了传统法律选择方法僵硬、机械的弊端。

《涉外遗嘱法律选择方法研究》一书以 65 个国家和地区的立法资料为研究基础，通过对法律文本的分析，总结归纳各立法例对分割方法、遗嘱人的属人法、意思自治原则以及例外条款的运用，探究涉外遗嘱法律选择方法之间的内在协调与差异。作者还统计分析了 2013 年至今近十年来我国法院审理的共 119 例案件，立足于我国的司法实践展开研究。纵观全书，其资料丰富、视角独特、层次分明、文笔流畅，具有较高的学术价值和实践意义。

　　本书作者是刚步入学术殿堂的年轻学者，资历尚浅，学术能力有待提高，书中难免存在疏漏与不足之处，希望读者评鉴指正。作者在武汉大学攻读博士学位期间，我曾担任他的导师，在本书即将付梓之际，我欣喜地写上数言，是为序。

2022 年 9 月 15 日于北京

目　　录

引　言

一、研究背景和研究意义

(一)研究背景

遗嘱继承常被认为仅在一国地域范围内发生效力，因此，关于遗嘱制度的研究更多地集中在一国范围内。① 然而，随着人权保护观念的加强，现代家庭结构已经突破传统核心家庭的限制，向着更为开放的结构发展，遗嘱法随着家庭法的发展而变化，各国普遍删除歧视婚外子女继承权的法律规定。家庭法等其他与人身关系密切相关的法律领域已经出现了激进的方法论变革。② 遗嘱人立遗嘱也不再只关注家祀传承，更注重表达意愿和分配财产，遗嘱法逐渐摆脱了身份法的烙印。未来社会、经济和法律的发展还将持续影响着遗嘱制度，各国有关遗嘱的法律规定面临更激烈的碰撞。一个以往被广泛接受的观点——遗嘱继承是一个地方性的问题且不太具有比较研究的价值，已经受到挑战。③

20 世纪 60 年代以来，世界各国掀起了一股国际私法立法浪潮，在这期间，世界各国和国际组织通过的国际私法法典和国际条约数量比国际私

---

① See Kenneth G C Reid et al., Exploring the Law of Succession: Studies National, Historical and Comparative 6(Edinburgh University Press 2007).

② See Horatia Muir Watt, European Federalism and the "New Unilateralism", 82(5) Tulane Law Review 1984(2008).

③ See Kenneth G C Reid et al., Exploring the Law of Succession: Studies National, Historical and Comparative 7(Edinburgh University Press 2007).

法诞生以来的总和都要多。① 意大利②、韩国③、罗马尼亚④、波兰⑤、阿根廷⑥、匈牙利⑦和爱沙尼亚⑧等国家修改、完善其遗嘱冲突法。还有的国家或地区制定新法，比如 2020 年《北马其顿共和国〈关于国际私法的法律〉》⑨、2019 年《克罗地亚共和国〈关于国际私法的法律〉》⑩、2017 年《摩纳哥公国〈关于国际私法的第 1448 号法律〉》⑪、2015 年《巴拿马共和国国

①　See Symeon C. Symeonides, Codifying Choice of Law around the World: an International Comparative Analysis 2(Oxford University Press 2014).

②　参见杜涛译，韩德培校：《意大利国际私法制度改革法》，载《中国国际私法与比较法年刊》（第 2 卷），法律出版社 1999 年版，第 537～557 页。1942 年《意大利民法典》参见李双元、欧福永、熊之才编：《国际私法教学参考资料选编（上册）》，北京大学出版社 2002 年版，第 341～342 页。

③　参见沈涓译：《韩国 2001 年修正国际私法》，载《中国国际私法与比较法年刊》（第 6 卷），法律出版社 2003 年版，第 636～652 页。1962 年《韩国国际私法》参见李双元、欧福永、熊之才编：《国际私法教学参考资料选编（上册）》，北京大学出版社 2002 年版，第 145～148 页。

④　参见杜涛译：《罗马尼亚民法典》，载《中国国际私法与比较法年刊》（第 15 卷），北京大学出版社 2013 年版，第 705～730 页。1992 年《罗马尼亚关于调整国际私法法律关系的第一百零五号法》参见李双元、欧福永、熊之才编：《国际私法教学参考资料选编（上册）》，北京大学出版社 2002 年版，第 270～291 页。

⑤　2011 年《波兰共和国〈关于国际私法的法律〉》参见邹国勇译注：《外国国际私法立法选译》，武汉大学出版社 2017 年版，第 35～150 页。1966 年《波兰国际私法》参见李双元、欧福永、熊之才编：《国际私法教学参考资料选编（上册）》，北京大学出版社 2002 年版，第 227～230 页。

⑥　参见陈美伊、戴昀译：《阿根廷共和国〈民商法典〉》，载《中国国际私法与比较法年刊》（第 18 卷），法律出版社 2016 年版，第 380～392 页。

⑦　参见邹国勇译：《匈牙利 2017 年〈关于国际私法的第 28 号法律〉》，载《中国国际私法与比较法年刊》（第 21 卷），法律出版社 2018 年版，第 346～374 页。

⑧　参见邹国勇、王鑫译：《爱沙尼亚共和国〈国际私法法令〉》，载《中国国际私法与比较法年刊》（第 26 卷），法律出版社 2021 年版，第 364～379 页。

⑨　参见邹国勇译：《北马其顿共和国〈关于国际私法的法律〉》，载《中国国际私法与比较法年刊》（第 27 卷），法律出版社 2021 年版，第 369～408 页。

⑩　参见邹国勇译：《克罗地亚共和国〈关于国际私法的法律〉》，载《中国国际私法与比较法年刊》（第 24 卷），法律出版社 2020 年版，第 357～374 页。

⑪　参见邹国勇、王岩、莫德：《摩纳哥公国〈关于国际私法的第 1448 号法律〉》，载《中国国际私法与比较法年刊》（第 25 卷），法律出版社 2020 年版，第 356～373 页。

际私法典》①、2014 年《多米尼加共和国国际私法》②、2013 年《黑山共和国〈关于国际私法的法律〉》、2012 年《捷克共和国〈关于国际私法的法律〉》、2011 年《荷兰〈民法典〉第 10 卷(国际私法)》③、2011 年《阿尔巴尼亚〈关于国际私法的第 10428 号法律〉》④、2007 年《马其顿共和国〈关于国际私法的法律〉》、2007 年《斯洛伐克共和国〈关于国际私法与国际民事诉讼规则的法律〉》、2006 年《日本关于法律适用的通则法》⑤、2005 年《保加利亚共和国〈关于国际私法的法典〉》、2005 年《乌克兰国际私法》⑥、2004 年《比利时国际私法典》⑦、2001 年《俄罗斯联邦民法典》、1999 年《亚美尼亚共和国民法典》和 1991 年《加拿大魁北克民法典》⑧。

　　为解决各国关于遗嘱问题的法律冲突，国际社会作出了不懈的努力。海牙国际私法会议一直为统一继承法律事务的国际私法规则而努力，并取得突破性进展。1960 年海牙国际私法会议通过了《遗嘱处分方式法律冲突

---

　　① 参见张天仪、冯宏霞、潘灯校：《巴拿马共和国国际私法典》，载《华政国际法评论》(第 3 卷)，法律出版社 2016 年版，第 194~222 页。1974 年《阿根廷国际私法(草案)》参见李双元、欧福永、熊之才编：《国际私法教学参考资料选编(上册)》，北京大学出版社 2002 年版，第 497~507 页。

　　② 参见陈慧译，杜涛校：《多米尼加共和国国际私法》，载《中国国际私法与比较法年刊》(第 18 卷)，法律出版社 2016 年版，第 364~379 页。

　　③ 参见马泰斯·田沃德、龙威狄、赵宁译：《荷兰〈民法典〉第 10 卷(国际私法)》，载《中国国际私法与比较法年刊》(第 14 卷)，法律出版社 2012 年版，第 427~470 页。

　　④ 参见邹国勇、王姝晗译：《阿尔巴尼亚〈关于国际私法的第 10428 号法律〉》，载《中国国际私法与比较法年刊》(第 26 卷)，法律出版社 2021 年版，第 380~400 页。

　　⑤ 参见崔绍明译：《法律适用通则法》，载《中国国际私法与比较法年刊》(第 10 卷)，北京大学出版社 2007 年版，第 449~464 页。日本于 2006 年颁布新的法律取代了 1989 年的《日本法例》，但并未修改涉外遗嘱法律适用规则。

　　⑥ 参见匡增军译：《乌克兰国际私法》，载《中国国际私法与比较法年刊》(第 10 卷)，北京大学出版社 2007 年版，第 465~487 页。

　　⑦ 参见梁敏、单海玲译：《比利时国际私法典》，载《中国国际私法与比较法年刊》(第 8 卷)，法律出版社 2006 年版，第 559~606 页。

　　⑧ 参见粟烟涛、杜涛译，韩德培校：《加拿大魁北克国际私法》，载《中国国际私法与比较法年刊》(第 2 卷)，法律出版社 1999 年版，第 558~576 页。

公约》(Convention on the Conflicts of Laws Relating to the Form of Testamentary Dispositions)的文本，1961 年 10 月 5 日签订了该公约，1964 年 1 月 5 日公约生效。公约共罗列了 7 个适用于动产遗嘱形式的连结点，最大限度地保证遗嘱形式的有效，尊重遗嘱人的意愿。公约就不动产遗嘱的形式增加一个可以适用的法律，就不动产遗嘱的形式而言，只要符合以上任何一个法律的规定，即为有效。① 公约充分反映了世界各国遗嘱形式法律适用制度的发展趋势，成为参加成员较多的海牙国际私法公约之一。② 1973 年 10 月 2 日，海牙国际私法会议制定了《遗产国际管理公约》，斯洛伐克、捷克和葡萄牙批准了公约。公约实行遗产国际许可证管理制度，有利于规范国家间对遗产的管理。1984 年，海牙国际私法会议提出将制定《死者遗产继承法律适用公约》(Convention on the Law Applicable to Succession to the Estates of Deceased Persons)，1988 年 10 月通过了公约文本。公约共 5 章 31 条，其中第 2 章"准据法"乃公约的核心部分。

欧盟一直致力于协调其境内的国际私法，但继承方面的立法一直被忽视。③ 近年来，欧盟内部的发展趋势是促进继承法律适用规则的统一化，这被认为是全球化的"自然结果"(natural consequence of globalization)。④ 1998 年 12 月发布的"维也纳行动计划"⑤("Vienna Action Plan")第 40 条(c)项提

---

① 李建忠：《论涉外遗嘱法律适用制度的发展趋势——兼论〈涉外民事关系法律适用法〉第 32、33 条的解释与完善》，载《法律科学（西北政法大学学报）》2014 年第 1 期，第 179 页。

② 黄进、姜茹娇主编：《〈中华人民共和国涉外民事关系法律适用法〉释义与分析》，法律出版社 2011 年版，第 188 页。

③ See Paul Terner, Perspectives of a European Law of Succession, 14(2) Maastricht Journal of European and Comparative Law 158(2007).

④ See Angelique Devaux, The European Regulations on Succession of July 2012: A Path Towards the End of the Succession Conflicts of Law in Europe, or Not?, 47(2) International Lawyer 231(2013).

⑤ Action Plan of the Council and the Commission on How Best to Implement the Provisions of the Treaty of Amsterdan on an Area of Freedom, Security and Justice, C 19/1, 23. 1. 1999.

出欧盟将在 2 年内"调查起草关于夫妻财产制和继承的管辖权、准据法、判决的承认和执行的法律文件的可能性"。1999 年 10 月 15—16 日，欧洲理事会在坦佩雷举行特别会议。① 根据会议要求，理事会在 2001 年颁布了《相互承认与执行民商事判决的实施办法草案》②并提出 5 年行动计划，最重要的计划是起草一个关于继承和遗嘱的管辖权、承认与执行判决的法律文件。2004 年 11 月 4 日，欧委会公布了"海牙计划"③（"Hague Programme"），明确了继承方面的立法需求，越来越多的继承事项被纳入欧盟协调的范围，并且逐渐采取具体步骤。2004 年 5 月，欧盟理事会在布鲁塞尔举行专家会议，讨论了继承准据法的选择、管辖权、与继承有关的判决的承认和执行以及欧洲继承证书四项议题，于 2005 年 3 月 1 日发布了《继承与遗嘱绿皮书》。④ 在上述计划和文件的推动下，2012 年 7 月 4 日，《欧洲议会与欧盟理事会关于继承事务的管辖权、准据法、判决的承认与执行、公证书的接受与执行以及关于创制欧洲继承证书的欧盟第 650/2012 号条例》⑤（以下简称《欧盟继承条例》）公布，除部分条款之外，自 2015 年 8 月 17 日开始适用。

（二）研究意义

1. 理论意义

有两个问题一直影响着遗嘱冲突法的发展，即为何适用外国法以及如

---

① The Presidency Conclusions, Tampere Council, 15 and 16 October 1999, available at http://ec. europa. eu/anti-trafficking/eu-policy/tampere-council-conclusions-1999_en, last visited on 11 March 2019.

② Draft Programme of Measures for Implementation of the Principle of Mutual Recognition of Decisions in Civil and Commercial Matters, OJ 2001, C 12/1. 2001.

③ The Hague Programme Strengthening Freedom, Security and Justice in the European Union. OJ C 53/1, 3. 3. 2005.

④ Commission of the European: Communities Green Paper: Succession and Wills, COM(2005) 65 final, 01. 03. 2005.

⑤ Regulation(EU) No 650/2012 of the European Parliament and of the Council of 4 July 2012 on Jurisdiction, Applicable Law, Recognition and Enforcement of Decisions and Acceptance and Enforcement of Authentic Instruments in Matters of Succession and on the Creation of a European Certificate of Succession. OJ No L 201/107, 27. 7. 2012.

何适用外国法。不同时代和不同国家的国际私法学者对此问题有不同的回答和解释，形成了各种法律适用理论和法律选择方法。法律适用理论着重回答"为什么"，即一国为什么要适用外国法，法律选择方法则主要解释"怎么样"，即一国如何选择适用内外国的法律。当然，理论和方法之间存在着不可忽视的联系，有些法律适用理论本身即构成了具体的法律选择方法。① 即使各国的遗嘱实体法和冲突法存在差异，但毋庸置疑，各国一般不会质疑为何要适用外国的遗嘱法律，而越来越注重研究遗嘱的法律选择方法问题。根据哪一种或者哪几种方法选择遗嘱准据法，以实现法律选择的可预见性与灵活性、保障冲突正义与实质正义，成为摆在各国和国际社会面前的实际问题。

　　遗嘱冲突法的功能之一在于对遗嘱法律关系准据法的确定，即如何在内外国法律之间作出选择。立法者在制定遗嘱法律选择规范或法院在处理涉外遗嘱纠纷时，究竟应根据什么方法来作出各种不同的选择？显然，法律选择都不是任意的，有着客观标准予以支撑。② 各国实践中的标准有哪些呢？对这个问题的回答，有助于指导遗嘱法律选择的立法和司法活动。根据各国的学说、立法规定和司法实践，可以归纳出决定遗嘱法律选择的不同方法。例如，依遗嘱法律关系的不同方面进行选择的方法、直接选择方法和间接选择方法、依主观连结点进行选择和依客观连结点进行选择的方法，依单一系属公式指引准据法和依有两个或两个以上连结点的系属公式指引准据法等。

　　随着国际交往逐渐密切和人员流动越发频繁，涉外遗嘱纠纷数量持续增加，传统的涉外遗嘱法律选择方法被不断改造，逐渐形成了对遗嘱冲突规范的软化处理趋势，新的遗嘱法律选择方法不断出现。有的国家运用分割方法，区分遗嘱的不同事项，分别规定法律选择规则。分割方法始于合同领域，其产生和适用是建立在对数个争讼问题逐个分析的思路之上的，③

---

　　① 参见黄进主编：《国际私法》（第二版），法律出版社 2005 年版，第 163 页。

　　② 参见李双元：《国际私法（冲突法篇）》，武汉大学出版社 2016 年版，第 236~237 页。

　　③ See Symeon C. Symeonides, Rome II and Tort Conflicts: A Missed Opportunity, 56 (1) The American Journal of Comparative Law 185(2008).

现已扩展适用于侵权、继承、婚姻等诸多领域。有的国家依意思自治原则决定遗嘱的法律选择，弥补了以往遗嘱冲突规范僵硬、机械的缺陷；有的国家允许法官例外地排除冲突规范的指引以矫正不合理的法律选择；有的国家增加连结点的数量以提高法律的可选性。目前，各国一般采用多种法律选择方法决定遗嘱的法律选择。各国对各种方法的适用有何不同？是否受到限制？应该注意哪些问题？各种方法有何发展变化？这些问题都值得进一步探讨。本书统计了 65 个国家和地区的立法资料①，分析研究各国"怎么样"决定遗嘱的法律选择。

2. 实践意义

本研究的实践意义主要是有助于完善我国关于涉外遗嘱法律选择规则的立法与司法实践。中华人民共和国成立之后很长一段时间内，我国都没有制定有关继承和遗嘱的冲突法，给法院的裁判活动带来诸多不便。在此期间，外交部和最高人民法院通过批复的方式处理了一些案件。直到 1985 年颁布《中华人民共和国继承法》（以下简称《继承法》），我国才有了关于涉外继承法律选择问题的专门立法，但当时的规定较为原则化，也未区分遗嘱继承和法定继承。1987 年施行的《中华人民共和国民法通则》（以下简称《民法通则》）遗漏了涉外遗嘱继承和遗嘱的其他事项，仅有关于法定继承的法律选择规则。因此，《民法通则》施行后，司法实践中存在的问题也未得到有效解决。有关涉外遗嘱法律选择规则的立法规定，确立于 2010 年颁布的《中华人民共和国涉外民事关系法律适用法》（以下简称《法律适用法》），该法第 32 条和第 33 条采用两分制的分割方法，将遗嘱事项分为遗嘱方式和遗嘱效力，填补了我国关于涉外遗嘱法律选择规则的立法空白，具有突破性意义。

但总体而言，《法律适用法》的规定较为简单，随着跨国、跨境人员流动愈发频繁，我国法院受理的涉外遗嘱纠纷数量和类型都在增加，涉案国

---

① 除英国、美国、南非和加拿大以外，附录部分统计了 61 个国家和地区的立法例。

家和地区范围也在扩大,《法律适用法》的相关规定逐渐暴露出缺陷,已经不能完全适应司法实践的需要。本书统计分析 open law、中国裁判文书网、北大法宝等数据库中的涉外遗嘱案件,以期发现司法实践中存在的问题,在借鉴先进立法经验的基础上,提出修改和完善我国立法规定的针对性建议。

二、国内外研究现状

(一)国内研究现状

目前,国内对涉外遗嘱法律选择方法问题的研究较全面,集中于对同一制与区别制的利弊分析、对其他国家和国际公约中涉外遗嘱法律选择方法的总结及借鉴、对《法律适用法》相关规定的分析与评价。

1. 同一制与区别制的利弊分析

沈涓教授从我国立法的视角提出了以下问题:我国确定继承准据法的原则为何从同一制变成区别制? 我国的区别制与英美法系的区别制是否有相同的制度基础? 我国采用区别制的理论解释是什么? 围绕上述问题分析论证后,沈涓教授认为我国立法中的区别制与英美法系的区别制在制度、理论和法系渊源等方面都不具有同源性。我国采用区别制更多的是迁就司法的便利,破坏了继承准据法的合理性、法律适用的一致性,阻碍我国国际私法立法向大多数国家趋近。① 宋晓教授对同一制和区别制的分析比较全面,从二者的历史渊源、制度运行及产生的问题等方面展开深入研究,既有理论分析,又有助于指导实践活动。他分析认为同一制比区别制更具有制度上的优势。鉴于我国《法律适用法》同时容纳了同一制与区别制,他建议未来我国要注意区别制与同一制在制度运行上的相互补充。② 王克玉

① 参见沈涓:《继承准据法确定中区别制与同一制的理性抉择——兼评〈涉外民事关系法律适用法〉第 31 条》,载《国际法研究》2014 年第 1 期,第 77~88 页。

② 参见宋晓:《同一制与区别制的对立及解释》,载《中国法学》2011 年第 6 期,第 147~161 页。

教授主张区别制更适合我国国情，他认为同一制和区别制各有利弊，同一制虽然带来法律适用上的便利，但导致了适用法律的机械性和单一性，这与强调灵活性和公正性的现代法律选择方法不符。只有适用区别制才有助于本国的判决得到相关外国法院的承认和执行。①

2. 对其他国家和国际公约中涉外遗嘱法律选择方法的总结及借鉴

向在胜教授认为大陆法系各国比较一致地运用分割方法，他归纳总结了大陆法系各国关于遗嘱能力、遗嘱方式、遗嘱继承与效力以及遗嘱撤销的选择法律方法。② 周黎明教授认为目前各国关于涉外遗嘱的法律选择问题一般采用当事人的属人法或行为地法。③ 袁发强教授和刘弦分析研究了遗嘱形式和遗嘱继承的法律选择方法，认为在私法自治思潮的影响下，尊重遗嘱人意思自治，尽量使遗嘱有效成为发展趋势。各国一般在遗嘱形式的冲突规范中采用多个连结点，突破了法院地法对遗嘱形式的限制。意思自治原则在遗嘱继承领域的发展较为缓慢，法院地法仍然限制遗嘱继承的效力，但当前的发展趋势是缩小公共秩序的范围和减少公共秩序的适用。④ 鲁杨、李昌化、应金丽、章玮雅、高璐也归纳总结了各国的遗嘱法律选择方法，并提出修改我国法律规定的建议。⑤ 赵鑫玲研究了美国遗嘱继承的法律选择问题，通过分析美国各州民法典、司法判例以及美国《第二次冲

---

① 参见王克玉：《国际遗产继承中的同一制和区别制辨析及对我国的立法启示》，载《吉林师范大学学报(人文社会科学版)》2005 年第 4 期，第 46~50 页。

② 参见向在胜：《大陆法系国家涉外继承法律适用法比较研究》，载《武汉大学学报(哲学社会科学版)》2007 年第 6 期，第 810~814 页。

③ 参见周黎明：《涉外遗嘱继承法律适用的比较研究》，载《商丘师范学院学报》2006 年第 4 期，第 98~100 页。

④ 参见袁发强、刘弦：《涉外遗嘱继承法律适用立法研究》，载《广西政法管理干部学院学报》2010 年第 6 期，第 70~79 页。

⑤ 参见鲁杨：《涉外遗嘱继承的法律适用问题研究》，安徽大学 2006 年硕士学位论文；李昌化：《论涉外遗嘱继承的法律适用》，湖南师范大学 2011 年硕士学位论文；应金丽：《涉外遗嘱继承法律适用问题研究》，郑州大学 2015 年硕士学位论文；章玮雅：《涉外遗嘱继承法律适用原则问题研究》，南京大学 2016 年硕士学位论文；高璐：《涉外遗嘱继承的法律适用问题研究》，中国政法大学 2007 年博士学位论文。

突法重述》，阐述美国对最密切联系原则和意思自治原则的适用、对区别制的采用以及关于遗嘱形式立法的发展趋势。她提出未来我国应适用意思自治原则，细化遗嘱效力法律选择规则，增加遗嘱形式冲突规范的连结点。① 费珊龙对《欧盟继承条例》有专门研究，他分析了涉外遗嘱法律选择的一般规则，从同一制与区别制的取舍、属人法连结点的选择、最密切联系原则的运用这三方面展开，指出《欧盟继承条例》的优缺点，提出了完善我国相关规定的建议。②

3. 对《法律适用法》相关规定的分析与评价

高宏贵教授和徐妮娜教授分析了我国制定《法律适用法》的原因和立法进程，总结该法关于涉外遗嘱法律选择方法的特点，包括采用两分制的分割方法、普遍适用无条件选择性冲突规范、对遗嘱效力的规定较严格、对遗嘱方式的规定较宽松、以经常居所地法替代住所地法、无视遗产所在地法、适用意思自治原则以及软化冲突规范的连结点。在肯定《法律适用法》的基础上也提出了四点质疑，分别是：两分制是否合理，是否可以完全无视遗产所在地法，遗嘱能力和遗嘱效力的法律适用是否可以完全等同，是否可以对遗嘱能力等事项的法律选择问题不作明确规定。继而建议未来我国应修改关于遗嘱方式和遗嘱效力的法律选择规则，增加关于遗嘱能力、遗嘱解释、遗嘱变更和撤销的法律选择规则。③

向在胜教授对比分析"继承—遗嘱"二元体例与"法定继承—遗嘱继承"二元体例的差异，认为前者更为合理，采用后者的《法律适用法》第 33 条有修改的必要。④ 李建忠教授总结涉外遗嘱冲突法的两大趋势：一是"遗

---

① 参见赵鑫玲：《美国遗嘱继承的法律适用问题研究》，辽宁大学 2017 年硕士学位论文。

② 参见费珊龙：《欧盟继承条例中的法律选择规则研究》，厦门大学 2014 年硕士学位论文。

③ 参见高宏贵、徐妮娜：《论我国涉外遗嘱继承法律适用之规定》，载《社会主义研究》2013 年第 6 期，第 115~121 页。

④ 向在胜：《海峡两岸涉外继承法律适用法之比较研究》，载《台湾研究集刊》2012 年第 5 期，第 56~63 页。

嘱"体例被广泛采纳；二是更多国家和地区采用同一制。他指出《法律适用法》第四章采用法定继承与遗嘱分立的体例结构，将导致遗嘱法律适用制度结构残缺；没有采用住所和不动产所在地这两个连结点，不符合国际社会的发展趋势；关于遗嘱效力的语义含糊，给法院的审判活动带来困扰。鉴于此，他建议我国相关职能部门应当合理解释法条，并在必要时予以修订。① 吕露露从我国关于涉外遗嘱法律选择规则的范围、连结点以及缺漏三方面分析《法律适用法》的不足之处，内容较为全面完整、逻辑结构清晰。她统计分析了 10 个案例，总结出司法实践中存在以下问题：法院忽略《法律适用法》的溯及力问题、遗嘱效力的法律适用倾向中国法、意思自治原则的立法缺漏和现实适用存在冲突、缺少不动产所在地这一连结点。她建议应优先适用意思自治原则、完善遗嘱形式要件和实质要件的法律选择规则。②

综上，国内学者大多从比较法的角度，总结分析各国以及国际公约中的涉外遗嘱法律选择规则和方法，提出修改我国既有法律选择规则的建议，这些研究成果值得肯定。但存在以下问题：第一，缺少对最新遗嘱冲突法规则的关注。虽然有学者对 2012 年《欧盟继承条例》进行研究分析，但却忽略了部分国家的涉外遗嘱冲突法已经被修改，这些修改可能是为配合遗嘱实体法的变化，可能是源于国际公约的影响，也可能是司法实践的需要，其变化及原因应当引起我国学者的关注。第二，未能准确地把握法律选择理论和方法的发展趋势。虽然部分学者指出遗嘱的特殊分割问题，但未深入到分割方法的理论部分，多数学者是直接研究各遗嘱事项的法律适用规则，有的分割为遗嘱方式和遗嘱继承，有的分割为遗嘱形式要件和

---

① 参见李建忠：《论涉外遗嘱法律适用制度的发展趋势——兼论〈涉外民事关系法律适用法〉第 32、33 条的解释与完善》，载《法律科学（西北政法大学学报）》2014 年第 1 期，第 176~185 页。

② 参见吕露露：《涉外遗嘱法律适用规则的立法及其完善》，安徽大学 2016 年硕士学位论文。

遗嘱实质有效性，还有的将遗嘱继承与遗嘱效力作为同一事项处理。鉴于此，应在把握分割方法理论的基础上，分析遗嘱冲突法中的特殊分割问题。第三，有少数学者统计分析了相关司法案例，但数量比较少，无法全面地反映我国的司法实践状况。

（二）国外研究现状

国外学者对涉外遗嘱法律选择问题的研究集中在以下几个方面：一是阐述同一制与区别制之间的冲突；二是分析其他国家和地区关于涉外遗嘱法律选择方法的发展变化；三是研究海牙国际私法会议和欧盟的立法活动。

1. 同一制与区别制的冲突

Atle Grahl-Madsen 教授[1]和 David Hayton 教授[2]都阐述了同一制与区别制的冲突，分析两种制度本身存在的问题，还分析了美国不同州对同一制与区别制的取舍，分析其背后的原因。[3] Lynn Dennis Wardle 教授和 Laurence C. Nolan 教授[4]指出，1934 年《北欧国家继承和遗产管理公约》虽然存在一些例外规定，但总体上采用同一制，五个缔约国对待属人法的态度不同，瑞典和芬兰采国籍国法主义，而丹麦、挪威和冰岛坚持住所地法主义。采用同一制的国家如果属人法标准不同，会割裂继承，最后与区别制的效果一样，世界各国即便都采用同一制，也只能在同一属人法阵营中实现统一。在属人法标准分裂的国家之间，同一制仍会带来继承的分割。区别制强调的是对不动产所在地国家主权的尊重，但当不动产位列不同国

---

[1]　See Atle Grahl-Madsen, Conflict between the Principle of Unitary Succession and the System of Scission, 28(4) The International and Comparative Law Quarterly 598(1979).

[2]　See David Hayton, European Succession laws(Jordan 1998).

[3]　See Symeon C. Symeonides, American Private International Law (Kluwer Law International BV 2008).

[4]　See Lynn Dennis Wardle & Laurence C. Nolan, Family Law in the USA(Kluwer Law International BV 2011).

家时还会被进一步分割。同一制和区别制之间存在无法磨合的冲突，各自的弊端无法自愈，总体上，同一制更具有制度优势。

2. 其他国家或地区涉外遗嘱法律选择方法的发展变化

Symeon C. Symeonides 教授[①]和 Kathryn Venturatos Lorio 教授[②]分析了美国路易斯安那州关于涉外遗嘱法律选择方法的发展变化。修改后的《美国路易斯安那州民法典》符合海牙国际私法会议确定的"尽量使遗嘱有效"原则，增加了遗嘱形式冲突规范中的连结点数量，遗嘱形式可以选择路易斯安那州法律、遗嘱行为地法律、遗嘱人立遗嘱时或者死亡时的住所地法律以及不动产所在地法律。Ornella Feraci 教授[③]分析了欧盟对意思自治原则的适用，《欧盟继承条例》第 22 条规定遗嘱人仅可以选择其作出选择时或死亡时的国籍国法调整继承整体，但必须采取明示的方式，即在引入该原则的同时应当进行限制。Janeen Carruthers 教授[④]认为应当找到意思自治在继承(或人身关系)法律选择中的"位置"。当事人意思自治原则确立于合同领域，现如今已经扩张至侵权、婚姻家庭、物权以及继承等领域，但在继承等身份领域适用该原则应与合同领域有所区别。

3. 海牙国际私法会议和欧盟的立法活动

国外学者还研究了海牙《遗嘱处分方式法律冲突公约》和《死者遗产继承法律适用公约》，分析和评价两个公约对促进遗嘱冲突法统一化的影响。

---

① See Symeon C. Symeonides, Louisiana's Draft on Successions and Marital Property, 35 The American Journal of Comparative Law 259 (1987); Symeon C. Symeonides, The Challenge of Recodification Worldwide: The Conflicts Book of the Louisiana Civil Code: Civilian, American, or Original?, 83 Tulane Law Review 1041(2009).

② See Kathryn Venturatos Lorio, The Changing Concept of Family and its Effect on Louisiana Succession Law, 63(4) Louisiana Law Review 1161(2003).

③ See Ornella Feraci, Party Autonomy and Conflict of Jurisdictions in the EU Private International Law on Family and Succession Matters, 16 Yearbook of Private International Law 105(2014/2015).

④ See Janeen Carruthers, Party Autonomy in the Legal Regulation of Adult Relationships: What Place for Party Choice in Private International Law?, 61 (4) The International and Comparative Law Quarterly 881(2012).

Carol S. Bruch 教授①和 Eugene F. Scoles 教授②不仅对两个公约的制定过程、内容和特点予以阐述，还对冲突法的一般问题有所介绍，比如公共秩序保留和反致问题。在 2012 年《欧盟继承条例》颁布前后，欧洲出现了大批学者研究欧盟遗嘱冲突法的统一化问题。这些研究涉及统一化发展的背景、过程、具体目标、对其他非成员国的影响以及评价，内容全面而具体。Anatol Dutta 教授③、Nicola Saccardo 教授④和 Jacopo Crivellaro 教授⑤都对该条例有详细研究，通过对比海牙两个公约的规定，总结出该条例的框架结构、法律选择方法、条文设计、措辞等方面的优点。2012 年《欧盟继承条例》考虑到欧盟内各国的差异，可以较好地调和各国的法律冲突。Haris P. Pamboukis 教授⑥还专门就条例的实施情况进行分析，阐述条例的协调作用和产生的实践问题。相较于欧盟此前制定的条例，《欧盟继承条例》可以被称为全能型的条例，因为其不仅规定了选择继承和遗嘱准据法的规则，还涵盖管辖权、判决的承认与执行和继承证书等事项，以期全面地解决欧盟内部的继承法律冲突。

综上，国外学者更深入地分析了同一制和区别制，不仅限于介绍两种原则的历史渊源和冲突，还对其制度的运行进行考察，分析各自在实

---

① See Carol S. Bruch, The Hague Convention on the Law Applicable to Succession to the Estates of Deceased Persons：Do Quasi-Community Property and Mandatory Survivorship Laws Need Protection? 56(2) Law & Contemporary Problems 309(1993).

② See Eugene F. Scoles, The Hague Convention on Succession, 42(1) The American Journal of Comparative Law 85(1994).

③ See Anatol Dutta, Succession and Wills in the Conflict of Laws on the Eve of Europeanisation, 73(3) The Rabel Journal of Comparative and International Private Law 547 (2009).

④ See Nicola Saccardo, The Impact of the EU Regulation No 650/2012 on Successions for Italian Nationals Residing in Third Countries(including the UK), 21 Trusts & Trustees 334 (2015).

⑤ See Jacopo Crivellaro et al., The EU Succession Regulation and its Impact for Non-Member States and Non-Member State Nationals, 22 Trusts & Trustees 227(2016).

⑥ See Haris P. Pamboukis, EU Succession Regulation No. 650/2012：a Commentary (Nomiki Bibliothiki 2017).

践中的利弊，还能够结合反致等国际私法的传统问题进行分析。国外学者虽然认可同一制的优势地位，但也指出了采用同一制可能产生的不利后果。国外学者对海牙 1961 年《遗嘱处分方式法律冲突公约》、1989 年《死者遗产继承法律适用公约》以及 2012 年《欧盟继承条例》的研究较多，特别是在《欧盟继承条例》颁布后，有较多学者分析研究该条例。国外学者的研究涉及制定背景、制定过程、基本内容和产生的影响等，较为全面与细致。

三、研究方法

1. 历史研究法

研究一项制度的发展历史对于全面、整体掌握该制度有重要作用。如前所述，遗嘱法律选择方法与其所处的时代背景和社会环境有着千丝万缕的联系，若要准确地把握遗嘱法律选择方法，就离不开对其发展历史的梳理和分析。鉴于此，本书将在阐述各遗嘱法律选择方法这一部分内容时，运用历史分析方法，从制度的缘起和发展轨迹中寻找制度与社会、文化、历史背景的关系，以期发现遗嘱法律选择方法发展变化的原因和特点，为对比分析各国具体适用各种方法奠定基础。

2. 文本分析法

分析文本是研究其他国家和地区关于涉外遗嘱法律选择方法的前提，为此，要注意收集、归纳和分析各国和地区的立法资料，熟悉并理解各立法例中的具体规定，保证研究的准确性和及时性。在考察各国和地区立法资料时还要查证资料是否过于陈旧，是否具有足够的研究价值，特别是某些国家已经多次修改立法规定，要注意对比分析新旧立法资料的不同之处。从某种程度上说，准确把握立法资料是本书研究的起点，一切分析、归纳和总结都是建立在分析资料的基础上的。本书收集了 65 个国家和地区的立法资料，通过对文本的分析，总结归纳各立法例对分割方法、遗嘱人的属人法、意思自治原则以及例外条款的运用，探究涉外遗嘱法律选择方法之间的内在协调与差异。

3. 比较研究法

研究各国和地区关于遗嘱实体法和冲突法的不同规定，找出其中的共同点和不同点，是贯穿本书研究始末的方法。本书会先对比分析各国和地区遗嘱实体法的不同，以遗嘱法律冲突的产生为研究的切入点，再比较各国和地区关于涉外遗嘱法律选择的立法规定。没有对比就没有借鉴，对其他国家和地区相关立法规定的研究最终仍要回归到对本国立法规定的完善上来，本书还会对比分析其他国家和地区立法规定与我国立法规定的异同之处。在这个过程中，既横向对比目前各国和地区最新的立法规定，也会纵向对比一国和地区内不同时期的立法规定，以求更深入地把握涉外遗嘱法律选择方法的具体适用和发展趋势。

4. 案例分析法

具体案例是评析、检视、完善我国立法规定的重要参考，我国涉外遗嘱法律选择规则的优点与缺陷都需要经过实践检验才能体现出来。通过剖析法官的选法依据和裁判理由，既可以洞悉问题的来源及表现，又可以提出立足于司法实践的建议。自 2013 年以来，我国各级法院审理的涉外遗嘱案件数量明显增加，2013 年立案的仅有 3 件，2014 年立案的有 10 件，2015 年立案的有 12 件，2016 年立案的有 10 件，2017 年立案的有 17 件，2018 年立案的有 22 件，2019 年立案的有 10 件，2020 年立案的有 21 件，2021 年立案的有 14 件。涉及的国家包括美国、意大利、新加坡、加拿大、澳大利亚、德国、西班牙、英国、菲律宾、瑞士、纳米比亚、新西兰、法国、爱尔兰、日本和泰国等。本书将在统计 10 年来我国法院审理的共 119 例案件的基础上，分析司法实践中存在的问题，进而提出具体的完善建议。

第一章　涉外遗嘱之法律冲突

第一节　涉外遗嘱处分方式之法律冲突

遗嘱处分的方式主要有指定继承人和遗赠。受法律传统的影响，大陆法系和英美法系国家的遗产处分方式差异较大。[1] 英美法系国家实行间接继承制度，遗嘱人去世后，首先由遗产代理人清理遗产，再将遗产分配给继承人和受遗赠人，遗产受益人统称为受遗赠人。英美法系国家一般规定，遗嘱人有权指定受遗赠人获得其一定数量的金钱或特定财物。如果遗嘱人没有留任何遗嘱，或以遗嘱处理遗产之外还有剩余遗产的，即依法律的规定由法定继承人接受遗产，此被称为无遗嘱继承(intestate succession)。[2] 因此，在英美法系国家，严格区分遗嘱继承和遗赠没有实质意义。大陆法系国家和地区实行直接继承制度，遗嘱人的全部财产(积极财产和消极财产)，自继承开始时概括转移于继承人，受遗赠人则只取得积极财产，因此，区分遗嘱继承和遗赠有重要的意义。[3] 本章以大陆法系国家为例分析遗嘱继承的法律冲突。[4]

---

① 参见陈苇主编：《外国继承法比较与中国民法典继承编制定研究》，北京大学出版社 2011 年版，第 305 页。

② See Hayton D., European Succession Law 91(Chancery Law Publishing 1991).

③ 参见张玉敏：《继承法律制度研究》(第二版)，华中科技大学出版社 2016 年版，第 172 页。

④ 以下对法国、德国、日本、瑞士、意大利民法典条文的引用分别参见罗结珍译：《法国民法典》，北京大学出版社 2010 年版；陈卫佐译：《德国民法典》，法律出版社 2015 年版；王爱群译：《日本民法典》，法律出版社 2014 年版；戴永盛译：《瑞士民法典》，中国政法大学出版社 2016 年版；陈国柱译：《意大利民法典》，中国人民大学出版社 2010 年版。

在分析遗赠的法律冲突时，对比分析大陆法系国家和英美法系国家的规定。

一、遗嘱继承

大陆法系国家的遗嘱继承分为两种类型。一种是以指定继承人为特点，德国、法国、瑞士、意大利等国家属于这种类型；另一种以对法定继承人的应继份进行安排为特点，日本属于这种类型。① 日本规定，遗嘱人可以采取订立遗嘱的形式概括地或者以特定的名义处分他的全部或者部分财产。② 法国、德国、瑞士、意大利规定，遗嘱人可以指定继承人继承自己的遗产，由指定继承人按照遗嘱的指定继承遗产的制度就是遗嘱继承。各国关于遗嘱继承人种类的规定各不相同。有的国家除允许遗嘱人指定一般继承人之外，还允许指定替补继承人和后位继承人。替补继承人是罗马法上的制度，被现代一些国家的继承法所承袭。替补继承是指遗嘱人在遗嘱中指定继承人后，该指定继承人因放弃继承或先于遗嘱人死亡等情况，其应继承遗产转归另一继承人继承的特殊继承制度。后位继承指遗嘱人先指定某继承人继承财产利益，因某种条件的成就或期限的到来而移转给另一继承人的特殊继承制度。③

在承认遗嘱人可以指定继承人的国家，法律规定遗嘱人可以指定任何有民事权利能力的人作为继承人，既可以在法定继承人范围以内指定，也可以在法定继承人范围以外指定，甚至可以指定法人作为继承人。如瑞士规定："除法律上规定为无继承资格的以外，任何人得为继承人，并得以遗嘱取得财产。被继承人指定一定目的而给数人团体的赠与，该团体又未取得法人资格的，应由其全体成员在被继承人指定的目的之下，分别取

---

① 参见张玉敏：《继承法律制度研究》（第二版），华中科技大学出版社 2016 年版，第 173 页。

② 参见《日本民法典》第 964 条。

③ 参见王泽鉴：《民法学说与判例研究》（第一册），中国政法大学出版社 2005 年版，第 146 页。

得；如无法分别取得时，应以财团方法管理该赠与。"①在瑞士，遗嘱人可以指定一名或者数名继承人继承其全部或部分财产，使某人享有处分全部或部分遗产权利，就能被视为指定继承人。② 瑞士规定了"预备处分"，即遗嘱人得在处分中指定一人或数人，在继承人或受遗赠人先于遗嘱人死亡或拒绝继承或遗赠时，取得其遗产或遗赠。③ 此乃替补继承人之规定。此外，瑞士还规定："遗嘱人得在其处分中指明，作为先位继承人的指定继承人，有将其所继承的遗产，在将来交付于后位继承人的义务。"④此乃后位继承人之规定。

德国规定，遗嘱继承人分为指定继承人、后位继承人以及替补继承人，其范围不局限于法定继承人。对于某人是被指定为替补继承人还是后位继承人有疑义的，视其为替补继承人。⑤ 遗嘱人给予某人全部或者部分财产，即使没有采用"继承人"这种称谓，此行为也应当被视为指定继承人。但是如果遗嘱人只给予某人个别标的，在存在疑问的时候，该人不得被视为继承人。⑥ 遗嘱人可以就一个继承人在继承开始前或开始后出缺时，指定另一个人为继承人，此乃替补继承人。⑦ 后位继承人是指，遗嘱人可以指定一人在另一人先成为继承人之后才成为继承人。后位继承权的范围及于因共同继承人之一出缺而归属于前位继承人的应继份，不及于向前位继承人给予的先取遗赠。⑧ 意大利规定，只要遗嘱人通过遗嘱概括地给予某人处分其全部或者部分财产的权利，就视为指定遗产的承受人，这里的遗产承受人即为遗嘱继承人。⑨ 遗嘱人在最初指定的继承人不得或不欲继

① 《瑞士民法典》第 539 条。
② 参见《瑞士民法典》第 483 条。
③ 参见《瑞士民法典》第 487 条。
④ 《瑞士民法典》第 488 条第 1 款。
⑤ 参见《德国民法典》第 2102 条。
⑥ 参见《德国民法典》第 2087 条。
⑦ 参见《德国民法典》第 2096 条。
⑧ 参见《德国民法典》第 2100~2146 条。
⑨ 参见《意大利民法典》第 588 条、第 693 条。

承的情况下，可以指定替补继承人代替指定继承人。替补继承人在享有相关权利的同时，也应当承担其所替代的继承人应当履行的义务，遗嘱人明确表示不同意或具有人身性的义务不在此限。①

二、遗赠

"遗赠"一词来自 legare（委托），是向继承人的托付。② 有关遗赠的规范最早见于公元前 18 世纪的《汉穆拉比法典》。③ 罗马法上的遗赠，是指遗赠人以遗嘱对继承人以外的第三人所作的赠予，使继承人负执行义务的行为。遗赠仅以遗产赠送于非继承人为目的，而不使受遗赠人继续其人格，绵延其家祀，负担其债务。故受遗赠人与继承人是不同的。④ 随着历史的发展，法律亦允许继承人同时也是受遗赠人。⑤ 到中世纪，遗赠被欧洲各国的教会所利用，由于教会可以从教徒那里接受遗赠，为教会增加财产，因此它很快成为遗嘱继承的方式，绝大多数国家的民法典有关于遗赠的规定。欧洲中世纪的遗赠多半是把遗产遗赠给教会，而现代各国民法典所确立的遗赠制度，主要是为了充分实现财产所有人的自由意志，将财产遗赠给自己最中意的受遗赠人。⑥

（一）大陆法系国家

1. 法国

在法国，遗嘱处分包括遗产的全部概括处分、部分概括处分以及对特

---

① 参见《意大利民法典》第 688~690 条。

② 参见［意］彼得罗·彭梵得：《罗马法教科书》，黄风译，中国政法大学出版社 1996 年版，第 497 页。

③ 参见《世界著名法典汉译丛书》编委会：《汉穆拉比法典》，法律出版社 2000 年版，第 75 页。

④ 参见周枏：《罗马法原论》（下册），商务印书馆 2014 年版，第 609 页。

⑤ 参见费安玲：《罗马继承法研究》，中国政法大学出版社 2000 年版，第 231 页。

⑥ 参见刘春茂主编：《中国民法学·财产继承》，人民法院出版社 2008 年版，第 362 页。

定财产的处分。每一种处分，不论其是以指定继承人的名义还是遗赠名义，均依关于全部概括遗赠、部分概括遗赠与特定遗赠的规定而发生效力。全部概括遗赠(legs universel)是遗嘱人将其死后留有的财产整体(universalité des biens)给予一人或数人的遗嘱处分(disposition testimentaire)。① 部分概括遗赠(legs à titre universel)是指遗嘱人用法律允许其处分的遗产的一部分进行的遗赠，其他一切遗赠均仅构成特定财产遗赠。② 虽然名称均为遗赠，但全部概括遗赠和部分概括遗赠，要求被遗嘱指定的继承人或受遗赠人按照其所接受的遗产比例承担遗产债务或负担的清偿责任。就受遗赠人的权利义务而言，其与德国、瑞士等国家的遗嘱继承人完全相同。而特定财产遗赠则与德国、瑞士的遗赠相似，受遗赠人不承担遗产中的债务和负担。以下对法国遗赠制度的研究仅针对特定财产的遗赠。

法国将遗赠分为特定物遗赠与非特定物遗赠、替补遗赠与后位遗赠。第一，特定物遗赠与非特定物遗赠。特定物遗赠的种类很多，但除法律另有规定外，受遗赠人从提出要求移交遗赠物之日，或者移交人自愿同意移交之日，始能占有遗赠物以及主张享有遗赠物的孳息或利息。③ 非特定物的遗赠，只需给予某物而无需给予最高质量或最低质量之物。④ 第二，替补遗赠与后位遗赠。前一种是指如果遗嘱中首先指定的受遗赠人不接受遗赠，就由第三人替补受领此种遗赠的情况。⑤ 后一种是指无偿处分财产时，得对受赠与人或受遗赠人规定义务，由其负责保管作为标的物的财产或权利，并负责在其本人死亡时将此财产或权利转移给文书中指定的后位受赠人(second gratifié)。⑥

---

① 参见《法国民法典》第 1002~1003 条。
② 参见《法国民法典》第 1010 条。
③ 参见《法国民法典》第 1014 条。
④ 参见《法国民法典》第 1022 条。
⑤ 参见《法国民法典》第 898 条。
⑥ 参见《法国民法典》第 1048 条。

2. 德国

在德国，遗赠制度与遗嘱继承制度的区分非常明显。① 遗嘱人处分遗产的全部或者部分的被视为遗嘱继承，即使未使用指定继承一词，也不被视为概括遗赠或部分概括遗赠，而给予遗产中的个别标的物的，则被视为遗赠。②

首先，根据遗赠物不同，遗赠可以分为普通遗赠、特殊遗赠、目的遗赠、种类遗赠、选择遗赠以及债权遗赠。普通遗赠是与特殊遗赠相对而言的，后者是由遗嘱人明确指定将某特定财产遗赠给受益人的遗赠。选择遗赠指遗赠人在指定遗赠物时，指示受益人只能在两个以上的遗赠物中获得其中任意一个。具体给予哪一个遗赠物，遗赠人可以委托第三人选择，不能选择时，则由遗赠义务人选择。种类遗赠指遗赠人只在遗嘱中指定或者委托遗赠义务人、第三人指定给予受益人遗赠物的种类，遗赠义务人必须给予与受益人状况相当的遗赠物。目的遗赠也称为非特定物遗赠，根据遗嘱人所确定的目的(例如教育、研究或者旅游等)，执行遗赠义务人或者第三人公平裁量以决定给予遗赠的具体数额。③ 债权遗赠指遗嘱人将其债权作为标的物遗赠给受益人，即使该债权已经实现，只要债权标的还在遗产中，或者债权标的是金钱的，依然应该实现遗赠。但是如果遗嘱人以其对受遗赠人的债权或者在受遗赠人的财产上所享有的权利作为遗赠物，从继承开始，不能因为债权债务归于同一人而以混同的方式消灭债权债务关系。④

其次，按照受益人的不同，遗赠可以分为选择受益人遗赠、转遗赠、替补遗赠以及后位遗赠。选择受益人遗赠指遗嘱人在指定遗赠受益人时，确定只有两个人中的某一个人可以获得遗赠，具体由哪一个人获得遗赠由

---

① 参见《德国民法典》第 2087 条。

② 参见陈苇主编：《外国继承法比较与中国民法典继承编制定研究》，北京大学出版社 2011 年版，第 441 页。

③ 参见《德国民法典》第 2154~2156 条。

④ 参见《德国民法典》第 2173 条、第 2175 条。

遗赠义务人决定。① 转遗赠指受遗赠人不是从继承人那里取得遗赠，而是从另外的受遗赠人处取得遗赠，相对于从继承人那里获得遗赠，从受遗赠人处取得遗赠为转遗赠。转遗赠人只有在被请求给予转遗赠时，才负有履行转遗赠的义务。② 替补遗赠指如果最先被指定的受遗赠人拒绝或者不能取得遗赠，则由遗赠人指定的第三人取得遗赠，其法律适用可以准用替补继承的规定。③ 后位遗赠指遗嘱人遗赠给受益人某物，但同时在遗嘱中指定，当某一条件成就或者某一期间届满，该遗赠物应由受益人转交给后位受遗赠人，其法律适用可以准用后位继承的规定。④

最后，附负担的遗赠。遗赠人可以在遗赠上附加负担，但该负担必须符合如下条件：负担必须由遗嘱人亲自确定，不得由第三人确定，但是可以在 2 个以上的遗赠负担中选择；负担必须是可以办到的，不可能履行的和违法的负担无效。受遗赠人应在适当的期限和受益范围内履行负担，如果受遗赠人放弃遗赠，则遗赠上的负担由接受遗赠利益的人履行。⑤

3. 瑞士

瑞士也不承认全部概括遗赠或部分概括遗赠，只承认特定遗赠。遗嘱人将某种财产上的利益遗赠给他人，而不指定其为继承人的指定，即为遗赠。⑥ 按遗赠标的之不同，遗赠可以分为特定物遗赠、收益权遗赠、定期金遗赠、债权遗赠和保险金遗赠。特定物遗赠以特定的动产或不动产为遗赠标的，遗赠物的移交应保持继承开始时遗赠物的状态和性质，遗赠义务人为保管遗赠物的花费和因此所受的损害由受遗赠人承担。⑦ 收益权遗赠和定期金遗赠分别以遗产的收益权和定期支付的金额为标的，两者权利的行使应当遵守债法和物权法的规定。债权遗赠指以遗嘱人享有债权所为的

---

① 参见《德国民法典》第 2152 条。
② 参见《德国民法典》第 2186 条。
③ 参见《德国民法典》第 2190 条。
④ 参见《德国民法典》第 2191 条。
⑤ 参见《德国民法典》第 2065 条、第 2171 条、第 2192 条、第 2194 条。
⑥ 参见《瑞士民法典》第 483 条，第 484 条第 1、2 款。
⑦ 参见《瑞士民法典》第 484 条、第 485 条。

遗赠，主要表现为免除受遗赠人的债务。保险金遗赠指以遗嘱人死亡时生效的保险金请求权为标的的遗赠，受遗赠人从遗嘱人死亡时起享有交付遗赠的请求权。①

4. 日本

与法国一样，日本的遗嘱制度不分为遗嘱继承和遗赠，而分为概括遗赠和特定遗赠。② 前者是指遗嘱人可以把他的一部分或全部财产（包括积极财产和消极财产）遗赠给受遗赠人；后者是以特定的具体财产利益为遗赠，例如，某一特定动产或不动产，或者一笔数额的金钱等。③ 概括遗赠的受遗赠人与继承人的权利义务完全相同，而特定遗赠的受益人不承担继承人的权利义务。

首先，日本的遗赠可分为附条件、附期限和附负担遗赠。④ 遗赠附有清偿期限或者附有停止条件的为附期限和附条件遗赠。遗赠附有清偿期限，或附停止条件的遗赠条件成立与否未定期限的，受遗赠人均享有担保请求权，即向执行遗赠义务人请求提供将来交付遗赠标的的担保。凡接受遗赠就必须履行遗赠人规定之义务的，为附负担的遗赠。例如，受遗赠人必须将所接受的遗赠中的一部分转分给他人，即转分遗赠。⑤ 附负担受遗赠人履行负担时，在不超过遗赠标的价额内承担遗赠所负义务。如果附负担的受遗赠人不履行其负担的义务，继承人可以确定一段期间催告其履行，仍不履行的，继承人可以请求家庭法院撤销遗嘱。

其次，日本的遗赠还可分为特定物遗赠与不特定物遗赠。⑥ 以特定物或特定债权为遗赠标的的是特定物遗赠，如果该特定遗赠标的在遗嘱人死亡时不属于遗产，则遗赠原则上不发生效力，除非遗嘱人表示不论是否为

---

① 参见《瑞士民法典》第 562 条、第 563 条。

② 参见《日本民法典》第 964 条。

③ 参见刘春茂主编：《中国民法学·财产继承》，中国人民公安大学出版社 2008 年版，第 370 页。

④ 参见《日本民法典》第 991 条、第 1002 条、第 1003 条、第 1027 条。

⑤ 参见史尚宽：《继承法论》，中国政法大学出版社 2000 年版，第 506 页。

⑥ 参见《日本民法典》第 996~998 条。

遗产都属于遗赠标的的。以不特定物为遗赠标的的，受遗赠物被其他人追夺时，执行遗赠义务人与出卖人一样负瑕疵担保责任。

5. 意大利

在意大利，无论遗嘱人在遗嘱中使用了何种称谓，只要遗嘱处分包括了全部或部分遗嘱人的财产，就是概括性地赋予继承人资格的遗嘱处分，此即遗嘱继承，其他的处分则是赋予受遗赠人资格的特定遗嘱处分，此即遗赠。① 首先，遗嘱人可以在遗嘱中对遗赠附加条件和期限，所附条件分为延缓条件和解除条件、不能条件和不法条件及互惠条件。② 附加不能条件和不法条件视为没有附加。遗赠人给予受遗赠人利益，同时在遗嘱中附加条件为自己也应当在受遗赠人的遗嘱中享有利益，这是互惠条件，互惠条件将导致该遗赠无效。③ 其次，意大利也规定了附负担的遗赠。例如，遗嘱人为动物作出的遗嘱处分，确定财产或者确定数额的款项，就被视为继承人或受遗赠人的负担。不可能实现的负担或者违法的负担视为不曾附加，如果该种负担是遗嘱人订立遗赠的唯一原因，则该遗赠无效。如果遗嘱人未作规定，司法机关认为适宜的情况下可以要求受遗赠人提供担保。任何一个利害关系人都可以起诉要求受遗赠人履行负担。④

(二)英美法系国家

1. 英国

依英国法，为执行遗赠，继承开始后首先应为遗产管理，管理人清理遗产债务后，再将剩余财产交给遗嘱指定的受遗赠人。⑤ 根据遗赠物性质的不同，英国将遗赠分为"legacy"(或"bequest")和"devise"两种，前者指

① 参见《意大利民法典》第 588 条。
② 参见《意大利民法典》第 638 条、第 646 条。
③ 参见《意大利民法典》第 634~636 条。
④ 参见《意大利民法典》第 647~648 条。
⑤ 参见陈苇主编：《外国继承法比较与中国民法典继承编制定研究》，北京大学出版社 2011 年版，第 465 页。

对动产(personal or moveable property)的遗嘱赠与，后者是指对不动产(real property)的遗嘱赠与，有的时候 legacy 也被用于对动产和不动产遗赠的统称。①

英国的动产遗赠包括：第一，特定动产遗赠。根据 1875 年 Bothamley 诉 Sherson 案以及 1883 年 Robertson 诉 Broadbent 案，特定动产遗赠物需要符合如下条件：一是属于遗嘱人的动产；二是必须是遗嘱人动产的特定部分，与遗嘱人遗产的整体有明显的区别。只要是以能区别于遗嘱人剩余财产的方式均可，至于确定财产的时间是立遗嘱时还是死亡时，则无关紧要。② 第二，普通动产遗赠。根据 1875 年 Bothamley 诉 Sherson 案，普通动产遗赠的标的可能是或者可能不是遗嘱人遗产的一部分。一个人立遗嘱要遗赠一百英镑的现金或者价值一百英镑的股票，但他可能并没有上述物品，那么他的遗嘱执行人必须兑换现金或者买进股票；如果他有足够的现金或者股票，遗嘱执行人可以用实际存在的财产实现遗赠。若普通动产遗赠中并未提及遗嘱人财产的实际状况，那么只能假定遗嘱人有足够的财产提供给受遗赠人。③ 法官们在确定一项有疑问的遗赠到底是特定遗赠还是普通遗赠时，倾向于将其作为普通遗赠对待，以避免遗赠有被撤销的风险。第三，指示动产遗赠。指示动产遗赠是一种介于特定动产遗赠和普通动产遗赠的混合物，其性质属于普通动产遗嘱，但是该项被遗赠的动产被指定主要从一笔特定的款项或者遗嘱人特定的一部分遗产中得到执行。④ 第四，金钱遗赠。金钱遗赠是指以金钱作为遗赠标的的遗赠。第五，剩余动产遗赠。剩余动产遗赠是指在偿还债务、履行责任、支出费用和执行其他遗赠后，用遗嘱人的剩余财产所为的遗赠。⑤

---

① See Roger Kerridge, The Law of Succession 217(11th ed. Sweet & Maxwell 2002).

② See Roger Kerridge, The Law of Succession 218(11th ed. Sweet & Maxwell 2002).

③ See Roger Kerridge, The Law of Succession 219(11th ed. Sweet & Maxwell 2002).

④ 参见陈苇主编：《外国继承法比较与中国民法典继承编制定研究》，北京大学出版社 2011 年版，第 467 页。

⑤ See Roger Kerridge, The Law of Succession 219(11th ed. Sweet & Maxwell 2002).

与动产遗赠类似，不动产遗赠分为特定不动产遗赠、普通不动产遗赠以及剩余不动产遗赠。英国还有一种遗赠是年金，是通过遗嘱赠与的分期支付的金钱，或者更准确地说，可以把年金视为按年分期支付的独立的动产遗赠，或者一系列有间隔支付的动产遗赠。年金也属于动产遗赠，但具有分期支付的特性。

2. 美国

美国的遗赠制度大体与英国相似，即遗嘱人通过遗嘱给予受益人的遗赠，受益人仅从遗嘱执行人或遗产管理人处获得遗赠的财产，遗产中的债务和负担则由遗嘱执行人或遗产管理人负责处理。美国法律中，遗赠分类有许多标准，最常见的还是按照遗赠物的性质、遗赠的效力以及受遗赠人进行分类。由于美国各州的土地财产法律制度与英国不同，因此把遗赠物分为不动产遗赠（Devise）和动产遗赠（Bequest）意义不大，在一些州，"Devise" 和 "Bequest" 还经常被混用。①

第一，特定遗赠、普通遗赠、指示遗赠和剩余遗赠。② 与英国相似，美国的特定遗赠也是指通过遗嘱赠与特定的财产。没有被特别指定是某项财产或者是没有使用类似"我的"这样的定语来限制的遗赠，为普通遗赠。介于特定遗赠和普通遗赠之间的遗赠是指示遗赠，其性质属于普通遗嘱，但是该项遗赠被指定主要从特定款项或者遗嘱人的特定遗产中得到执行。最后一类遗赠是剩余遗赠，是在执行完所有的特定遗赠、普通遗赠以及指示遗赠后，用剩余财产所为的遗赠。③

第二，私人遗赠和慈善遗赠。按照受益人的不同，遗赠还可以分为私人遗赠和慈善遗赠。前者是为了个人享用的目的而给予个人的遗赠，后者

---

① 参见陈苇主编：《外国继承法比较与中国民法典继承编制定研究》，北京大学出版社 2011 年版，第 470 页。

② See Gerry W. Beyer, Wills, Trusts and Estates 108-109（2th ed. Citic Publishing House 2003）.

③ 参见陈苇主编：《外国继承法比较与中国民法典继承编制定研究》，北京大学出版社 2011 年版，第 470 页。

则是为了造福社会之目的而给予的遗赠。慈善遗赠人将财产遗赠用于济贫、提高教育、支持信仰、促进健康或者用于鼓励市政事业，如公园和博物馆。有关慈善遗赠的诉讼，由政府(通常是检察官)出面参与诉讼，检察官还有权力干预相关诉讼以保护慈善遗赠的利益。① 美国的一些州规定，在遗嘱人死亡前执行的慈善遗赠无效，还有些州对慈善遗赠的份额有所限制，这些限制主要适用于慈善遗赠人有某些特定亲属的情况。②

第二节　涉外遗嘱形式要件之法律冲突

目前，各国一般肯定遗嘱是要式法律行为，规定遗嘱成立的形式要求。因此，如果遗嘱人没有按照法律规定的方式订立遗嘱，则遗嘱无效。③古罗马就已经规定各种遗嘱类型，受其影响，其他国家都纷纷对遗嘱形式设定要求。从一定角度而言，注重形式是必要的，因为表意人的意思表示是否真实有时候实在是难以证明。④ 随着科学技术的发展，遗嘱人可能通过各种方式表达遗愿，但传统的遗嘱形式还是起到证明该文件是遗嘱人亲自签署的证明作用。⑤ 遗嘱形式要件是指遗嘱人表达遗愿的手段，是记录和传递遗嘱继承的载体，主要包括遗嘱订立方式和遗嘱参与人资格两个方面。⑥ 大陆法系和英美法系国家的遗嘱形式主要分为普通遗嘱和特别遗嘱两种，但各国的具体规定不一致。

---

① See Gerry W. Beyer, Wills, Trusts and Estates 109-110(2th ed. Citic Publishing House 2003).

② See David S. Clark, Introduction to the Law of the United States 275(2th ed. Kluwer Law International BV 2002).

③ 参见史尚宽：《继承法论》，中国政法大学出版社 2000 年版，第 398 页。

④ 参见费安玲：《罗马继承法研究》，中国政法大学出版社 2000 年版，第 137 页。

⑤ See Irma Sasso, Will Formalities in the Digital Age: Some Comparative Remarks, 4 (1) Italian Law Journal 170(2018).

⑥ 有些立法还对遗嘱形式要件作出严格性缓和的规定，设定形式要件豁免规则，也构成遗嘱形式要件的内容。参见魏小军：《遗嘱有效要件研究——以比较法学为主要视角》，中国法制出版社 2010 年版，第 21 页。

一、普通遗嘱

(一)大陆法系国家

大陆法系国家的普通遗嘱一般包括自书遗嘱、公证遗嘱和密封遗嘱。德国、瑞士和意大利没有密封遗嘱，只有自书遗嘱和公证遗嘱。日本和法国有密封遗嘱，法国对密封遗嘱的规定较为详细。各国一般规定，自书遗嘱须由遗嘱人亲笔书写和签名，并记载具体日期。[1] 在法国，自书遗嘱还应指明遗嘱所采用的是手写抑或机械书写方式。[2]

德国规定，自书遗嘱不能通过代理人订立。[3] 具有阅读书写能力的成年人可选择采取公证遗嘱的方式，但未成年人和没有阅读书写能力的人必须选择公证遗嘱，不能采用自书遗嘱的方式。[4] 德国特别强调对自书遗嘱的保管，自书遗嘱必须交由特别的机构保管，一般为所涉遗嘱的区法院。如果该遗嘱未被特别保管，占有遗嘱的人在知道遗嘱人去世后有义务立即将遗嘱移交给法院。[5]

瑞士对订立公证遗嘱的规定较为严格。公证遗嘱的见证人包括依州法被委任的官员、公证人或其他公证人以及 2 名证人。公证遗嘱应由进行公证的官员本人保存，或移交官方机构保存遗嘱原件或抄件。无行为能力人、因判决而被剥夺公民权的人、文盲、遗嘱人的直系血亲、兄弟姐妹及其配偶以及遗嘱人的配偶等均不得作为公证官员或证人参与订立遗嘱。公证官员、证人或其直系亲属、兄弟姐妹及其配偶，也不能成为遗嘱中的指定继承人或受遗赠人。[6]

---

① 参见《法国民法典》第 970 条。
② 参见《法国民法典》第 976 条。
③ 参见《德国民法典》第 2064 条。
④ 参见《德国民法典》第 2233 条。
⑤ 参见《德国民法典》第 2247~2248 条。
⑥ 参见《瑞士民法典》第 499~508 条。

　　法国规定，采用公证遗嘱方式的，一般应有 2 个公证员在场，由遗嘱人口述，公证人之一亲笔书写，也可由他人手写或经机械书写。证人须是会书写且享有民事权利的成年法国人，不分性别，但丈夫与妻子不得作为同一遗嘱的见证人。禁止受遗赠人以及受遗赠人的包括第四亲等在内的血亲或姻亲及作成遗嘱的书记员等作为公证遗嘱的见证人。① 日本规定，下列人员不能作为证人：未成年人；禁治产人与准禁治产人；指定继承人、受遗赠人及其配偶、直系血亲；公证人的配偶、四亲等内的亲属、书记员及受雇人。日本还规定不能以语言方式表达的人可以订立密封证书，遗嘱人应在公证人及证人面前，在封纸上自书该证书是本人的遗嘱并写明姓名和住所。

　　意大利的公证遗嘱包括公开遗嘱与秘密遗嘱，当事人可以选择，但无阅读能力的人不能订立秘密遗嘱。公开的公证遗嘱需要由公证人与 2 名证人在场作证，如果是不能阅读的人，则需要 4 名证人在场作证。公证的所有程序均需被记录在遗嘱中，在场人均需签名，要清晰记载订立的地点、受理日期和签名时间。秘密遗嘱可以由遗嘱人本人书写，也可以由他人代写，可以用手书写，也可以用机器代笔，但无论哪种方式，都必须由遗嘱人在每一页上签名。程序上，秘密遗嘱特别强调在有遗嘱继承的纸张上或封装遗嘱的信封上加盖印章，印章的加盖要达到只要打开或者取出遗嘱就会使印章损坏或变形的程度。公证人接受秘密遗嘱还要制作存放笔录，写明交付遗嘱的事实、遗嘱人的声明、印章的数目及印痕的形状，要说明以上程序全部是在证人的协助下完成，最后由遗嘱人、证人、公证人签名，以上所有程序都必须连续进行。②

（二）英美法系国家

　　英国的普通遗嘱必须采用书面形式。自从 1540 年《遗嘱法》(Wills Act 1540) 允许公民处理其个人所有的土地等不动产后，英国就一直要求使用

---

①　参见《法国民法典》第 971~975 条。
②　参见《意大利民法典》第 601~605 条。

书面形式订立遗嘱。1837 年《遗嘱法》(Wills Act 1837)仍强调遗嘱的书面形式，第 9 条规定："任何遗嘱，如未以书面形式作成，并依下列方式订立，均不发生效力：遗嘱人在遗嘱底部或末尾签署，或者其他人根据遗嘱人的指示，于遗嘱人面前在遗嘱底部或末尾签署。这种签署应当由遗嘱人在 2 名或 2 名以上证人同时在场的情况下进行或者承认，且见证人要当着遗嘱人的面对遗嘱进行证明和签署，但这种证明本身不需要遵守特别方式。"但成文法始终没有明确规定何为书面形式，只能通过零散的立法规定和判例来把握。就书写方式而言，手写、印刷、打印及其结合都可以，①手写的工具可以是钢笔也可以是铅笔。② 除纸张外，还可以使用鸡蛋壳等载体书写遗嘱。③ 书写的语言可以是英语，也可以是其他外国语言。④ 实践中不要求遗嘱只能记载在一张纸上，各纸张也不需要粘在一起，但记载遗嘱的材料必须一起签署。⑤ 书写遗嘱并放入信封后，信纸和信封构成完整的遗嘱，二者具有同等效力。⑥

其次，遗嘱人需要进行签署。在英国颁布 1677 年《反欺诈法》(Statute of Frauds 1677)之前，并没有关于遗嘱人必须在遗嘱上签名的规定。1677 年《反欺诈法》和 1837 年《遗嘱法》都规定书面遗嘱必须由遗嘱人签署。⑦ 在判例中，遗嘱的签署方式有多种，盖上橡皮章⑧、画上标记⑨、用在墨

---

① Interpretation Act § 20(1889); Re Smithers [1939] Ch 1015 at 120, [1939] 3 All ER 689 at 692.

② Re Hall's Goods(1871) LR 2 P & D 256; Re Lawson's Goods(1842) 6 Jur 349; Re Tonge's Goods(1891) 66 LT 60.

③ Re Barnes's Goods(1926) 43 TLR 71.

④ Kell v. Charmer(1856) 23 Beav 195.

⑤ Re West's Goods(1863) 32 LJ PM & A 182; Re Horsford's Goods(1874) LR 3 3 P & D 211.

⑥ Re Beadle, Mayes v. Beadle [1974] 1 All ER 493.

⑦ See Gerry W. Beyer, Wills, Trusts and Estates: Examples and Explanations 82 (Aspen Publishers 2005).

⑧ Re Jenkins(1863) 3 Sw & Tr 93.

⑨ Lemaine v. Staneley(1681) 1 Freem KB 538; Baker v. Dening(1838) 8 Ad & E 94; Re Kieran [1933] IR 222.

水中泡过的手指按指印①均可。签署的内容可以是遗嘱人姓名的缩写②或者签名的一部分③，也可以是遗嘱人的笔名④。在 Glover 遗产案中，遗嘱人再婚后使用前夫的名字签署，该签署被认为有效。⑤ 虽然签署的方式多种多样，但对于签署位置的要求却经历了一个变化的过程。1837 年《遗嘱法》规定遗嘱人要在遗嘱底部或末尾，或者其他人在遗嘱人面前根据遗嘱人的指示在遗嘱底部或末尾签署。1982 年《公平管理法》(Administration of Justice Act 1982) 颁布后，1837 年《遗嘱法》第 9 条被取代，形成现行的第 9 条，规定签署应该看起来是遗嘱人意欲通过他的签署使遗嘱生效。⑥ 判例中对遗嘱签署位置的要求也逐渐变得宽松。在 Hornsby's Goods 案中，遗嘱人在文书一侧朝下的地方签名，该签署仍被认定为有效。⑦

最后，对于见证人见证遗嘱的问题。1837 年《遗嘱法》第 9 条规定，见证人必须当着遗嘱人的面对遗嘱进行证明和签署，而不能签署后再当着遗嘱人的面承认其签名。在 Colling 案中，遗嘱人是一位病人，他邀请另一位病人和护士担当遗嘱见证人。但是当遗嘱人签署遗嘱时，护士被喊去照顾其他病人。遗嘱人在该护士缺席的情况下完成了签署，另外一位见证人也在遗嘱上签了名。护士回来之后，遗嘱人和另一位见证人向护士承认了已经完成的签名，护士随即以见证人身份签名证实该承认。但该遗嘱最后被认定为无效，因为根据 1837 年《遗嘱法》第 9 条，遗嘱人必须当着 2 名见证人的面签名或承认签名，然后由见证人进行签名。本案中，另一位见证人虽然签名，但不符合法律要求，需要再次签名才符合要求。⑧ 1982 年

---

① Re Finn(1935) 105 LJP 36.

② Re Savory's Goods(1851) 18 LTOS 280; Re Emerson's Goods(1882) 9 LR Ir 443.

③ In Re Chalcraft [1948] P 222, [1948] 1 All ER.

④ In the Goods of Reading(1850) 2 Rob Eccl 339.

⑤ Re Glover's Goods(1847) 5 Notes of Cases 553.

⑥ See Anthony R. Mellows, The Law of Succession 52(Butterworths 1983).

⑦ See Ken Mackie & Mark Burton, Outline of Succession 72 (2th ed. Butterworths 2000).

⑧ Re Colling [1972] 3 All ER 729.

《公平管理法》对 1837 年《遗嘱法》第 9 条进行了修改，规定见证人可以当着遗嘱人的面签名，也可以当着遗嘱人的面承认其签名。①

美国的普通遗嘱主要包括自书遗嘱和见证遗嘱。在美国，一半左右的州立法允许自书遗嘱，除个别州外，多数认可自书遗嘱的州规定遗嘱文书的签名和实质部分由遗嘱人亲笔书写完成，是否有见证人不影响其效力。②见证遗嘱是美国社会中最为常见的遗嘱形式。虽然各州立法及判例中的规则不尽相同，但通常与《统一遗嘱检验法典》的规定相似，一般要求：书面形式；遗嘱人签名，或者由其他人在遗嘱人有意识地在场的情况下，根据遗嘱人的指示代为签署；两人以上见证了以下事项：遗嘱人签名或由他人代为签名，或者遗嘱人对此类签名或遗嘱进行承认，并在其完成后的合理时间内，在遗嘱上作了签署。③

书面形式的典型形态是用不容易清除的墨水书写在常用规格的纸上，但并不因此排斥其他形态。在判例中，多种多样的书写方式都被认可。传统的书面形式仅限于无需借助机械或电子设备，而可直接用肉眼进行识别的事物，但 2001 年内华达州的一项立法规定可以用电子记录方式完成遗嘱，从而对传统的书面形式提出了挑战。④ 关于遗嘱人签名，美国法院和立法在很广泛的意义上使用"签名"一词，遗嘱人采用或制作的含有"签署的意向"的任何标志都被包括在内。遗嘱人签署必须在符合法定最低数额的合格见证人在场时进行，否则无效。⑤

通常情况下，有能力作出证明的自然人即可作为遗嘱的见证人。如果见证人是遗嘱的利害关系人，其在遗嘱中的签字并不当然使该遗嘱或其中

---

① 参见魏小军：《遗嘱有效要件研究——以比较法学为主要视角》，中国法制出版社 2010 年版，第 109 页。

② 参见魏小军：《遗嘱有效要件研究——以比较法学为主要视角》，中国法制出版社 2010 年版，第 120 页。

③ Uniform Probate Code § 2-502(a) (1990).

④ See Grey W. Beyer, Wills, Trusts and Estate 81-82(2th ed. Citic Publishing House 2003).

⑤ Re Estate of Wait, 43 Tenn. App. 217, 306 S. W. 2d 345(1957).

的部分条款无效。① 该规定显示了家庭成员为遗嘱人草拟遗嘱并不会使其丧失有效性的特点，而且这种做法在生活中其实也是常见的。② 《统一遗嘱检验法典》还规定，如果某份遗嘱存在"无害的错误"（harmless error），比如遗嘱人没有签名的情况，只要见证人能够提出清晰和有力的证据证明遗嘱人的意图，该遗嘱仍可被视为有效。这些意图包括订立遗嘱、部分或者全部地撤销遗嘱、遗嘱继承的附加或变更以及对撤回遗嘱的意思表示的部分或全部修正等。在有确切的证据证明遗嘱人旨在使一份文件成为遗嘱时，法院对于这些无害的错误享有司法特许权。③

澳大利亚早期的立法遵循严格的形式主义，普通遗嘱需要满足书面形式、遗嘱人签名和见证这三个要求。关于书面形式，各司法辖区的通常解释是，书面形式包括以任何可见形式表达或再现话语的方式。④ 当书面为手写时，只能使用一种书写工具，如果一份遗嘱同时使用墨水和铅笔书写，则墨水书写部分有效，而铅笔书写部分不产生遗嘱效力。⑤ Barnes 案中确立的"遗嘱可以记载在鸡蛋壳上"规则被澳大利亚法院所遵循。⑥ 根据南澳大利亚州最高法院的一则判例，写在遗嘱人房屋墙壁上的遗嘱可授予检验，向遗嘱检验处出示遗嘱原件的要求，通过提交遗嘱照片和宣誓书就视为完成。⑦ 澳大利亚成文法没有对遗嘱人签名结构本身提出要求，遗嘱人签名需要遵循英国判例法的规则。⑧ 对于签名的位置，西澳大利亚、新

---

① Uniform Probate Code § 2-505(1990).

② 参见陈苇主编：《外国继承法比较与中国民法典继承编制定研究》，北京大学出版社 2011 年版，第 316 页。

③ Uniform Probate Code § 2-503(1990).

④ Interpretation Act 1987(NSW) § 21；Interpretation of Legislation Act 1984(Vic) § 38；Acts Interpretation Act 1954(Qld) § 32；Acts Interpretation Act 1915(SA) § 4；Interpretation Act 1984(WA) § 6；Acts Interpretation Act 1931(Tas) § 24(b)；Interpretation Act 1967(ACT) § 17；Interpretation Act 1978(NT) § 26.

⑤ Kelly v. Charmer(1856) 23 Beav 195；53 ER 76.

⑥ See Ken Mackie & Mark Burton, Outline of Succession 69(2th ed. Butterworths 2000).

⑦ Estate of Slavinskyj(1989) 43 TLR 71.

⑧ See Ken Mackie & Mark Burton, Outline of Succession 69(2th ed. Butterworths 2000).

南威尔士、南澳大利亚和维多利亚州的立法都没有要求遗嘱签名必须在遗嘱底部或末尾。① 而其他地区立法依然遵从英国 1852 年《遗嘱修正法》的规定。② 澳大利亚各司法管辖区沿袭英国法律,遗嘱人在遗嘱上签名或者事后对该签名进行承认时,要求有 2 名以上见证人在场。见证人应亲眼看见遗嘱人所作签名,见证人签名应该有证实遗嘱人签名的意图。③

20 世纪下半叶开始,对遗嘱形式的严格要求开始发生变化,出现了形式要件豁免制度,法官被授予判断形式瑕疵效力的豁免权。形式要件豁免即法院对没有遵守法定形式要求的遗嘱,仍赋予其法律效力的制度。澳大利亚的形式要件豁免制度主要有两大模式:一是南澳大利亚模式,这一模式为昆士兰州以外的澳大利亚多数司法管辖区所采纳;另一个是昆士兰模式,仅为昆士兰州所采用。④

二、特别遗嘱

(一)大陆法系国家

法国规定,国家军人、发生传染病、交通全部中断、海上旅行等特殊的主体或事件属于可以订立特别遗嘱的情况,在以上特定或紧急情况出现时,遗嘱可以在 2 名相关人面前作成,但以上情况均需作成正本一式两份,在尽可能的条件下提交给公证人等。在以上特殊原因消除后,特别遗嘱自遗嘱人到达可以订立普通遗嘱的地区 6 个月后,即行失效。⑤ 在德国,遗

---

① Will Act 1970(WA) §8; Wills Probate and Administration Act 1898(NSW) §7(1)(c); Wills Act 1936(SA) §8(b); Wills Act 1997(Vic) §7(b).

② 参见魏小军:《遗嘱有效要件研究——以比较法学为主要视角》,中国法制出版社 2010 年版,第 128 页。

③ See Ken Mackie & Mark Burton, Outline of Succession 75-79(2th ed. Butterworths 2000).

④ 关于这两种模式的具体规定参见魏小军:《遗嘱有效要件研究——以比较法学为主要视角》,中国法制出版社 2010 年版,第 129~134 页。

⑤ 参见《法国民法典》第 981~1001 条。

嘱人订立紧急遗嘱(特别遗嘱)的情况主要包括：处于临近死亡的状态或由于非常情况而与外界隔绝，或在海上旅行期间处于国内港口以外的船舶上而不能订立自书遗嘱、也无法在公证人面前订立遗嘱。紧急遗嘱有效期一般为订立之日起的 3 个月，若遗嘱人超过 3 个月后仍生存的，则紧急遗嘱视为未作成。①

日本规定，遗嘱人生命处于危急状况、传染病流行而被隔离、身处船舶上以及船舶遇难等紧急状况时，得以特别方式订立遗嘱。以特别方式订立遗嘱时，如遗嘱人生命处于危急状况，可在有 3 名以上证人在场时口述遗嘱，由他人记录，向所有在场人朗读，确认无误后各证人签名盖章。但要使该种遗嘱有效还必须由 1 名证人或利害关系人于立遗嘱之日起 20 日内将其提交到家庭法院。遗嘱人在订立特别遗嘱的原因消失后的 6 个月内需订立新遗嘱，否则该特别遗嘱无效。② 在意大利，特别遗嘱订立的法定情形包括：有传染病、灾害、意外事故发生；在海上或航空器中航行；属于军人以及随军人员等。订立特别遗嘱需要有 1 至 2 名证人在场。遗嘱的有效期一般限定在 3 个月，自妨碍按普通方式制作的原因消失之日起算。③

(二)英美法系国家

在英国，对于特别遗嘱，只要有证据表明遗嘱人表达过遗嘱意愿，就可以认定其效力。④ 1677 年《反欺诈法》规定，现役军人和海员订立遗嘱处分动产，可以不遵守该法关于普通遗嘱的形式要求。⑤ 1837 年《遗嘱法》保留了《反欺诈法》关于特别遗嘱的规定，没有对此类遗嘱规定形式要求，但

---

① 参见《德国民法典》第 2249~2252 条。

② 参见《日本民法典》第 967~983 条。

③ 参见《意大利民法典》第 609~618 条。

④ 参见魏小军：《遗嘱有效要件研究——以比较法学为主要视角》，中国法制出版社 2010 年版，第 110 页。

⑤ Statute of Fraud § 23(1677)，UK.

限定于处分动产。① 1918 年《遗嘱（军人与海员）法》（Wills（Soldiers and Sailors）Act 1918）颁布后，特别遗嘱的适用范围扩展到所有财产和指定监护人事项上，根据该法规定，1918 年 2 月 5 日以后死亡的人订立特别遗嘱除了可以处分动产之外，还可以处分不动产和指定监护人。②

美国允许遗嘱人在特殊情况下订立口头遗嘱，但会附加限制条件，包括对遗产的种类（如只限于动产）、遗嘱的数量、遗嘱人的状况（如急性的剧烈疾病情况下）、遗嘱人所处的地点（如在家里或居住 10 天以上的地方）、遗嘱检验的期限（如必须在 6 个月内进行遗嘱检验方产生口头遗嘱的效力）、遗嘱见证人的数量（如要求 3 个见证人）等。③ 美国相当多的州允许军人和海员订立特别遗嘱，不需严格遵循遗嘱的一般形式要件，例如，可以不由见证人见证，采用口头形式订立遗嘱等。一些州允许低于法定遗嘱能力年龄的军人订立遗嘱，其理念在于既然该年龄的军人已经能为国家奉献自己的生命，当然也可以签署遗嘱。但通常也会附加一些限制条件，如只能处分动产或小额财产。④

澳大利亚早期遵循英国法关于特别遗嘱的规定，这些规定后来进入各司法辖区制定的成文法中。但近些年来，随着普通遗嘱形式要件豁免制度的建立，覆盖了特别遗嘱制度的适用范围，特别遗嘱开始从部分司法辖区的立法中消失。最早是新南威尔士州，通过 1989 年《遗嘱检验与管理（修正）法》废除了特别遗嘱，此后，维多利亚州、南澳大利亚州以及澳大利亚北部地区也相继删除了特别遗嘱的规定。⑤

两大法系内部各国之间的遗嘱形式有相似性，也有差异。德国规定，

---

① Wills Act § 1（1837），UK.

② Wills（Soldiers and Sailors）Act § 3（1918），UK.

③ See Grey W. Beyer, Wills, Trusts and Estate 103-104（2th ed. Citic Publishing House 2003）.

④ See Grey W. Beyer, Wills, Trusts and Estate 70, 104（2th ed. Citic Publishing House 2003）.

⑤ 参见魏小军：《遗嘱有效要件研究——以比较法学为主要视角》，中国法制出版社 2010 年版，第 129 页。

自书遗嘱必须根据遗嘱人的请求而进行特别的官方保管，如果该遗嘱未被特别保管，占有遗嘱的人在知道遗嘱人去世后有义务立即将遗嘱移交到遗产法院。瑞士则要求口头遗嘱被作成后应立即呈交到法院进行保管。法国、日本规定了密封遗嘱，意大利的公证遗嘱包括公开的公证遗嘱与秘密的公证遗嘱，秘密的公证遗嘱类似于密封遗嘱，此种密封遗嘱既有公证遗嘱证明力强的优点，又能在遗嘱生效前确保遗嘱内容不被泄露，具有其他遗嘱所不可替代的优势。

英美法系的英国和澳大利亚对特别遗嘱的限制较为严格，主要限于军人和海员。美国除军人和海员外的其他人员在特定情况下也可以订立特别遗嘱，但附加了额外条件。大陆法系国家不限定可以订立特别遗嘱的主体，一般会列举可以订立特别遗嘱的情况，包括危急情况、流行病隔离、航海等。无论哪个国家，须见证的遗嘱都占据其遗嘱种类的主要部分，见证人资格也必然成为各国法律需要解决的问题。各国通常禁止某类人担任遗嘱见证人。日本、法国、德国和瑞士规定未成年人不得担任遗嘱见证人，但意大利允许 16 周岁(18 周岁为成年年龄)以上的人担任见证人。英美法系国家一般允许未成年人担任遗嘱见证人。

第三节　涉外遗嘱实质要件之法律冲突

为了避免那些缺乏基本判断能力的人糊涂地订立遗嘱，法律设置了遗嘱行为的最低入口——遗嘱能力。① 遗嘱能力是遗嘱处分能力，指自然人依法享有的设立遗嘱处分其财产的资格。② 现代社会遵循意思自治原则，遗嘱能力主要强调人的意思能力，不再与身份联系，而主要通过年龄、心智健全程度等生理状况来确定遗嘱能力。

---

① 参见魏小军：《遗嘱有效要件研究——以比较法学为主要视角》，中国法制出版社 2010 年版，第 7 页。
② 参见郭明瑞、房绍坤、关涛：《继承法研究》，中国人民大学出版社 2003 年版，第 111 页。

一、遗嘱能力

(一)大陆法系国家

在法国,只有精神健全且年满 16 周岁(成年年龄为 18 周岁)的人才能订立遗嘱。16 周岁以下的未成年人无处分重大财产的行为能力,而 16 周岁以上 18 周岁以下的未成年人则视其是否已解除亲权而确定订立遗嘱的能力。① 成年人经常处于痴愚、心神丧失或疯癫的状态者,即使此种状态有时间隔,应禁止其处理自己的财产。② 德国关于遗嘱能力有两个条件:第一,年龄达到 16 周岁以上(成年年龄为 18 岁),且无须得到其法定代理人的同意。第二,精神正常。精神错乱、神智耗弱或者意识错乱而不能理解意思表示的意义及实施行为的自然人不得立遗嘱。③ 瑞士规定,有判断能力且已达成年年龄(18 周岁)的人,可依法律规定的范围和方式,用遗嘱或继承契约的方式来处分其财产。④

日本规定,凡年满 15 周岁的人(成年年龄为 20 周岁)即可订立遗嘱。成年的被监护人如在一时之间恢复辨识事理能力而要订立遗嘱时,须有 2 人以上医师列席。日本还规定,被监护人在监护清算结束之前不可作出监护人或其配偶和直系卑亲属可得利益的遗嘱。在直系血亲、配偶或兄弟姐妹为监护人时,遗嘱效力不受影响。⑤ 意大利规定无订立遗嘱能力的人主要包括以下三种:(1)未成年人(成年年龄为 18 周岁);(2)因精神病受到禁治产宣告的禁治产人;(3)并没有被宣告为禁治产人,但如果能证明在

---

① 参见《法国民法典》第 901~904 条。

② 未成年人,仅在得到有权同意其婚姻的人的同意与协助时,始得以夫妻财产契约,向其配偶为单纯赠与或相互赠与;在取得此种同意的情况下,未成年人得向其配偶赠与法律允许成年夫妻赠与另一方配偶的任何财产。参见《法国民法典》第 1095 条。

③ 参见《德国民法典》第 2229 条。

④ 参见《瑞士民法典》第 467 条。

⑤ 参见《日本民法典》第 7~9 条、第 11~13 条、第 15~17 条。

立遗嘱当时行为人不具备理解能力或意思能力的人。①

（二）英美法系国家

1. 英国

英国的相关单行法和判例对遗嘱能力有详细要求，主要分为年龄和心智状况。首先，关于年龄。英国 1837 年《遗嘱法》规定，用于处置财产的所有遗嘱，不分遗嘱人的性别，都必须年满 21 周岁。② 不满 21 周岁的人订立的遗嘱无效，但正在服军役的军人以及在海上的船员或海员，虽然不满 21 周岁也可以订立遗嘱。③ 1918 年《遗嘱（军人与海员）法》扩大了不满 21 周岁但可以订立遗嘱的人的范围，即海上武装力量中的所有成员，当在海上或者处于与军事人员相同的地位时，即使不满 21 周岁，也有权订立遗嘱。④ 1969 年英国颁布了《家庭制度改革法》（Family Law Reform Act 1969），将成年人的最低年龄要求从 21 周岁降低为 18 周岁，并明确规定该年龄条件适用于遗嘱行为。⑤ 其次，心智状况。1954 年《对遗嘱法令的解释》第 14 条规定，心智不健全的人订立的处置庄园、土地、住宅或其他世袭财产的遗嘱无效。⑥ 英国法院在判断遗嘱人心智是否健全时，一般要求遗嘱人理解以下几个问题：他的意愿将在他死后生效，但并不要求精确地知道各种法律后果；⑦ 他正在处置的财产的范围，虽然他不必清楚每一个细节；⑧ 他的意思表示的性质。遗嘱人必须能够想起那些可能属于自己遗

---

① 参见《意大利民法典》第 591~594 条。

② See Wills Act § 7 (1837), UK.

③ See Wills Act § 11 (1837), UK.

④ See Wills Act (Soldiers and Sailors) § 1 (1918), UK.

⑤ See Family Law Reform Act § 1 (1), § 1 (2) (1969), UK.

⑥ 参见魏小军：《遗嘱有效要件研究——以比较法学为主要视角》，中国法制出版社 2010 年版，第 97 页。

⑦ Banks v. Goodfellow (1870), L. R. 5 Q. B. 549, 567.

⑧ Waters v. Waters (1848) 2 De G. & Sm. 591, 621.

嘱受益对象的人，并理解他们和自己的关系以及他们能够对自己主张的权利。① 因精神疾病导致精神错乱或者不正常的人，在发病期间不得订立遗嘱，但在精神病间歇时期则可以订立遗嘱。②

2. 美国

美国各州对遗嘱能力的规定不尽相同，但所有的州对有遗嘱能力的年龄要求都不分性别和遗嘱处置的财产种类。③ 根据《统一遗嘱检验法典》之规定，凡年满 18 周岁且精神正常的自然人，可订立遗嘱。④ 也有少数州立法规定了更低的年龄要求，比如有的规定年满 16 周岁就可订立遗嘱，还有的规定年满 14 周岁即可。关于年龄的规定还可能因为婚姻状况和军人身份而出现例外。首先，有的州允许未到拥有遗嘱能力所需的法定最低婚龄的人，成立合法婚姻后便可获得遗嘱能力。其次，仍然有部分州立法允许正在服军役的人即使低于拥有遗嘱能力的法定最低年龄，也有遗嘱能力。关于遗嘱人的精神状况，一般由法官从以下方面进行判断：遗嘱人是否理解其行为及其后果，是否了解遗产的性质和范围，是否清楚哪些人为其遗产的当然受益人(如其配偶、子女、兄弟姐妹等)，遗嘱人是否同时记住前述三个要素并作出理性的判断。⑤

3. 澳大利亚

澳大利亚关于遗嘱能力的要求也涉及年龄和心智状况。澳大利亚所有司法辖区对遗嘱能力的最低年龄要求都是 18 周岁。⑥ 但在新南威尔士州、

---

① Per Sir J. Hannen in Boughton v. Knight(1873) L. R. 3 P. & D. 64, 65-66.

② White v. Driver(1809), 1 Phillim. 84.

③ See Gerry W. Beyer, Wills, Trusts and Estates 70(2th ed. Citic Publishing House 2003).

④ See Uniform Probate Code, §§2-501, 2-502(a), 2-502(b).

⑤ See Gerry W. Beyer, Wills, Trusts and Estates 70-73(2th ed. Citic Publishing House 2003).

⑥ Wills Probate and Administration Act 1898(NSW) §6; Wills Act 1999(Vic) §5; Succession Act 1981(Qld) §8(1); Wills Act 1936(SA) §5; Wills Act 1970(WA) §7; Wills Act 1992(Tas) §6; Wills Act 1968(ACT) §8; Wills Act 1938(NT) §6.

维多利亚州、昆士兰州、南澳大利亚州、塔斯马尼亚州和澳大利亚首都地区，已婚人士即使不满 18 周岁也享有遗嘱能力，① 不满 18 周岁的人因打算结婚而订立的遗嘱在其举行结婚仪式后有效，② 不满 18 周岁的人在事先把遗嘱条款告诉法院并取得法院授权的情况下有权订立特别遗嘱。③ 对于后一种情形而言，主要针对未成年人因继承或巨额损害赔偿而获得的财产，根据无遗嘱继承规则将导致不合理的结果，因而法院授权未成年人订立遗嘱，在这种情况下未成年人需要能够理解他打算订立的遗嘱的性质和后果。④ 除年龄要求外，遗嘱人在签署遗嘱时必须具备健全的理智、记忆力和理解力。⑤ 尽管澳大利亚各个法院对如何确定意识能力的要求不尽相同，但基本包括三个要素：遗嘱人能够明白他正在运用必要的知识同意订立遗嘱；遗嘱人对其有处理能力的那部分财产，从一般措辞上明白其基本性质、范围和价值；遗嘱人在处理其财产时没有任何足以影响其订立有效遗嘱的精神紊乱，该精神紊乱会导致如果其意识健全就不会如此处理的结果。⑥

前述各国都规定遗嘱能力主要依遗嘱人的年龄和心智状况两个因素来确定，但在具体规定方面仍有一定的差异。⑦ 首先，在订立遗嘱的年龄上，

---

① Wills Probate and Administration Act 1898(NSW) §6；Wills Act 1999(Vic) §6；Succession Act 1981(Qld) §8(2)；Wills Act 1992(Tas) §6(2)；Wills Act 1968(ACT) §8(2).

② Wills Probate and Administration Act 1898(NSW) §6B；Wills Act 1999(Vic) §6；Wills Act 1936(SA) §5(3)；Wills Act 1992(Tas) §6(3)；Wills Act 1968(ACT) §8(3).

③ Wills Probate and Administration Act 1898(NSW) §6A；Wills Act 1999(Vic) §20；Wills Act 1992(Tas) §§7, 8；Wills Act 1968(ACT) §§8(4), 8(A).

④ See Ken Mackie & Mark Burton, Outline of Succession 33(2th ed. Butterworths 2000).

⑤ 参见陈苇主编：《外国继承法比较与中国民法典继承编制定研究》，北京大学出版社 2011 年版，第 319 页。

⑥ 参见[澳]肯·马蒂、马克·波顿：《澳大利亚继承概要》(第二版)，陈苇等译，西南政法大学外国家庭法及妇女理论研究中心 2007 年内部印刷，第 44~45 页。

⑦ 参见陈苇主编：《外国继承法比较与中国民法典继承编制定研究》，北京大学出版社 2011 年版，第 325 页。

主要有三种立法例：一是具有遗嘱能力的年龄与成年年龄一致，如瑞士与意大利规定均为 18 周岁，而英国、美国、澳大利亚原则上也为年满 18 周岁，未满 18 周岁的未成年人订立遗嘱的能力需由法律确认。二是具有遗嘱能力的年龄与成年年龄不一致，如德国规定公民具有遗嘱能力的年龄为 16 周岁，日本为 15 周岁，但这两国公民的成年年龄则分别为 18 周岁和 20 周岁。三是以 18 周岁为原则，不满 18 周岁为例外。如法国对年满 16 周岁但不满 18 周岁的未成年人订立遗嘱设有一定限制条件。其次，各国都规定遗嘱人需要具备健全的精神状态才能订立遗嘱，即精神病人不能订立遗嘱，但酗酒者、禁治产人的限制不同，如瑞士规定精神衰弱、酗酒而不能理智行为的人属于无判断能力的人，不能订立遗嘱。①

二、遗嘱效力

各国一般规定了遗嘱无效的原因，主要包括：遗嘱人无遗嘱能力，遗嘱人意思表示不真实，遗嘱附加的条件不符合法律的规定或违反公序良俗，遗嘱的形式不合法定要求等。但如果仅仅是遗嘱出现了笔误或其他非重大的程序要求，而不影响对遗嘱人意思的理解，则这些情况不能作为遗嘱无效的原因。现代各国民法中一般规定了保留份制度，这是影响遗嘱效力的重要因素。大陆法系国家通常规定的是特留份，英美法系的英国和澳大利亚各司法辖区都确立了遗属供养制度，遗产首先要用来承担家庭成员的供养义务，遗属供养权利人除遗嘱人的近亲属外，通常还包括其他受养人，且没有固定份额，能否授予以及授予多少都由法官根据具体案情裁断。美国不同的州分别选择适用寡妇产、鳏夫产、宅园份、动产先取份、临时家庭生活费、可选择份额等制度。保留份制度充分反映了遗嘱法的家庭特性，也在很大程度上反映了遗嘱人与其近亲属之间的利益平衡，体现一个国家或民族对家庭或亲属关系的态度，是遗嘱有效要件的核心问题之一。②

---

① 参见《瑞士民法典》第 16～18 条。
② 参见魏小军：《遗嘱有效要件研究——以比较法学为主要视角》，中国法制出版社 2010 年版，第 13～15 页。

（一）大陆法系国家

1. 法国

根据《法国民法典》，下列情况下遗嘱处分无效：第一，在新遗嘱中未明确取消原遗嘱中的条款，原遗嘱与新遗嘱不相符合或相抵触的条款无效。[①] 第二，任何受益人先于遗嘱人死亡的，遗嘱不生效。第三，遗嘱中附带有不确定事件的发生作为条件，并且遗嘱人申明仅在该事件发生或不发生时才能执行的，当继承人在该条件成就之前死亡的，该遗嘱无效。[②] 遗嘱还不得违反特留份的规定。法国2006年6月23日颁布第2006—728号法律，对有关特留份的规定进行修改。[③] 如果遗嘱人死亡时只有子女一人，必须留给子女全部财产的二分之一，如果遗嘱人留有子女两人，则有权处分的财产不得超过全部财产的三分之一，如果遗嘱人留有子女三人或者三人以上，可处分的遗产不超过全部财产的四分之一。[④]

2. 德国

德国规定违反善良风俗的遗嘱无效，某人利用他人处于紧迫情势，没有经验、缺乏判断力或意志显著薄弱，以法律行为使该他人就某项给付而向自己或第三人约定或给予明显不相当的财产利益的，该法律行为尤其无效。[⑤] 遗嘱还要符合特留份的规定，德国的特留份权利人包括遗嘱人的晚辈直系血亲、父母和配偶。当这些人被遗嘱处分排除在继承顺序之外时，他们都可向继承人请求特留份，特留份为其法定继承份额的二分之一。[⑥]

---

① 参见《法国民法典》第1036条。
② 参见《法国民法典》第1039~1040条。
③ 新修改的第912条规定：特留份是法律规定在被称为特留份继承人受召唤并接受继承时，确保向其转移属于遗产的不带任何负担的财产与权利之部分。可处分的财产部分是指法律没有规定应作为特留份的、死者可以自由地无偿处分的遗产财产与权利之部分。
④ 参见《法国民法典》第913条。
⑤ 参见《德国民法典》第138条。
⑥ 参见《德国民法典》第2303条。

3. 瑞士

瑞士规定遗嘱人可以对其处分附以负担或条件，于其处分发生效力时，其利害关系人均得请求履行上述负担或条件。负担或条件有悖于善良风俗或违法者，其处分行为无效，负担或条件仅为他人困扰或无意义者，其负担或条件视为不存在。以下情况遗嘱无效：遗嘱人在无处分能力时订立的遗嘱，未正确反映遗嘱人意思的遗嘱，其内容或其附加的条件违反善良风俗或违反法律的遗嘱，在法定形式上存在缺陷的遗嘱。对没有正确记载日期的自书遗嘱，只有在通过其他方式仍无法确定该日期，此日期对判断遗嘱人是否有处分能力、数个遗嘱的先后顺序或其他对判断处分是否有效的问题至关重要的情况下，才能宣布此遗嘱无效。① 根据《瑞士民法典》第470条的规定，瑞士的特留份权利人包括遗嘱人的直系血亲卑亲属、父母、配偶、登记的同性伴侣。② 直系血亲卑亲属的特留份份额为其法定继承份额的四分之三，父母中任何一方、生存配偶、登记的同性伴侣的特留份份额，均为其法定继承份额的二分之一。③

4. 日本

日本规定遗嘱自遗嘱人死亡时生效，遗嘱附停止条件的，其条件于遗嘱人死亡后成就，遗嘱自条件成就时起生效。④《日本民法典》规定特留份权利人包括遗嘱人的子女、直系尊亲属及配偶，如果只有直系尊亲属为继承人的，其特留份为遗嘱人财产的三分之一；其他情形，为遗嘱人财产的二分之一。关于特留份的计算，以继承人于继承开始时所有财产的份额加上其赠与财产的价额，再减去债务总额，以其余额为基础而算定。附条件的权利或存续期间不确定的权利，根据家庭法院选定的鉴定人的评估确定

---

① 参见《瑞士民法典》第519~521条。

② 依2004年6月18日《同性伴侣关系法》（Partnerschaftsgesetz von. 18. Juni 2004）附录第8项修正。参见戴永盛译：《瑞士民法典》，中国政法大学出版社2016年版，第171页脚注1。

③ 参见《瑞士民法典》第471条。

④ 参见《日本民法典》第966条、第979条、第985条。

其价格。① 特留份权利人可以在继承开始前放弃其特留份，此行为在被家庭法院许可后生效。共同继承人之一放弃特留份的，不影响其他共同继承人的特留份。②

5. 意大利

意大利规定遗嘱无效的法定事由包括：第一，遗嘱人无订立遗嘱的能力。③ 第二，被监护人为监护人的利益而作的遗嘱，但遗嘱人的尊亲属、卑亲属、兄弟、姐妹或配偶担任监护人或者监护监督人的，则有效。第三，为遗嘱的公证人或其他官员、参与制作遗嘱的证人或者翻译人等人员而作的遗嘱无效，为秘密遗嘱的起草人、保管未密封的秘密遗嘱的公证人而作的遗嘱无效。但遗嘱人在遗嘱中亲笔书写表示同意的或在交付保管的笔录中表示同意的，为有效。④ 第四，遗嘱欠缺形式要件，比如，自书遗嘱没有亲笔书写或无签名，公证遗嘱欠缺公证人制作的笔录、遗嘱人的声明，或公证人或遗嘱人的签名。⑤ 第五，因错误、胁迫或欺诈而成立的遗嘱。⑥ 第六，促使遗嘱人立遗嘱的唯一动机是违法的。⑦ 第七，遗嘱中附加不可能实现的条件，或者该条件违背强制性规范或公序良俗。⑧

意大利的特留份权利人包括遗嘱人的配偶、子女（包括婚生子女、非婚生子女和养子女）及其直系卑亲属、直系尊亲属。遗嘱人死亡时，如果无配偶，只有一个婚生或非婚生子女的，该子女可以获得遗产的二分之一；只有数名子女的，全体婚生和非婚生子女可以获得遗产的三分之二，并且按照相同的份额平均分配。但在非婚生子女无异议的情况下，婚生子女享有用现金或不动产满足自己份额的选择权。遗嘱人死亡时，如果仅有

---

① 参见《日本民法典》第 1028~1029 条。
② 参见《日本民法典》第 1043 条。
③ 参见《意大利民法典》第 591 条。
④ 参见《意大利民法典》第 596~599 条。
⑤ 参见《意大利民法典》第 606 条。
⑥ 参见《意大利民法典》第 624 条。
⑦ 参见《意大利民法典》第 626 条。
⑧ 参见《意大利民法典》第 633~634 条。

配偶一人时，配偶的特留份为遗产的二分之一；如果配偶与子女均有的，各自的特留份份额为：如果除配偶外还有子女一人（婚生或非婚生）的，则遗产的三分之一属于该子女，另外三分之一属于配偶；如果除配偶外还有子女两人及两人以上的（婚生或非婚生），子女可获得遗产的二分之一，配偶可获得遗产的四分之一。遗嘱人死亡时，如果没有子女和配偶的，直系尊亲属可以获得遗产的三分之一；如果没有子女，但有配偶与直系尊亲属的，配偶可以获得遗产的二分之一，直系尊亲属可以获得遗产的四分之一。①

（二）英美法系国家

1. 英国

英国最早于 1540 年就颁布了《遗嘱法》，但英国的遗嘱概念和许多基本规则是在若干的判例中逐渐构建起来的。② 英国早期坚持绝对的遗嘱自由原则，遗嘱人可以在遗嘱中剥夺法定继承人的继承权利，完全按照个人意志分配遗产。1837 年《遗嘱法》颁布后，成文法上的遗嘱自由几乎达到了绝对的程度。直到 1938 年《继承（家庭供养）法》（Inheritance（Provision for Family）Act 1938）颁布，该法规定遗嘱中对遗产的处分不得剥夺或限制特定遗属请求支付扶养费的权利。③ 1975 年英国颁布《继承（家庭与受养人供养）法》（Inheritance（Provision for Family and Dependants）Act 1975），全面取代 1938 年《继承（家庭供养）法》，该法的部分内容后来被 1995 年《〈继承〉改革法》（Law Reform（Succession）Act 1995）进一步修正，2004 年《民事伴侣关系法》（Civil Partnership Act 2004）也对其产生影响。当前英国法律中的遗属扶养制度主要由 1975 年《继承（家庭与受养人供养）法》和 1995 年《〈继承〉改革法》构成。遗属扶养制度是对遗嘱继承的实质性限制，是遗嘱继承

---

① 参见《意大利民法典》第 536～544 条。

② 参见陈苇主编：《外国继承法比较与中国民法典继承编制定研究》，北京大学出版社 2011 年版，第 306 页。

③ 参见龙翼飞：《比较继承法》，吉林人民出版社 1996 年版，第 8 页。

的重要因素。①

英国的扶养费权利人包括以下几类：第一，遗嘱人的配偶和民事伴侣，前者包括一夫多妻制下的合法配偶、分居配偶、无效婚姻的善意配偶。第二，遗嘱人的前配偶或前民事伴侣，包括曾经有效结婚后来离婚的配偶、根据英国法或英国承认的国家法律解除或撤销的婚姻中的配偶，但如果该人已经与其他人结婚或成立民事伴侣关系的，则丧失扶养费请求权。第三，不属于前面两类人员，但符合下列条件之一的，也有权申请扶养费：遗嘱人死于1996年1月1日或之后，在紧接着其死亡之日前与遗嘱人属于同一家庭成员并与遗嘱人以夫妻身份生活不少于两年的人（可称之为事实配偶）；或者在紧接着遗嘱人死亡之日前与遗嘱人属于同一家庭成员并与遗嘱人以民事伴侣身份生活不少于两年的人（可称之为事实民事伴侣）；或者属于遗嘱人的子女，包括婚生子女、非婚生子女和养子女，同时还包括遗嘱人死亡前已经怀孕到其死后才出生的子女；或者不属于遗嘱人的子女，但遗嘱人当作自己曾经是婚姻或民事伴侣关系一方的家庭的子女的人；或者不属于上述情形的任何一种，但在紧接着遗嘱人死亡前正全部或部分由遗嘱人扶养的人。② 确定扶养费的标准有生存配偶标准和生活维持标准两种，前者仅适用于生存配偶，强调尽量维持其既有生活水平，使其生活不因遗嘱人的去世而恶化，后者则仅在申请人存在生活困难的情况下才得以适用，强调维持其普通的生活需要，主要起到救助作用。③

2. 美国

在美国，遗属保留份主要包括寡妇产（Dower）、鳏夫产（Curtesy）、宅园份（Homestead Allowance）、动产先取份（Personal Property Set-Aside）、临时家庭生活费（Family Allowance）及可选择份额（Elective Share）等，寡妇产和鳏夫产源自普通法，而其他则是立法发展的结果。当前多数州已经没有

---

① 参见魏小军：《遗嘱有效要件研究——以比较法学为主要视角》，中国法制出版社2010年版，第102页。

② Inheritance(Provision for Family and Dependants) Act § 1(1975), UK.

③ See Jonathan Herring, Family Law 639(2th ed. Pearson Education Limited 2004).

传统意义上的寡妇产和鳏夫产，少数州将二者纳入立法，一些州立法以宅园份取代之，还有一些州立法将二者放入可选择份额中。在既规定寡妇产或鳏夫产，又规定可选择份额的州，生存配偶通常只能选择其中一项来主张自己的保留权利。如果生存配偶对遗嘱无异议，也可放弃主张寡妇产、鳏夫产或者可选择份额。①

第一，寡妇产或鳏夫产。如今美国仅有 5 个司法辖区还保留普通法意义上的寡妇产，其余州都废止了该项制度。这五个州中，密歇根州只有寡妇产，没有鳏夫产，其余四个州将关于寡妇产的规定适用于鳏夫产。密歇根州的这种规定带来了关于平等保护的合宪性问题。② 艾奥瓦州已经将寡妇产改成零星的经济利益。③ 在保留了寡妇产的多数州中，生存配偶必须在寡妇产、遗嘱人遗产的法定份额以及遗嘱人遗嘱的指定份额之间作出选择。④

第二，宅园份。宅园份又被称为遗嘱检验宅园份。几乎所有美国的州都规定了宅园份，以保障生存配偶和未成年子女的家庭生活需要。对宅园份的价值数额，各州规定不一，《统一遗嘱检验法典》设定金额为一万五千美元。⑤ 但在许多州，宅园份通常是物质性的，尤其指家庭住所，表现为生存配偶有权终生占有家庭住所或者家庭农庄。部分州的遗嘱检验法院还有权留出房产作为宅园份。⑥

---

① 参见魏小军：《遗嘱有效要件研究——以比较法学为主要视角》，中国法制出版社 2010 年版，第 113 页。

② Ark. Code Ann. §28-11-301(1998)；D. C. Code §19-102(1998)；Ky. Rev. Stat. §§392. 020，392. 080(1998)；Mich. Stat. Ann. §26. 221(1998)；Ohio Rev. Code Ann. §2103. 02(1998). 转引自[美]杰西·杜克米尼尔、斯坦利·M. 约翰松：《遗嘱 信托 遗产》，中信出版社 2003 年版（影印），第 479 页。

③ Iowa Code §633. 212(1997). 转引自[美]杰西·杜克米尼尔、斯坦利·M. 约翰松：《遗嘱 信托 遗产》，中信出版社 2003 年版（影印），第 479 页。

④ 参见魏小军：《遗嘱有效要件研究——以比较法学为主要视角》，中国法制出版社 2010 年版，第 114 页。

⑤ Uniform Probate Code §2-402(1990). 转引自[美]杰西·杜克米尼尔、斯坦利·M. 约翰松：《遗嘱 信托 遗产》，中信出版社 2003 年版（影印），第 476 页。

⑥ 参见魏小军：《遗嘱有效要件研究——以比较法学为主要视角》，中国法制出版社 2010 年版，第 114 页。

第三，动产先取份。动产先取份又被叫做豁免财产（exempt property），是与宅园份相关的一项权利，目的在于保障生存配偶（有时候包括其未成年子女）的基本生活需要。美国各州法律一般对动产先取份的成立规定了一些条件，只要条件符合，遗嘱人便无权在遗嘱中剥夺，优先于债权人的债权。[①] 动产先取份通常包括家具、汽车、服饰以及农场牲畜等，但不同的州对其数额限制不同，《统一遗嘱检验法典》设定金额为一万美元。[②]

第四，临时家庭生活费。临时家庭生活费是生存配偶（有时候包括其未成年子女）不可剥夺的权利，优先于债权人的债权，遗嘱检验法院有权授予前述人员一定的家庭生活费。在具体数额上，有的州规定了固定数额，有的州授权法官根据当事人的生活需要确定合理数额。《统一遗嘱检验法典》规定家庭生活费应该是一个合理数额，当遗产不足以偿付债务时，给付家庭生活费不得超过一年。[③]

第五，可选择份额。可选择份额是指生存配偶有权获得的一定比例的已故丈夫或妻子的遗产。除乔治亚州外，所有实行分别财产制的州都设有可选择份额制度，但各州的规定不同。[④]《统一遗嘱检验法典》规定，可选择份额是一个建立在婚姻持续期间基础上的递进数额。[⑤]

3. 澳大利亚

澳大利亚所有的司法辖区都规定了遗属扶养制度，法官在个案中享有

---

① 参见魏小军：《遗嘱有效要件研究——以比较法学为主要视角》，中国法制出版社 2010 年版，第 115 页。

② Uniform Probate Code § 2-403（1990）. 转引自［美］杰西·杜克米尼尔、斯坦利·M. 约翰松：《遗嘱 信托 遗产》，中信出版社 2003 年版（影印），第 477 页。

③ Uniform Probate Code § 2-404（1990）. 转引自［美］杰西·杜克米尼尔、斯坦利·M. 约翰松：《遗嘱 信托 遗产》，中信出版社 2003 年版（影印），第 477 页。

④ 参见魏小军：《遗嘱有效要件研究——以比较法学为主要视角》，中国法制出版社 2010 年版，第 116 页。

⑤ Uniform Probate Code § 2-202（1990）. 转引自［美］杰西·杜克米尼尔、斯坦利·M. 约翰松：《遗嘱 信托 遗产》，中信出版社 2003 年版（影印），第 480 页。

自由裁量权，综合考量案件情况，决定遗属扶养费。① 各司法辖区还规定了权利人提出申请的期限。② 昆士兰州立法规定，遗嘱人的子女、配偶以及受养人有权获得供养。子女包括继子女和养子女，配偶除丈夫或妻子外，包括已经与遗嘱人离婚但在遗嘱人死亡前尚未再婚，且在遗嘱人死亡时实际上或获准授权由遗嘱人供养的前配偶；受养人则指在遗嘱人死亡时正由遗嘱人提供全部或实质供养的人，包括遗嘱人的父母、遗嘱人未满 18 周岁的生存子女的父亲或母亲、不满 18 周岁的人、符合条件的事实配偶。③ 在澳大利亚其他司法辖区，配偶、事实伴侣都被规定为供养请求权人，子女也被各司法辖区明确列为请求权人，包括婚生子女、非婚生子女和养子女在内，且除西澳大利亚州外，继子女也被授予供养请求权。④

各国一般规定了遗嘱无效的原因。基于实现家庭扶养职能、保护社会利益以及社会道义的目的，各国均限制遗嘱人处分遗产的自由。⑤ 大陆法系国家设有特留份制度。英美法系国家设有遗属扶养制度。各国的制度设计存在差异，表现为以下三个方面：第一，功能不同。大陆法系国家的特

---

① 参见陈苇主持翻译：《澳大利亚家庭法》(2008 年修正)，群众出版社 2009 年版，第 240 页；Family Provision Act 1982(NSW) § 6；Administration and Probate Act 1958 (Vic) Part Ⅳ；Inheritance(Family and Dependants Provision) Act 1972(WA) § 7；Family Provision Act 1969(Act) § 7；Inheritance(Family Provision) Act 1972(SA) § 8；Testator's Family Maintenance Act 1912(Tas) § 11. 转引自魏小军：《遗嘱有效要件研究——以比较法学为主要视角》，中国法制出版社 2010 年版，第 125 页。

② Family Provision Act 1982(NSW) § 16；Family Provision Act 1969(ACT) § 9(1)；Family Provision Act 1969(NT) § 9(1)；Family Provision Act 1981 Part § 41(8)(Qld)；Administration and Probate Act 1958(Vic) § 99；Inheritance(Family Provision) Act 1972 (SA) § 8(1)；Inheritance(Family and Dependants Provision) Act 1972(WA) § 7(2)；Testator's Family Maintenance Act 1912(Tas) § 11(1).

③ 参见魏小军：《遗嘱有效要件研究——以比较法学为主要视角》，中国法制出版社 2010 年版，第 125 页。

④ See Ken Mackie & Mark Burton, Outline of Succession 192-194 (2th ed. Butterworths 2000).

⑤ 参见史尚宽：《继承法论》，中国政法大学出版社 2000 年版，第 608~609 页。

留份权利人范围限制在法定的近亲属，更侧重于保护一定范围的近亲属固有的继承权。而英美法系国家的遗属扶养制度，更强调对与遗嘱人关系密切的家庭成员或受遗嘱人扶养者基本生活的保障。第二，权利人的范围不同。日本和法国规定了较宽的特留份权利人范围，意大利、德国和瑞士的特留份权利人范围相对较窄。关于遗属扶养费请求权人的范围，英国最宽，美国相对较窄。第三，数额不同。大陆法系国家有两种立法例：一是根据遗产总数量确定特留份的一定比例，即"全体特留主义"，如法国和意大利。二是德国、瑞士和日本，特留份为每个请求权主体法定份额的一定比例，此乃"个别特留主义"。

第四节　涉外遗嘱解释之法律冲突

遗嘱有别于合同等其他法律行为，所体现的不仅仅是人们在财产利益上的追求，更多地包含着遗嘱人的种种社会伦理关系、个人情感因素，甚至遗嘱人的人生理想。因此，遗嘱解释也更多地受到社会伦理因素、民族心理和传统观念的影响，其复杂性可想而知。① 我国 1985 年《继承法》对遗嘱解释并没有独立的规定。1999 年，我国颁布了《中华人民共和国合同法》（以下简称《合同法》），该法第 125 条第 1 款规定了合同的解释规则。② 自此，遗嘱解释所适用的基本上是合同解释的规则。③ 就遗嘱解释的立法例而言，因各国的法律传统不同，有的国家专门就遗嘱解释作出了规定，有的国家并未作专门规定。④

---

① 参见梁分、傅晶晶：《关于未来〈民法典继承编〉中应规定遗嘱解释规则的探讨》，载《天府新论》2010 年第 4 期，第 87~88 页。

② 《合同法》第 125 条第 1 款："当事人对合同条款的解释有争议的，应当按照合同所使用的词句、合同的有关条款、合同的目的、交易习惯以及诚实信用原则，确定该条款的真实意思。"2020 年 5 月 28 日，十三届全国人大三次会议表决通过了《中华人民共和国民法典》，自 2021 年 1 月 1 日起施行。《合同法》同时废止。

③ 参见李岩：《遗嘱制度论》，法律出版社 2013 年版，第 116 页。

④ 参见李岩：《遗嘱制度论》，法律出版社 2013 年版，第 93~94 页。

一、遗嘱解释理论

（一）暗示说

暗示说是指在解释遗嘱等要式行为时只考虑那些在要式的意思表示中有所暗示的内容，将遗嘱的要式性与遗嘱解释的客体结合起来，强调了遗嘱形式上的文义在遗嘱解释中的决定作用，该说曾是德国、英国、加拿大等国的通说。① 暗示说维护了遗嘱的严肃性，并最终起到了确保继承法律秩序稳定的作用。② 采用暗示说的国家逐渐形成了两种遗嘱解释规则。第一，明白无误规则，即解释遗嘱不得违反其明白无误的文义，超越字句文义追求遗嘱人的真实意图根本就不是在解释遗嘱，而是在遗嘱中加入遗嘱人从未使用过的词语，法院没有通过这种手段达到合理结果的司法权。③ 第二，遗嘱外证据排除规则。解释遗嘱以遗嘱上记载的文义为限，不得使用遗嘱外证据，如果遗嘱人用错了表达方式，所指向的词义与一般的词义不符，即使有遗嘱外的证据可以证明遗嘱人的真实意思，遗嘱也因违反遗嘱形式而无效。德国法院的判决曾经分别采用了暗示说的解释规则与探求遗嘱人真意的解释规则，导致出现了相左的判决。暗示说不仅违反了遗嘱解释的目的，也从根本上违反了遗嘱人的真实意图，严格坚持暗示说会导致遗嘱解释的目的不能实现。④

（二）区别说

为克服暗示说的缺陷，区别说应运而生。该说从探求遗嘱人内心真意

---

① 参见沈达明：《德意志法上的法律行为》，对外经济贸易大学出版社 1998 年版，第 161~163 页。

② 参见［德］拉伦茨：《德国民法通论》（下册），王晓晔、邵建东、程建英、徐国建、谢怀栻译，法律出版社 2003 年版，第 472 页。

③ 参见［英］丹宁勋爵：《法律的训诫》，杨白揆、刘庸安、丁健译，法律出版社 1999 年版，第 31 页。

④ 参见［德］迪特尔·梅迪库斯：《德国民法总论》，邵建东译，法律出版社 2000 年版，第 247~248 页。

的目的出发，既承认遗嘱意思表示要求特定的形式要件，又承认形式要件上的文字属于可以扩张或灵活解释的范围，突破了暗示说中遗嘱形式对遗嘱解释的限制。目前，较多国家采用区别说，其原因就在于区别说能够不拘泥于遗嘱的形式，达到探究遗嘱人内心真意的目的。遗嘱形式仅是确保遗嘱人真意的手段，遗嘱解释的目的是探究遗嘱人的真意，拘泥于遗嘱形式会阻碍遗嘱人意志的实现。当然也不能否定遗嘱形式的作用，毕竟遗嘱形式是遗嘱得以存在的载体，只是在解释遗嘱时如果能明确遗嘱人的真意，即使形式上有瑕疵，也不能将遗嘱解释为无效。虽然遗嘱解释需要以文义为核心，但遗嘱难免会因遗嘱人的疏忽或者缺失法律知识而使人产生误解，如果通过各种解释方法仍不能确定遗嘱内容，可以依据漏洞填补方法来探究遗嘱人的真实意思。[1] 按照区别说，遗嘱解释可以采用多种解释方法。解释法律行为所采用的文义解释、整体解释、历史解释、目的解释、习惯解释、诚信解释等方法都适用于遗嘱解释。只不过受遗嘱是要式行为、死因行为、单方无相对人行为等特点的影响，上述解释方法又具有一定的特殊性。[2] 各国在具体解释遗嘱时往往会兼采几种方法，而不是只限定使用一种方法解释遗嘱。

二、遗嘱解释方法

澳门特区采用的是整体解释方法和历史解释方法。根据《澳门民法典》第 2024 条第 1 款之规定，解释遗嘱时应当根据遗嘱上下文分析遗嘱人的意思来进行解释。英美法上的整体解释方法有两层含义：外部整体解释（external integration）和内部整体解释（internal integration），前者指应该将遗嘱人的正式遗嘱文本、附件以及其他遗嘱文书结合成一体进行解释。[3] 后者历来为大陆法系意思表示解释学所重视，从而保持遗嘱逻辑上的完整，

---

[1]　参见张平华、刘耀东：《继承法原理》，中国法制出版社 2009 年版，第 253 页。

[2]　参见张平华、刘耀东：《继承法原理》，中国法制出版社 2009 年版，第 254 页。

[3]　参见［美］格里·W. 拜尔：《遗嘱 信托 遗产》（影印本），中信出版社 2003 年版，第 167 页。

并澄清可能存在的歧义。① 除整体解释方法外，《澳门民法典》第2024条第2款还采用了历史解释方法，在解释遗嘱时纳入其他资料，以帮助确定遗嘱人内心的真实意思。②《俄罗斯联邦民法典》采用这种方法，第1132条规定，公证员、遗嘱执行人或法院在解释遗嘱的时候应该注意遗嘱所含词语的字面意义。如果遗嘱中某一项内容的字面意义不清，则应该将该项内容与其他内容和整个遗嘱的含义进行对照来确定它的意义。根据《埃塞俄比亚民法典》第910条的规定，只要遗嘱条款文义清楚，就应该推定为遗嘱人的真实意图，而排除再对其进行解释的可能。③

《菲律宾民法典》也采用了历史解释方法。采用历史解释方法需要分析所有情形，从中推知遗嘱人的意志。只有在采用整体解释方法难以确定遗嘱继承的时候才能采用历史解释方法。④ 菲律宾对遗嘱解释的规定较为详细。《菲律宾民法典》第788条规定："遗嘱处分容许不同解释的，如有疑问，应优先选择依据该处分将有效的解释。"第789条规定："有不能履行的描述的，或者没有人或财产确切地符合该描述的，如果错误产生于遗嘱的上下文或外部证据，就必须矫正误解和遗漏，但关于遗嘱人的意图，应排除其口头声明；如果不确定性产生于遗嘱的外表，关于其任一条款的适用，将以遗嘱的文句确定遗嘱人的意图，而且应考虑遗嘱人订立遗嘱时所

---

① 参见张平华、刘耀东：《继承法原理》，中国法制出版社2009年版，第257页。

② 《澳门民法典》第2024条规定："对遗嘱之规定作出解释时，应根据遗嘱之上下文而采纳最符合遗嘱人意思之解释。容许借助补充证据作解释，但所得出之遗嘱人之意思，必须与遗嘱之上下文有最起码之对应，方可产生效力，即使该意思之表达未尽完善亦然。"参见赵秉志编：《澳门民法典》，中国人民大学出版社1999年版，第515页。

③ 《埃塞俄比亚民法典》第910条规定："当出现疑问时，遗嘱得根据从遗嘱本身和其他情况可推知的遗嘱人的意图进行解释。当遗嘱条款清楚时，不得通过解释寻求使它们与遗嘱人的真实意图背叛。"参见薛军译：《埃塞俄比亚民法典》，厦门大学出版社2013年版，第130页。

④ 参见张平华、刘耀东：《继承法原理》，中国法制出版社2009年版，第258页。

处的环境，但应排除此等口头声明。"第 790 条规定："遗嘱的词语将以其一般的和语法上的意义理解，但能够得出以另一种意思使用词语的明显意图，并且此等意思能够予以确定的，不在此限。遗嘱中的专业词语将以其专门的含义理解，但上下文明显地表明了相反的意图的，或者充分显明遗嘱是由遗嘱人单独订立并且他不了解专业词语的专门含义的，不在此限。"第 791 条是关于目的解释方法的规定，即遗嘱的词语将接受使各项表示产生一定效力的解释，而不是将致使任一表示无效的解释。在解释遗嘱的这两种方式中，将优先选择避免无遗嘱继承的解释。① 考察遗嘱解释的理论变化以及各国所采取的方法，不难看出，遗嘱解释规则有尊重意思自治、保护财产所有权、稳定财产继承秩序、促进家庭和谐以及节约诉讼成本的价值功能。

　　未单独规定遗嘱解释的国家和地区，一般参照合同或者一般法律行为的解释规则，主要有德国、瑞士、法国和智利。《德国民法典》第 133 条是关于一般法律行为的解释规则。② 就遗嘱解释而言，由于遗嘱是单方意思表示，在解释时不需要考虑相对人信赖利益的保护，③ 因此该条适用于遗嘱的解释上是不存在疑义与争议的。④《瑞士民法典》没有就遗嘱解释作出专门规定，同时也无法律解释规则的一般规定，但瑞士有一套完整的合同解释方法，⑤ 因此，遗嘱解释参照合同解释的相关规定。⑥ 法国也没有专门制定遗嘱解释的法律条文，另外由于《法国民法典》中没有"法律行为"的

---

①　参见蒋军州译：《菲律宾民法典》，厦门大学出版社 2011 年版，第 112 ~ 113 页。

②　《德国民法典》第 133 条规定："解释意思表示时，必须探求真意，而不得拘泥于所用词句的字面意义。"

③　参见[德]迪特尔·梅迪库斯：《德国民法总论》，邵建东译，法律出版社 2000 年版，第 237 页。

④　参见王永令：《解释学视角下的遗嘱解释》，厦门大学 2007 年硕士学位论文，第 21 页。

⑤　参见沈达明：《德意志法上的法律行为》，对外贸易教育出版社 2015 年版，第 136 页。

⑥　参见李岩：《遗嘱制度论》，法律出版社 2013 年版，第 94 页。

概念，因此在形式上也就没有关于法律行为的一般解释规则，但若从实质内容上看，这种一般的解释规则还是存在的，那就是契约的解释规则。① 遗嘱解释适用契约的解释规则，即"解释契约，应从契约中寻找缔结契约之诸当事人的共同本意，而不应停留于用语的字面意思"②。

《智利民法典》第 1560 条规定："明确认知了合同当事人的意图的，应依据此等意图，而不拘泥于文字。"③这一规定与《法国民法典》第 1156 条的规定极为相似，很可能是受《法国民法典》的影响。④ 但《智利民法典》的规定相较于《法国民法典》的规定更鲜明地昭示下列信息：第一，合同当事人的真意是客观存在的；第二，通过一定的手段重现合同当事人的真意是可能的。参照《智利民法典》关于合同解释的规定可知，智利主张重现遗嘱人的真实意思是可行的。另外，整个《智利民法典》的解释基调也佐证着这一点，该法典在序题的第 4 节第 19 条第 2 款规定："但是，为解释法律的模糊表达，可求助于法律本身中或在可靠的立法史料中所明确表示的意图或精神"，该条在法律解释上的立场与萨维尼比较相近，即在解释法律时，考虑立法者的立场。⑤

---

① 参见《法国民法典》第 1156~1164 条。

② 参见《法国民法典》第 1156 条。

③ 参见徐涤宇译：《智利共和国民法典》，金桥文化出版（香港）有限公司 2002 年版，第 310 页。

④ 参见王永令：《解释学视角下的遗嘱解释》，厦门大学 2007 年硕士学位论文，第 22 页。

⑤ 参见王永令：《解释学视角下的遗嘱解释》，厦门大学 2007 年硕士学位论文，第 23 页。

第二章　依分割方法决定涉外遗嘱之
法律选择

第一节　分割方法之形成

分割方法(dépeçage)也被称为 scission①、picking and choosing②，已经渗透到各个法律部门，是冲突法的常见现象。③ 分割方法的实质是对一个问题不同方面的分割处理，这种选择法律的方式在传统冲突法中业已存在，比如在诉讼中分割程序问题和实体问题，分别选择不同的法律。随着冲突法的发展，渐渐出现分割实体问题的做法。④ 不可避免的是，类别分得越精细，分割方法出现的频率就越高。分割方法由于其优势，从其产生以来发展迅速，目前在各法律部门中都可见对分割方法的运用，在现代各国和地区的立法例中呈扩张发展的趋势。⑤ 由于分割方法给结果选择留下了操作空间，因此，对司法创新具有激励作用。⑥ 分割方法已经成为重要

---

① See J. G. Collier, Conflict of Law 195(3rd ed. Cambridge University Press 2001).

② See Cheshire, North & Fawcett: Private International Law 56 (14th ed. Oxford University Press 2008).

③ See Willis L. M. Reese, Dépeçage: a Common Phenomenon in Choice of Law, 73 (11) Columbia Law Review 58(1973).

④ 参见李双元:《国际私法(冲突法篇)》，武汉大学出版社 2016 年版，第 250 页。

⑤ See Symeon C. Symeonides, Codifying Choice of Law Around the World: an International Comparative Analysis 226(Oxford University Press 2014).

⑥ 参见[美]佛里德里希·K. 荣格:《法律选择与涉外司法》，霍政欣、徐妮娜译，北京大学出版社 2007 年版，第 99 页。

的涉外遗嘱法律选择方法，对其展开研究有助于厘清遗嘱冲突法的特殊分割问题。

一、分割方法的产生

14 世纪以来，各国国际私法学者都试图解释"为何"以及"如何"适用外国法这一问题，法则区别说、国际礼让说、法律关系本座说、既得权说、本地法说等多种学说相继出现，并分别产生一定的影响。在早期的国际私法法规中，法律选择的价值取向及功能均较单向化，逐渐暴露诸多弊端。学者们开始寻找新的法律选择方法，促成分割方法的产生和发展。分割方法作为一种法律选择方法，最早见于法则区别说时代的合同分割论。早在 15 世纪时，巴托鲁斯就主张在合同冲突法中适用分割方法，他提出违反合同的问题受合同履行地法支配，其他合同问题则受合同订立地法支配。分割合同法律关系的不同方面，对其不同方面分别规定法律选择规则的方法就是分割方法。①

但在法则区别说时期，遗嘱冲突法中并无运用分割方法的痕迹，即使达让特莱提出了分割不动产选择法律的主张，但这仍然是建立在单边主义方法的基础上的。法则区别说体现了单边主义法律选择方法的实质，因为这一学说以界定实体规则的适用范围来决定法律选择问题。② 这种法律选择方法不涉及对继承和遗嘱法律关系本身的分割。法律关系本座说的创立者萨维尼对法则区别说持否定态度，他指出法则区别说从法律规则的效力范围角度去考虑，从而形成了单边主义的法律选择方法，这一法律选择方法是从法律规则本身到法律关系，先定下规则再寻找应适用的法律关系，因而具有单边性质。而萨维尼的学说与法则区别说的思考方向是相反的，他认为法律适用问题是解决法律关系受何种法律支配这一问题，因此应从

---

① 参见李双元：《中国与国际私法统一化进程》，武汉大学出版社 2016 年版，第 152~159 页。

② 参见宋晓：《当代国际私法的实体取向》，武汉大学出版社 2004 年版，第 23 页。

法律关系本身出发，再到法律规则。萨维尼创设的"法律关系本座说"从法律关系的角度出发，考虑法律关系应该受什么法律支配，由此形成了双边主义的法律选择方法。针对法律适用问题形成了法律选择的单边主义方法和多边主义方法，这两种方法实质上是解决同一个问题。①

萨维尼的"法律关系本座说"寻求为每一类法律关系找到"本座"，这个本座是每类法律关系本质上的所属地，他将法律关系分为五类，分别为：身份法律关系（包括权利能力和行为能力）、物权法律关系、债权法律关系、继承法律关系以及家庭法律关系（包括婚姻、父权和监护）。从"法律关系本座说"这一理论公式出发，分别找出这五类法律关系的本座，指引法律选择，此乃萨维尼主张的法律选择方法。萨维尼认为法则区别说下的法律选择是混乱的，因为每一类法律关系具有不同的"本座"，不可能通过一个共同的固定规则指引每一类法律关系的"本座"。萨维尼创造了易于理解的关于法律选择的公式，结束了法则区别说的统治地位，法律选择方法开始由单边主义向双边主义迈进，他的"法律关系本座说"被学者们称赞为是具有开辟国际私法新纪元意义的国际私法理论。

具体而言，萨维尼如何为上述五类法律关系寻找本座呢？他认为，诸多法律事实组成一个法律关系，这个法律关系的本座就是最能体现法律关系总体特征的法律事实之所在地，这个最重要的法律事实就是连结点。连结点将法律关系和特定的地域联系在一起，连结点所指定的特定法律就是法律关系应当适用的法律。按照萨维尼的方法，每类法律关系都包含了可以指引法律选择的连结点，立法者的任务通常就是找出"场所化"的法律事实。这些决定法律关系"本座"的事实可以归纳为住所、标的物所在地、法律行为地以及法院地。②

虽然法则区别说时代已有合同分割论，但法则区别说是单边主义的法

---

① 参见宋晓：《当代国际私法的实体取向》，武汉大学出版社 2004 年版，第 38 页。

② 参见宋晓：《当代国际私法的实体取向》，武汉大学出版社 2004 年版，第 40~41 页。

律选择方法，从法律规则出发寻找可以支配的法律关系很难产生分割法律关系的机会。萨维尼的"法律关系本座说"从法律关系出发考虑法律选择问题，摆脱了单边主义法律选择方法的束缚，为进一步细化法律关系创造机会，为分割方法的产生奠定了基础，开创了法律选择领域的"哥白尼革命"。"法律关系本座说"对此后各国国际私法理论的形成和国内立法活动都产生了很大影响，直至今日，仍有很多国家依这种方法制定本国的冲突规范以指引法律选择。①

二、分割方法的发展

真正让分割方法大放异彩的是美国的冲突法革命，分割方法是美国法律选择思维模式下为数不多的突破之一。② 既得权理论（vested right theory）是美国《第一次冲突法重述》的理论基础，根据该理论，一切侵权案件都受侵权行为地法的支配。③ 这种规定过于严格，似乎无适用分割方法的必要。然而，美国《第一次冲突法重述》第 379 条和第 382 条第 2 款关于侵权行为的法律选择区分了一般注意标准和特殊注意标准。根据这两条之规定，决定侵权行为是故意或过失的一般注意标准是损害发生地法，但若一般注意标准是由特定情况下行为地法律或司法决定所确定的，则应该由法院决定损害发生地法的适用。④ 美国《第一次冲突法重述》仍为分割方法的萌芽提供了土壤，但既得权理论只是根据僵硬的连结点进行法律选择，将其作为分割方法的理论基础显然是不合适的。

既得权理论并不考虑选择法律的内容、隐含的目的以及选择的法律与案件是否有实质联系，对分割过程没有任何有效指引，使得这一时期的分

---

① 参见黄进主编：《国际私法》（第二版），法律出版社 2005 年版，第 169 页。

② See Symeon C. Symeonides, The Challenge of Recodification Worldwide: The Conflicts Book of the Louisiana Civil Code: Civilian, American, or Original?, 83 Tulane Law Review 1067(2009).

③ See Kermit Roosevelt III, The Myth of Choice of Law: Rethinking Conflicts, 97(8) Michigan Law Review 2456(1999).

④ 美国《第一次冲突法重述》第 379 条、第 382 条第 2 款。

割方法具有盲目性和混乱性，极易导致法律选择结果的扭曲。① 以既得权理论为基础的美国《第一次冲突法重述》遭到以库克、劳伦森和卡弗斯为代表的学者的批判，直接引发了美国的冲突法革命。② 但这几位冲突法革命者的贡献也仅限于批判方面，库克的"本地法说"被指责为是空无一物的理论，卡弗斯主张的"结果分析方法"被质疑过于机械化，该方法完全依赖法官的自由裁量权，实际上是从极端机械的方法走向极端灵活的方法，因而只具有指导性作用。因此，从 20 世纪 20 年代到 30 年代，虽然作为美国《第一次冲突法重述》理论基础的既得权说已经被批评得"体无完肤"，但是由于缺乏较为成熟的、可替代的法律选择方法，美国法院仍然采用既有的法律选择规则(立法管辖权规则)进行裁判。直到美国冲突法革命进入高潮时期，"政府利益分析说"(governmental interest analysis)等学说被相继提出，这种尴尬的局面才逐渐被打破。③

20 世纪 50—60 年代，美国冲突法革命进入高潮时期，对法律选择方法的改造有重要意义。美国冲突法学者在这一阶段提出了诸多影响后世的重要理论，除了柯里的"政府利益分析说"之外，还包括里斯的"最密切联系原则"、巴克斯特的"政府利益比较损害说"、莱弗拉尔的"优法理论"以及艾伦茨威格的"法院地法说"等。柯里"政府利益分析说"的影响力最为广泛和持久，被认为是最具有革命性的创造，某种程度上，这一学说等同于美国的冲突法革命。④ "政府利益分析说"认为解决法律冲突最好的办法就是对相关州的政府利益进行分析。采用柯里要求的方法来分析案件，会发现，在多数案件中存在数州对案件有适用本州法律的政府利益，由此导致

---

① 参见徐伟功、蔡鑫：《美国冲突法中的分割方法评析》，载《武汉大学学报(哲学社会科学版)》2008 年第 3 期，第 300 页。

② 参见宋晓：《当代国际私法的实体取向》，武汉大学出版社 2004 年版，第 94 页。

③ 参见宋晓：《当代国际私法的实体取向》，武汉大学出版社 2004 年版，第 96 页。

④ 参见宋晓：《当代国际私法的实体取向》，武汉大学出版社 2004 年版，第 96 页。

真实冲突的产生。但这只是表面现象，如若采用"逐个分析问题的方法"对这一真实冲突作进一步的分析，就会发现相互冲突的数个州的法律可能只适用于案件的部分问题，这样，真实冲突将被分割成数个虚假冲突。对分割之后的数个案件问题分别适用与之有利益的州的法律将增进该州的政府利益。①

分析关于分割方法的资料和案例，可以发现，复杂案件存在多个争议问题，需要逐一分析。按照这一思路，分割方法的产生和运用就建立在逐个分析争议问题的基础之上，是"逐个分析问题的方法"的副产品之一。②因此，不同于既得权理论，"政府利益分析说"回答了既得权理论没有回答的问题，为分割方法的产生和发展创造了有利的条件。首先，"政府利益分析说"要求分析法律隐含的政府利益，这种思路要求运用分割方法；其次，"政府利益分析说"进行法律选择的出发点是增进相关州的政府利益，在选择法律时必不可少地会考虑案件的实体结果，探寻政府利益的行为对分割过程有具体的指导。综上，"政府利益分析说"才是分割方法的理论基础，简言之，表现为既要求运用分割方法，又能具体指导分割的过程。③

分割某一法律关系的不同方面，进而采用不同的连结点以指引法律选择被称为分割方法，关于这种法律选择方法的理论被称为分割论。与之对应，若某一法律关系只受一个准据法支配，则这种法律选择方法被称为整体论。④ 关于分割论与整体论的争论最先产生于法则区别说时代，巴托鲁斯已经提出了合同分割论。分割方法在合同冲突法领域中的运用得到了多数国家和地区的立法以及一些国际条约的承认，学者对运用分割方法的利

---

① 参见徐伟功、蔡鑫：《美国冲突法中的分割方法评析》，载《武汉大学学报（哲学社会科学版）》2008 年第 3 期，第 301 页。

② See Symeon C. Symeonides, Rome II and Tort Conflicts: A Missed Opportunity, 56 (1) The American Journal of Comparative Law 185(2008).

③ 参见徐伟功、蔡鑫：《美国冲突法中的分割方法评析》，载《武汉大学学报（哲学社会科学版）》2008 年第 3 期，第 301 页。

④ 参见许凯：《进退之间：分割方法在侵权冲突法中适用的思辨》，载《法律方法》2016 年第 1 期，第 367 页。

弊也有充分的研究。① 现代美国冲突法的一个重要特征就是逐个分析案件中的不同问题，同时在处理具体案件时考虑相关法律的政府利益，促成了分割方法的大量使用。② 美国冲突法革命对法律选择方法的改革具有世界影响力，对其的讨论从美国蔓延至世界各地，虽然其他国家和地区没有立即作出回应，但不容置疑的是，其他国家和地区都不同程度地受到了美国冲突法革命的冲击和影响。③ 柯里的"政府利益分析说"为分割方法提供了理论基础，经过美国的冲突法革命，分割方法在侵权冲突法中得到充分运用，分割方法已经成为现代国际私法立法中一项不可或缺的法律选择方法。④

第二节　分割方法之适用

不管各国是否明确使用分割方法这一表达方式，目前许多国家和地区的立法规定以及案件判决体现了分割方法的思想，分割方法已经成为重要的法律选择方法之一，这是无法回避的事实。⑤ 20 世纪 60 年代以来，国际社会掀起了国际私法的法典化和统一化运动，世界各国以及国际组织纷纷制定国际私法法典和国际公约，其总量已经超越国际私法诞生以来产生的法律数量。⑥ 除乌拉圭、希腊、中非、秘鲁、加蓬以及委内瑞拉等国家之外，目前已有较多国家和地区在遗嘱冲突法中运用分割方法，表现在分

---

① 参见沈涓：《合同准据法理论的解释》，法律出版社 2000 年版，第 8~15 页。

② 参见徐伟功、蔡鑫：《美国冲突法中的分割方法评析》，载《武汉大学学报（哲学社会科学版）》2008 年第 3 期，第 301 页。

③ 参见宋晓：《当代国际私法的实体取向》，武汉大学出版社 2004 年版，第 96 页。

④ 参见许凯：《进退之间：分割方法在侵权冲突法中适用的思辨》，载《法律方法》2016 年第 1 期，第 367 页。

⑤ 参见王卿：《论国际私法中的"分割方法"》，载《法律方法》2012 年第 1 期，第 361 页。

⑥ See Symeon C. Symeonides, Codifying Choice of Law Around the World: an International Comparative Analysis 2(Oxford University Press 2014).

割遗嘱法律关系为遗嘱继承、遗嘱形式、遗嘱能力、遗嘱效力、遗嘱解释和遗赠等事项，并分别规定法律选择规则。分割方法已经被频繁地运用于决定遗嘱的法律选择，但关于分割方法在遗嘱冲突法中的具体适用，却鲜有学者研究，似乎遗嘱天然地可被分为各具体事项。究竟为何适用分割方法决定遗嘱的法律选择？各国对分割方法的具体适用有何差异？适用分割方法需要注意哪些问题？这些问题都值得进一步研究。目前主要有两种原因会导致分割：第一，因为法律规定而导致不同的实体法适用于同一案件，从而产生分割；第二，由当事人或法官等人进行分割。根据产生分割现象的原因不同，可以将分割方法分为法定分割、意定分割和司法分割。①

一、法定分割

考察各立法例的规定可知，适用法定分割方法决定遗嘱准据法表现为以下三个方面：分割遗嘱继承和遗嘱本身问题、对遗嘱本身问题的再分割、根据遗嘱涉及的遗产性质分割遗嘱事项。

(一)分割遗嘱继承和遗嘱本身问题

实体法上，在遗嘱中指定继承人是遗嘱处分方式之一，这一行为产生遗嘱继承的法律效果，必须在遗嘱人死亡后才能实现。而遗嘱本身是一个单方法律行为，有遗嘱能力的人按照法定形式订立遗嘱之后，遗嘱就已经成立。遗嘱继承和遗嘱本身并不是完全等同的，二者存在较大差异：首先，遗嘱继承是与法定继承相对的一种继承方式，指遗嘱人通过遗嘱指定继承人，由指定的继承人按照遗嘱人对遗产份额的分配继承遗产的方式。遗嘱人在遗嘱中可以指定继承人的范围、遗产的分配份额等事项，遗嘱包括但不限于对继承人的指定和对遗产的处分，遗嘱继承是遗嘱可能产生的部分法律效果，遗嘱人还可以通过遗嘱指定监护人、认领非婚生子女以及

---

① 参见王卿：《论国际私法中的"分割方法"》，载《法律方法》2012年第1期，第361页。

收养子女等。① 其次，从遗嘱的有效要件和遗嘱继承的产生条件看，遗嘱要满足实质要件和形式要件才能有效，遗嘱成立后生效前，还会出现遗嘱的变更与撤回等情况，存在有效的遗嘱并不一定发生遗嘱继承的效果。遗嘱继承和遗嘱本身问题应当分割来看，运用分割方法首先得益于遗嘱的可分割性。

除极少数国家和地区外，两大法系国家一般在遗嘱冲突法中运用分割方法，但在立法体例上存在差别。遗嘱冲突法中，分割遗嘱继承和遗嘱本身问题导致产生两种立法体例，即"遗嘱"体例和"遗嘱继承"体例。两种立法体例的差异就在于遗嘱继承受何种法律选择规则的支配，各国和地区对遗嘱继承的不同立法模式导致"遗嘱"体例和"遗嘱继承"体例产生。采用"遗嘱"体例的国家和地区规定法定继承和遗嘱继承都受继承准据法的支配，即不区分法定继承和遗嘱继承的法律选择规则，一般规定"继承适用某某法律"的冲突规范指引准据法的选择。同时，采用"遗嘱"体例的国家和地区还会制定关于遗嘱本身问题的法律选择规则，这种区分遗嘱继承和遗嘱本身问题的立法方式被称为"遗嘱"体例。采用"遗嘱继承"体例的国家对遗嘱继承和无遗嘱继承都有详细的法律选择规则，不过，该体例下，遗嘱继承不受统一的继承准据法支配，与遗嘱本身问题一样，有单独的法律选择规则。② 可见，两种立法体例下，遗嘱继承和遗嘱本身问题都被分割出来，区别在于遗嘱继承是否受统一的继承准据法支配。

采用"遗嘱"体例的有德国、泰国、日本、意大利、埃及、法国、韩国、捷克斯洛伐克、葡萄牙、波兰、阿根廷、约旦、奥地利、匈牙利、土耳其、瑞士、美国路易斯安那州、罗马尼亚、蒙古、朝鲜、列支敦士登、乌兹别克斯坦、突尼斯、格鲁吉亚、吉尔吉斯、斯洛文尼亚、亚美尼亚、白俄罗斯、阿塞拜疆、俄罗斯、立陶宛、摩尔多瓦、比利时、乌克兰、保

---

① 参见苏远成：《国际私法》，台湾五南图书出版公司 2001 年版，第 373 页。

② 参见李建忠：《论涉外遗嘱法律适用制度的发展趋势——兼论〈涉外民事关系法律适用法〉第 32、33 条的解释与完善》，载《法律科学（西北政法大学学报）》2014 年第 1 期，第 177 页。

加利亚、斯洛伐克、马其顿、荷兰、捷克、黑山、多米尼加、加拿大魁北克、巴拿马、澳大利亚、摩纳哥、爱沙尼亚和阿尔巴尼亚共 47 个国家和地区。英国、美国、南非和加拿大 4 个国家采用"遗嘱继承"体例。① 可见，除少数国家坚持"遗嘱继承"体例外，大多数国家采用"遗嘱"体例，"遗嘱"有被广泛采纳的趋势。"遗嘱"体例和"遗嘱继承"体例都分割遗嘱继承和遗嘱本身问题，为何前者会呈现广泛采纳的趋势呢？有三点可能的原因。

第一，"遗嘱"体例被更多的国家和地区采用是受遗嘱实体法立法结构的影响。综观世界各国关于遗嘱制度的立法，总体上可分为特别法体例与法典体例。② 判例法国家(英国、美国等)以及没有制定民法典的国家采用特别法体例，通过颁布单行法的方式形成遗嘱实体法制度，如英国颁布的1837 年《遗嘱法》、1925 年《遗产继承法》、1952 年《无遗嘱继承法》和 1971年《遗产管理法》，美国颁布的 1969 年《统一遗嘱检验法典》。这些国家有区分无遗嘱继承和遗嘱继承的法律传统，受实体法立法结构的影响，形成了冲突法上的"遗嘱继承"体例。采用法典体例的国家在数量上占据绝对优势，主要是大陆法系国家和澳大利亚等个别判例法国家。因对继承性质认识不同，这些国家存在多种立法情形，③ 但是都将继承法作为民法典的组成部分列入其中。主要表现为以下两种立法方式：第一，德国、日本和法国都不区分法定继承和遗嘱继承，而是分别规定继承制度和遗嘱制度，遗

---

① 在本书统计的国家和地区中，有些不属于上述两种体例的范围，不予分析，包括乌拉圭、希腊、马达加斯加、中非、加蓬、塞内加尔、阿尔及利亚、多哥、布隆迪、秘鲁、巴拉圭、委内瑞拉、卡塔尔、阿曼苏丹。

② 郭明瑞、房绍坤：《继承法》(第二版)，法律出版社 2004 年版，第 15 页。

③ 这些不同的立法情形包括：(1)将继承看作财产所有权转移的一种方式，继而将继承法归入"取得财产的方法"，如《法国民法典》；(2)将继承权看作财产所有权于所有人死后的自然延伸，继而将继承法视为物权法的一部分，并将其置于民法典的物权编，如《奥地利民法典》；(3)将继承权看作与身份关系相联系的独立权利，继而将继承法看作民法典独立的一编，如《德国民法典》《日本民法典》《意大利民法典》和《葡萄牙民法典》等。参见郭明瑞、房绍坤：《继承法》(第二版)，法律出版社 2004 年版，第 16 页。

嘱部分只涉及遗嘱本身的各个事项；第二，意大利和葡萄牙的民法典将继承法分为总则、法定继承和遗嘱继承，在总则部分规定法定继承和遗嘱继承的一般规则，法定继承部分主要规定法定继承人的权利义务，遗嘱继承部分规定遗嘱本身的各个事项。上述两种立法方式存在一定的差异，但在具体内容上，即使是采用总则、法定继承和遗嘱继承分立的立法结构，总体上，继承和遗嘱分立的二元结构仍然十分明显，直接导致了遗嘱冲突法上继承与遗嘱分立的立法模式，继而形成"遗嘱"体例。大多数国家和地区在遗嘱冲突法领域采用"遗嘱"体例首先是受到其遗嘱实体法立法结构的影响。① 这些国家和地区在数量上占据较大优势，因而"遗嘱"体例呈现被广泛采纳的趋势。但这并不意味着有关遗嘱继承的问题一定适用继承准据法。②

第二，遗嘱继承受继承准据法支配具有合理性。在国际私法上，有关遗嘱问题应当区分为"可以依遗嘱为何种行为"以及"遗嘱本身问题"这两个大问题。"依遗嘱为何种行为"以及该行为的范围应受何种法律的支配呢？若要通过遗嘱方式进行某一种行为，则该行为应当适用的准据法必须确认该行为可以通过遗嘱方式进行，如果该行为的准据法允许以遗嘱方式为之，则该行为的具体范围也应该由该行为的准据法支配。③ 例如，采用遗嘱方式变更法定继承关系，那么遗嘱是否可以变更以及在什么范围内可以变更等问题都应该受到继承准据法的支配。④ 继承的准据法一般应适用于

---

① 参见李建忠：《论涉外遗嘱法律适用制度的发展趋势——兼论〈涉外民事关系法律适用法〉第32、33条的解释与完善》，载《法律科学（西北政法大学学报）》2014年第1期，第177页。

② 比如，一位死亡时的最后住所地在爱尔兰的人，用遗嘱将动产置于信托下，根据遗嘱人最后住所地法（爱尔兰法），该信托因违反禁止永远不得转让规则（rule against perpetuities）而无效。但是，如果动产位于爱尔兰境外的某外国，而且受托人准备在该国管理信托财产，并根据该国法律该信托有效，英国学者威希尔和诺思认为，在这种情况下应适用遗产管理地法而不是遗嘱人的最后住所地法，因此该信托是有效的。参见黄进主编：《国际私法》（第二版），法律出版社2005年版，第372页。

③ 参见黄进主编：《国际私法》（第二版），法律出版社2005年版，第372页。

④ 参见黄进主编：《国际私法》（第二版），法律出版社2005年版，第372页。

以下问题：第一，继承的开始和继承开始的原因；第二，什么样的人能成为继承人，即什么人有取得遗产的能力；第三，继承开始的效力；第四，遗嘱人通过遗嘱处分其财产的权利如何；第五，有关的财产是否属于无人继承财产，以及国家究竟是以最后继承人的资格，还是依对无主财产的先占而取得这些财产。①

第三，"遗嘱"体例具有一定的优点。"遗嘱"体例下，遗嘱的法律选择规则仅需针对各遗嘱事项作专门规定，对于通过遗嘱实施的产生继承效果的行为，如指定继承人及其权利义务、遗产的分配方法与份额等问题，因其本质上的继承属性，将其与法定继承都纳入继承范畴，统一受继承准据法支配。这种体例体现出立法结构的精简，得到了大多数采用法典体例国家的普遍采纳。② 不过，两种立法体例并非绝对对立，在规定遗嘱形式和遗嘱实质要件的法律选择规则时，部分采取"遗嘱"体例的国家和地区采用了类似于英国的分割方法，分别规定遗嘱继承以外各个遗嘱事项的法律选择规则。③

(二)对遗嘱本身问题的再分割

不同国家和地区对遗嘱事项的分割存在差异，有的采用二分制，有的采用三分制、四分制、五分制或者六分制。采用二分制的国家有：阿曼苏丹、埃及、马达加斯加、阿尔及利亚、巴拉圭、爱沙尼亚、阿尔巴尼亚等。采用三分制的国家中，意大利、阿根廷、南斯拉夫、土耳其、瑞士、

---

① 但是财产所在地国家是否接受继承准据法的观点，却可能会有争议，因而也有主张应适用财产所在地法的。参见李双元：《国际私法(冲突法篇)》，武汉大学出版社 2016 年版，第 566~568 页。

② 参见李建忠：《论涉外遗嘱法律适用制度的发展趋势——兼论〈涉外民事关系法律适用法〉第 32、33 条的解释与完善》，载《法律科学(西北政法大学学报)》2014 年第 1 期，第 178 页。

③ 参见李建忠：《论涉外遗嘱法律适用制度的发展趋势——兼论〈涉外民事关系法律适用法〉第 32、33 条的解释与完善》，载《法律科学(西北政法大学学报)》2014 年第 1 期，第 177 页。

乌兹别克斯坦、吉尔吉斯、斯洛文尼亚、亚美尼亚、白俄罗斯、俄罗斯、立陶宛、乌克兰、马其顿、荷兰等国分割遗嘱为遗嘱继承、遗嘱能力和遗嘱形式，多米尼加、塞内加尔、多哥、突尼斯等国分割遗嘱为遗嘱继承、遗嘱形式和遗赠，日本分割为遗嘱继承、遗嘱效力、遗嘱撤销，波兰分割为遗嘱继承、遗嘱效力、遗嘱形式，卡塔尔、阿塞拜疆分割为遗嘱继承、遗嘱实质要件、遗嘱形式要件。有的国家采用四分制，比如韩国、捷克斯洛伐克、葡萄牙、奥地利、蒙古、朝鲜、斯洛伐克、捷克、保加利亚等国。美国路易斯安那州、列支敦士登和黑山采用五分制。比利时和泰国对遗嘱分割最为细致，采用六分制。比利时分割遗嘱为遗嘱继承、遗嘱效力、遗赠、遗嘱能力、遗嘱形式和遗嘱解释，泰国分割遗嘱为遗嘱继承、遗嘱能力、遗嘱形式、遗嘱效力、遗嘱解释和遗嘱撤销。我国《法律适用法》第 32 条和第 33 条将遗嘱事项分割为遗嘱方式和遗嘱效力。

(三)根据遗产性质的分割

关于继承准据法的选择问题，国际私法上历来存在两种对立的方法：一是主张区分遗嘱人的遗产为动产和不动产，动产适用遗嘱人的属人法，不动产适用物之所在地法，这种制度被称为区别制；二是主张不区分动产与不动产以及遗产所在地的异同，遗产统一受遗嘱人的属人法支配，这种制度被称为同一制。①

区别制来源于封建制度，盛行于西欧，早期英国严格区分不动产和动产继承的实体法，规定不动产继承受封建原则调整，而动产继承受教会法调整。在这种严格区分不动产和动产的实体法背景下，区别制逐渐酝酿成熟。②

① 关于同一制和区别制的说法，有的学者称之为单一制和分裂制，参见李浩培：《李浩培文选》，法律出版社 2000 年版。但较多的还是称之为同一制和区别制，参见肖永平：《国际私法原理》，法律出版社 2007 年版；李双元：《国际私法（冲突法篇）》，武汉大学出版社 2016 年版。

② 参见宋晓：《同一制与区别制的对立及解释》，载《中国法学》2011 年第 6 期，第 148 页。

封建时期英国的区别制具有不可动摇的地位。因为整个封建制度原是建立在封建的土地所有权之上的，在土地继承方面，君主们不允许他们的臣下获得外国住所时受到外国法律的影响，而动产在当时数量还不是很大，且多随人所至带在身边，因此，采用区别制的国家规定不动产适用不动产所在地法，动产适用遗嘱人的属人法。①

同一制被认为是从古罗马的概括继承发展而来，较区别制则有更早的渊源。根据古罗马法，继承的目的在于延续遗嘱人的人格（personality），继承人得以在法律上取得遗嘱人的地位。② 在 18 世纪以前，德国采用区别制，但是在 1495 年接受罗马法以后，随着罗马法研究的发展，到 18 世纪中叶，同一制已成功渗入德国，德国判例开始对遗产继承适用遗嘱人的最后住所地法。1896 年德国制定了《民法施行法》③，正式通过法律条文的形式确定同一制。由采用区别制转为采用同一制的还有奥地利、匈牙利、土耳其和罗马尼亚。在 2009 年《罗马尼亚民法典》颁布之前，罗马尼亚采用区别制。④ 在制定 2009 年《罗马尼亚民法典》时，立法者考虑到海牙国际私法会议对同一制的推崇，以及欧盟法律的要求，主张放弃采用区别制，转而采用同一制。新法典颁布后，第 2633 条不再区分动产和不动产，规定继承统一适用遗嘱人死亡时的经常居住地法。⑤

① 参见李双元：《国际私法（冲突法篇）》，武汉大学出版社 2016 年版，第 560 页。

② 参见李双元：《国际私法（冲突法篇）》，武汉大学出版社 2016 年版，第 561 页。

③ 德国《民法典施行法》最初制定于 1896 年 8 月 18 日，自 1900 年 1 月 1 日起施行，尽管此后进行了多次修改，但在继承法律适用方面一直采同一制。1896 年文本的翻译参见李双元、欧福永、熊之才编：《国际私法教学参考资料选编》，北京大学出版社 2002 年版，第 318~320 页。2010 年文本的翻译参见邹国勇译注：《外国国际私法立法精选》，中国政法大学出版社 2011 年版，第 3~18 页。2017 年文本的翻译参见邹国勇译：《外国国际私法立法选译》，武汉大学出版社 2017 年版，第 108~126 页。

④ 参见 1992 年《罗马尼亚关于调整国际私法法律关系的第一百零五号法》第 66 条。

⑤ See Daniel Berlingher, Rules on the Conflict of Laws in the Matter of Succession in Romanian Private International Law, 4(2) Juridical Tribune 177(2014).

尽管目前同一制备受推崇，还是有部分国家和地区坚持区别制。在本书统计的立法例中，共有 23 个国家和地区采用区别制，分别是泰国、马达加斯加、中非、加蓬、塞内加尔、多哥、加拿大魁北克、朝鲜、乌兹别克斯坦、吉尔吉斯、亚美尼亚、白俄罗斯、立陶宛、俄罗斯、摩尔多瓦、比利时、乌克兰、保加利亚、英国、美国、加拿大、南非、阿尔巴尼亚。

二、意定分割

适用意定分割方法选择遗嘱准据法，是指以意思自治原则为基础，在法律规定的情形下，遗嘱人根据自己的意志，对统一诉因下的不同遗嘱事项分别选择不同法律的选择方法。① 意思自治原则最先适用于合同法领域，现如今已经扩展适用于侵权、知识产权、婚姻家庭继承等领域，且呈现进一步扩张的趋势。我国《法律适用法》第 3 条奠定了意思自治原则的宣示性地位，分则部分也有 14 个条款规定了当事人可以选择准据法，构成意定分割的基础。但就《法律适用法》第 32 条和第 33 条的规定而言，我国还未在遗嘱冲突法中适用意定分割方法。但已经有国家和地区适用意定分割方法，比如 2001 年《韩国修正国际私法》第 49 条、1991 年《加拿大魁北克民法典》第 3098 条、2013 年《黑山共和国〈关于国际私法的法律〉》第 72 条等。国际公约方面，2012 年《欧盟继承条例》第 22 条也体现了意定分割方法。但需要注意的是，正如意思自治原则需要受到限制一样，意定分割方法的具体适用也应当受到限制，不能违背强制性规则，这里的强制性规则既包括强制适用的冲突法规则，也包括一国内具有强制效力的实体法规定。② 总体而言，处理不同遗嘱事项时对意定分割方法的具体适用不同。

---

① See Symeon C. Symeonides, Codifying Choice of Law Around the World: an International Comparative Analysis 224(Oxford University Press 2014).

② 参见王卿:《论国际私法中的"分割方法"》，载《法律方法》2012 年第 1 期，第 361 页。

（一）遗嘱继承

关于遗嘱继承的法律选择方法，已有国家和地区适用意定分割方法，比如摩尔多瓦规定，动产遗嘱继承受遗嘱人死亡时的国籍国法支配，不动产遗嘱继承受不动产所在地法支配，只要不违反强制性规定，遗嘱人可以选择上述法律以外的另一法律处理遗嘱继承。① 意定分割的立法例统计情况见表 2-1。

表 2-1　适用意定分割方法的立法例统计

立法例及法条	允许遗嘱人选择的法律
1896 年《德国民法典施行法》第 25 条	国籍国法
1997 年《乌兹别克斯坦共和国民法典》第 1197 条	
1998 年《吉尔吉斯共和国民法典》第 1206 条	
1999 年《白俄罗斯共和国民法典》第 1133 条	
1999 年《亚美尼亚共和国民法典》第 1292 条	
2000 年《阿塞拜疆共和国〈关于国际私法的法律〉》第 29 条	
2002 年《爱沙尼亚共和国〈国际私法法令〉》第 25 条	
2005 年《保加利亚共和国〈关于国际私法的法典〉》第 89 条	
2005 年《乌克兰国际私法》第 70 条	
2009 年《罗马尼亚民法典》第 2634 条	
1987 年《瑞士联邦国际私法》第 90 条、第 91 条	国籍国法、最后住所地法
1991 年《加拿大魁北克民法典》第 3098 条	国籍国法、住所地法、不动产所在地法
1995 年《意大利国际私法制度改革法》第 46 条	居住地法
1996 年《列支敦士登关于国际私法的立法》第 29 条	国籍国法、最后惯常居所地法

---

① 　参见 2002 年《摩尔多瓦共和国民法典》第 1622~1623 条。

续表

立法例及法条	允许遗嘱人选择的法律
2001 年《韩国修正国际私法》第 49 条	惯常居所地法、不动产所在地法
2004 年《比利时国际私法典》第 79 条	惯常居所地法、国籍国法
2011 年《荷兰〈民法典〉第 10 卷(国际私法)》第 145 条	
2011 年《阿尔巴尼亚〈关于国际私法的第 10428 号法律〉》	
2019 年《克罗地亚共和国〈关于国际私法的法律〉》第 29 条	
2011 年《波兰共和国〈关于国际私法的法律〉》第 64 条	国籍国法、住所地法、惯常居所地法
2012 年《捷克共和国〈关于国际私法的法律〉》第 77 条	经常居所地法、国籍国法
2013 年《黑山共和国〈关于国际私法的法律〉》第 72 条	国籍国法、经常居所地法、不动产所在地法
2014 年《多米尼加共和国国际私法》第 54 条	经常居所地法

除上述国家和地区的规定之外，海牙国际私法会议和欧盟也适用意定分割方法决定遗嘱继承的准据法。1989 年海牙《死者遗产继承法律适用公约》第 5 条第 1 款和 2012 年《欧盟继承条例》第 22 条第 1 款都体现了意定分割方法，前者关于法律选择的范围更为宽泛，即遗嘱人可以选择适用于继承整体的准据法，但遗嘱人在作出选择时或死亡时需要具有该指定国的国籍或者拥有在该国的惯常居所地。在没有选择或者选择无效的情况下，则根据公约第 3 条确定准据法。① 意思自治原则作为制定国际私法规则的工具之一，深受欧洲立法者的青睐，目前欧盟立法的趋势是倾向于允许当事

———————

① 第 3 条：继承适用遗嘱人死亡时惯常居所地国家的法律，如果遗嘱人具有该国国籍的。继承也可适用遗嘱人死亡时惯常居所地国家的法律，如果遗嘱人在临死前在该国居住过至少不低于五年的期限。但是在特殊情况下，如果遗嘱人在死亡时，与其本国有更密切的联系，则适用其本国的法律。在其他情况下，继承适用遗嘱人死亡时具有该国国籍的国家的法律。但如果遗嘱人在死亡时与其他国家有更密切联系的，在这种情况下，继承适用与其有更密切联系的国家的法律。

人意思自治。① 本书将在第四章详细阐述欧盟依意思自治原则决定遗嘱准据法的相关规定，在此不展开阐述。

(二)遗嘱形式

为增加法律选择的灵活性，部分国家和地区运用意定分割方法决定遗嘱形式的准据法，比如塞内加尔、多哥、乌兹别克斯坦、吉尔吉斯、白俄罗斯以及多米尼加。乌兹别克斯坦、吉尔吉斯和白俄罗斯都对遗嘱人可以选择的范围进行了限制，遗嘱人只能选择适用其国籍国法。这 3 个国家没有对遗嘱人选择的方式作出限制，可以理解为遗嘱人既可以采取明示的方式，也可以采取默示的方式选择其国籍国法。在没有选择的情况下，遗嘱形式有效性依遗嘱地法、固定住所地法以及法院地法确定。根据 1972 年《塞内加尔家庭法》第 848 条第 1 款的规定，遗嘱形式受立遗嘱地法支配，但是遗嘱人可以以遗嘱方式明示选择其他法律调整遗嘱形式。1980 年《多哥家庭法典》第 717 条也规定，遗嘱形式适用立遗嘱地法或者遗嘱人明示选择的法律。2014 年《多米尼加共和国国际私法》第 55 条规定，遗嘱形式只要符合遗嘱人指定的法律或者遗嘱人死亡时国籍国或住所地国法律，皆为有效成立。塞内加尔和多哥允许遗嘱人在立遗嘱时明示选择适用于遗嘱形式的法律，法条强调了"明示选择"，则只能采取此种方式，但对选择法律的范围没有限制，在没有选择的情况下，遗嘱形式的有效性则依遗嘱地确立。多米尼加赋予遗嘱人的自由程度最高，既没有限制选法的方式，也没有限制选法的范围，遗嘱形式只要符合立嘱人指定的法律或者立嘱人死亡时国籍国法或住所地法即为有效。

意定分割方法是保障遗嘱人意愿表达以及实现遗嘱自由的重要方式，涉外遗嘱法律选择方法的发展趋势之一就是扩大意思自治原则的适用，相

---

① See Janeen Carruthers, Party Autonomy in the Legal Regulation of Adult Relationships: What Place for Party Choice in Private International Law?, 61 (4) The International and Comparative Law Quarterly 911(2012).

较于遗嘱继承而言，遗嘱形式似乎与意思自治原则的联系不那么紧密。但实际上，允许遗嘱人选择适用于遗嘱形式的准据法是非常必要的，虽然目前关于遗嘱形式的客观连结点数量在不断增多，以选择性冲突规范指引遗嘱形式的法律选择，遗嘱大概率会被认定为有效，一般不会出现遗嘱的形式无效，但是遗嘱人在立遗嘱时选择了适用于遗嘱形式的准据法，可以增加法律选择的稳定性和可预见性。遗嘱人能够预见到所立遗嘱在形式上是有效的，这也是保障遗嘱自由的体现。在可以选择的连结点上，有的立法例采用国籍这一连结点，这就蕴含了这样一层意思，即遗嘱人立遗嘱指定继承人以及确定其义务、分配财产等事项通常与其亲属有密切关系，而这些人可能都不在遗嘱行为地、遗嘱人住所地等地方，而与遗嘱人的国籍国有紧密的联系。因此，允许遗嘱人选择国籍国法支配遗嘱形式有一定的合理性。

(三)遗嘱能力

乌兹别克斯坦、白俄罗斯、吉尔吉斯以及保加利亚等国适用意定分割方法决定遗嘱能力的法律选择。1997 年《乌兹别克斯坦共和国民法典》第1198 条规定，制定或废除遗嘱的能力依遗嘱人制定或废除遗嘱时的固定住所地国法律确定，但遗嘱人可以在遗嘱中选择其国籍国法支配遗嘱能力事项。作出类似规定的还有 1999 年《白俄罗斯共和国民法典》第 1135 条和1998 年《吉尔吉斯共和国民法典》第 1207 条。

(四)遗嘱解释

美国有关于意定分割方法的立法规定。美国《第二次冲突法重述》第240 条和第 264 条是关于解释"处分土地权益的遗嘱"以及"处分动产权益的遗嘱"的法律选择规则，允许遗嘱人选择应当适用的法律，体现了对意定分割方法的适用。根据美国《统一遗嘱检验法典》的规定，关于遗嘱解释问题，遗嘱人可以在遗嘱中选择其想要适用的法律，但是遗嘱人选择的法律不能违背相关州的公共政策，也不能规避相关州的强制性规定，比如遗嘱扶养费制度等保护家庭成员合法利益的相关规定。此外，1991 年《美国路易斯安那州新的国际私法立法》第 3531 条也规定，解释遗嘱中所使用的词汇和用语，应当适用遗嘱人为遗嘱目的而明确指明选择的州的法律，或者适用遗嘱人立遗嘱时明显想要适用的州的法律。在缺乏明示和默示选择的情况下，则适用遗嘱人立遗嘱时的住所地州法律。

根据普通法的判例可知，遗嘱解释受遗嘱人选择的法律调整。① 英国普通法规定遗嘱应该根据遗嘱人指定的法律解释，如果没有相反情况，该法即立遗嘱时遗嘱人的住所地法。② 如果产生了遗嘱解释的问题，并且遗嘱人在订立遗嘱到死亡这段时间里改变了住所，那么遗嘱就应根据作成时的住所地法来解释。③ 英国普通法主张，没有理由认为应该有另一个一般性规则适用于不动产遗嘱的解释。如果遗嘱人在立遗嘱后改变了住所，那么还应该由立遗嘱时的住所地法支配该遗嘱的解释。但如果根据不动产所在地法，依照遗嘱人的住所地法解释遗嘱条款的效力是非法的或不可能的，不动产所在地法就应被优先适用。④

在加拿大，就动产遗嘱案件而言，遗嘱人意欲适用的法律可被推定为执行遗嘱时的遗嘱人的住所地法。⑤ 但有判例表明，如果存在充分的暗示（sufficient indication），即若立遗嘱人意图使遗嘱的解释受另一法律的支配，则对该遗嘱的解释应适用立遗嘱人意图适用的法律。如果遗嘱是遗嘱人以某一特定的词语订立的，或立遗嘱人在遗嘱中使用了某一特定法律制度中的规定，遗嘱人的这种意图可以明示于遗嘱中，也可通过默示的方式体现于遗嘱中。⑥ 通过对案件初步证据的分析，执行遗嘱时，遗嘱人的住所地

① 参见刘仁山：《加拿大国际私法研究》，法律出版社 2001 年版，第 289 页。

② See Dicey, Morris and Collins on the Conflict of Laws 1432 (15th ed. Sweet & Maxwell 2012).

③ See Dicey, Morris and Collins on the Conflict of Laws 1433 (15th ed. Sweet & Maxwell 2012).

④ See Dicey, Morris and Collins on the Conflict of Laws 1434 (15th ed. Sweet & Maxwell 2012).

⑤ 参见刘仁山：《加拿大国际私法研究》，法律出版社 2001 年版，第 289 页。

⑥ 参见刘仁山：《加拿大国际私法研究》，法律出版社 2001 年版，第 289 页。

法应当调整不动产遗嘱的解释。但如果遗嘱人存在充分的暗示，即，若遗嘱人意图适用另一法律，比如在遗嘱中使用不动产所在地国家的技术性语言，则对该遗嘱的解释就应适用遗嘱人意图适用的法律。在根据遗嘱人的住所地法对不动产遗嘱进行解释时，法院将考虑的是，根据对遗嘱的解释而对不动产遗产所进行的处理，能否获得该不动产所在地法的最大限度的承认。加拿大的有关立法和判例还规定，对动产遗嘱和不动产遗嘱的解释不能因遗嘱执行后遗嘱人住所的任何改变而被变更。①

在澳大利亚，有关动产遗嘱解释的问题，应由立遗嘱人意欲适用的法律来调整。在没有相反情况下，这种意欲适用的法律，一般就是指遗嘱人立遗嘱时的住所地法，该遗嘱解释不受以后住所地发生变化的影响。这一普通法规则在澳大利亚所有管辖区的成文法中仍被沿用。立遗嘱人可以明确规定由另一种法律来解释其遗嘱。在这种情况下，法院将适用他指定的法律。但是，对住所地法的推定不能仅仅因为立遗嘱人以另一法域的语言和形式作成遗嘱而被推翻，如一遗嘱坚持使用某一具体法律体系特有的法律术语，则可被推定为具有充分的意思表示意欲将遗嘱依据该法律体系加以解释。有关不动产遗嘱，由准据法解释的效力必须是根据物之所在地法也具有效力。在这方面，澳大利亚仍遵循英国丹宁法官在 1961 年 Philipson—Stow v. Inland Revenue Commissioner 案中确立的总原则，即"如果出现有关遗嘱解释的问题，一般应根据立遗嘱人订立遗嘱时的住所地法予以解释。但是这一解释本身将受压倒性要求条款的制约，即该解释决不能与财产所在国的法律发生冲突。因为如果对财产的处分得不到物之所在地法的允许或承认，就不能取得效力"②。

三、司法分割

司法分割方法主要回答这样一个问题，即如果法官在审理某一案件时

---

① 参见刘仁山：《加拿大国际私法研究》，法律出版社 2001 年版，第 290 页。

② 参见董丽萍：《澳大利亚国际私法研究》，法律出版社 1999 年版，第 230 页。

涉及某一法律关系，但立法上没有关于该法律关系的分割选择规定，此时，法官是否可以发挥自由裁量权使用分割方法分割法律关系，分别选择应当适用的准据法呢？厘清这一问题，需要把握两个问题：

第一，法官的自由裁量权或者说司法能动性问题。司法分割方法的具体适用离不开对司法能动性的考虑。英美法系历来有重判例的法律传统，法官具有比较丰富的审判经验，自然而然地具有较强的司法能动性和较多的自由裁量权。这样就为适用司法分割方法提供了较为充分的条件。而大陆法系国家一般制定成文法指导法官裁判，法官具有较弱的司法能动性，很少有机会行使自由裁量权，相对来说，大陆法系国家就缺少适用司法分割方法的机会。

第二，各国关于冲突法价值取向的态度问题。司法分割方法追求法律选择的实质正义，要求法官考虑法律关系的不同方面，选择更为合适的准据法，这个过程就体现了对案件结果的考虑，是对实质正义的追求。因此，制定冲突规范指引准据法选择的国家和地区会较少地适用司法分割方法，而重视法律选择的灵活性的国家和地区，在实践中适用司法分割方法的可能性显然就比较大。相对来说，英美法系国家有更多机会适用司法分割方法。在英美法系内部，美国法院对司法分割方法的适用要超越其他国家，这得益于美国冲突法革命的洗礼和影响。受"逐个分析问题的方法"影响，美国法院已经可以熟练地适用分割方法处理案件，这一点远远超越其他国家的实践。①

伴随着各国国内的立法活动，分割方法逐渐成为遗嘱法律选择方法之一，各国都难以忽视分割方法对法律选择的重要意义，某种程度上，分割方法的适用范围已经被扩大。② 与其他国家相比，我国适用分割方法选择涉外遗嘱准据法存在以下问题：第一，对法定分割方法的适用方面，遗漏

---

① 参见王卿：《论国际私法中的"分割方法"》，载《法律方法》2012 年第 1 期，第 362 页。

② See Symeon C. Symeonides, Codifying Choice of Law Around the World: an International Comparative Analysis 226(Oxford University Press 2014).

了遗嘱继承和部分遗嘱问题。《法律适用法》第 31 条仅规定法定继承受继承准据法调整，没有关于遗嘱继承的规定；第 32 条和第 33 条采用两分制的分割方法，仅将遗嘱事项分割为遗嘱方式和遗嘱效力，显然不够完整。第二，是否可以适用意定分割方法存在争议。我国《法律适用法》第 4 章并没有明确规定意定分割方法，但在具体的案件审判中，部分法院的裁判体现了对意定分割方法的适用。第三，适用司法分割方法存在诸多障碍。我国并没有英美法系国家的判例法传统，而分割方法对法官的自由裁量权和司法能动性都有较高的要求。某种程度上，司法分割方法只能存在于判例法国家。而我国一直是制定成文法指导审判活动的国家，法官在审理案件时不享有充分的自由裁量权，因此会阻碍司法分割方法的适用。[①]

第三节　分割方法之价值与功能

对法定分割方法、意定分割方法以及司法分割方法的适用源于遗嘱事项的可分割性，体现了遗嘱法律选择规则的内在协调与统一。分割方法具有诸多优势，各国都自觉或不自觉地适用分割方法，目前已经有较多国家和地区依分割方法决定遗嘱的法律选择。其原因究竟是什么？为更好地适用分割方法，需要把握其价值与功能，探求分割方法的内在发展动机和外在影响因素。

一、分割方法的价值

关于遗嘱的法律选择方法离不开对冲突正义和实质正义的探寻，对这两种正义的追求也是分割方法的价值所在。实质正义非国际私法的特有概念，但在国际私法的发展过程中有着独特的含义。冲突正义是国际私法上

---

① 参见徐伟功、蔡鑫：《美国冲突法中的分割方法评析》，载《武汉大学学报（哲学社会科学版）》2008 年第 3 期，第 303 页。

特有的一种正义，具有独特的含义，符合国际私法的特点。① 实质正义旨在追求结果上的正义，即可以产生和纯国内案件同样所期待的正义结果。② 关于如何实现冲突正义这一问题，荣格教授认为若想实现冲突正义，则需要适用与特定法律关系或法律行为有最密切联系的法律。③ 西蒙尼德斯教授则认为，冲突正义无需考虑案件的结果，不必适用与法律关系或案件最有联系的法律，追求冲突正义的过程是一个适当选择法律的过程。④ 在全球经济交往日趋密切的发展背景下，国际私法的很多方面呈现趋同化的发展趋势，两大法系的遗嘱冲突法也在持续融合。⑤ 欧洲国家认识到了"规则"的僵固性、机械性和呆板性，而美洲国家则感受到了"方法"的极度不确定性和灵活性。鉴于此，仅仅单独地适用"规则"或者"方法"都不能合理地调整涉外遗嘱法律关系，不应该将冲突正义和实质正义置于对立面，这两个正义都不是现代遗嘱法律选择的唯一追求。⑥

随着科学技术的发展和人员交往的密集，国际社会逐渐通过变革连结点的方式软化传统的冲突规范。关于遗嘱的冲突规范也不断被改造，其中一种方式就是不断拆分"遗嘱"，分别制定冲突规范。鉴于遗嘱具有可分性，可以分为遗嘱继承、遗赠以及遗嘱本身问题，而遗嘱本身问题还可以进一步细分，因此对遗嘱法律关系的分割有助于制定更具有针对性的冲突规范，从而实现保障实质正义的目标。分割方法迎合了遗嘱冲突法的特

---

① 参见张丽珍：《国际私法中冲突正义与实质正义衍进之多维观照》，载《社科纵横》2018 年第 2 期，第 40 页。

② See Symeon C. Symeonides, The American Choice-of-Law Revolution: Past, Present and Future 404(Martinus Nijhoff Publishers 2006).

③ See Friedrich K. Juenger, Choice of Law and Multistate Justice 69(Martinus Nijhoff Publishers 1993).

④ See Symeon C. Symeonides, The American Choice-of-Law Revolution: Past, Present and Future 404(Martinus Nijhoff Publishers 2006).

⑤ 参见李双元：《中国与国际私法统一化进程》，武汉大学出版社 2016 年版，第 145~199 页。

⑥ 参见张丽珍：《国际私法中冲突正义与实质正义衍进之多维观照》，载《社科纵横》2018 年第 2 期，第 43 页。

点，通过对"遗嘱"的拆分，强调各遗嘱事项的独立性，传统的遗嘱冲突规范被不断细化，这一过程符合实质正义的要求。

分割方法也符合冲突正义的要求。运用分割方法处理涉外遗嘱的法律选择问题，表现为将具有可分性的遗嘱事项分割出来。分割出具体遗嘱事项后，并未脱离传统的双边主义法律选择方法，还是以特定的客观或主观连结点指引准据法的选择。从已经被细化的遗嘱法律关系本身出发，寻找与该法律关系有最密切联系的空间作为连结点，并根据该连结点指向某一法域的法律，继而适用该法律，这一过程体现对冲突正义的追求。① 在现代遗嘱冲突法的发展过程中，表面上追求的是多元的法律选择方法，但多元方法背后彰显的是价值追求的协调，即冲突正义和实质正义的和合共生。细化遗嘱法律关系与选择遗嘱准据法的过程，体现了实质正义与冲突正义的双重追求，增加了法律选择的确定性与灵活性。

分割方法将遗嘱法律关系分割为不同方面，每个方面都规定连结点指引准据法的选择，体现了现代冲突法对冲突规范的软化处理趋势，是重要的遗嘱法律选择方法，被国际社会普遍接受。各国适用分割方法不仅有助于指导立法活动，细化关于遗嘱法律关系的冲突规范，还可以较好地处理实践中遇到的复杂案件。随着跨国、跨境人员流动愈加频繁，跨国继承纠纷案件的数量和类型随之增加，各国法院面临的涉外遗嘱纠纷只会越来越复杂，此时若仅规定单一的法律选择方法，选择某一个国家的法律适用于整个案件，可能不符合案件情况，不利于案件得到公正合理的解决。因此，从这个角度考虑，适用分割方法选择准据法更符合未来涉外遗嘱纠纷的发展趋势，能够使案件得到更为公正合理的解决。② 现代遗嘱冲突法中的分割方法既符合法律选择稳定性和可预见性的要求，也有利于实现法律选择的灵活性，体现了冲突正义和实质正义两种价值追求。

---

① 参见张丽珍：《国际私法中冲突正义与实质正义衍进之多维观照》，载《社科纵横》2018 年第 2 期，第 40 页。
② 参见黄进、杜焕芳等：《中国国际私法司法实践研究（2001—2010）》，法律出版社 2014 年版，第 58 页。

遗嘱具有可分割性，遗嘱继承产生的继承效果与遗嘱能力、遗嘱形式、遗嘱解释、遗嘱变更和撤销等遗嘱本身问题有不同的价值追求。实体法上对遗嘱自由的保障和限制深刻地影响遗嘱冲突法的价值追求，遗嘱冲突法也应在实质正义和冲突正义中维持平衡，以实现遗嘱实体法对自由、正义的追求和遗嘱冲突法对法律选择确定性和灵活性的要求。从巴托鲁斯的合同分割论到美国冲突法革命的柯里"政府利益分析说"，分割方法的产生和发展无不体现法律选择中和合共生的冲突正义和实质正义，应当肯定并发现遗嘱冲突法中适用分割方法的缘由和价值。冲突正义和实质正义不是处在对立面的两个目标，现代冲突法一般将二者糅合在一起，对其充分吸收和借鉴。[1] 应该考虑的是，在进行遗嘱法律选择时如何协调冲突正义和实质正义，既保障法律选择的可预见性，又能实现法律选择的灵活性，这是冲突法中一直存在的难题。为实现两种正义共存的结果，需要在追求冲突正义时考虑实质正义的内在精神，将其精神外化于可见的规则之中，以实质正义调和冲突正义。[2]

二、分割方法的功能

为实现法律选择结果的一致性，立法者在制定冲突规范时会选择最能体现法律关系实质要求的连结点，该连结点就是法律选择的指示器。为此，其他一些可能也应当适用的连结点就被放弃了，这种处理过程具有抽象性，导致传统冲突规范不可避免地具有僵固性、机械性和呆板性等弊端。此外，传统冲突规范中，连结点具有重要意义，但各国立法者对同一法律关系的认识可能存在差别，从而采用不同的连结点。即使采用同一连结点，可能对其有不同的解释，最终都不能实现法律选择的一致性。随着遗嘱法律关系的愈发复杂，传统的遗嘱冲突规范急需被改造。国际社会通

---

[1] See Symeon C. Symeonides, Codifying Choice of Law Around the World: an International Comparative Analysis 287(Oxford University Press 2014).

[2] See Symeon C. Symeonides, Private International Law: Idealism, Pragmatism, Eclecticism 195(The Hague Academy of International Law 2016).

过变革连结点的方式软化遗嘱冲突规范，其中一个方法就是分割遗嘱法律关系的不同方面，分别选择连结点并制定冲突规范。

分割方法不能给每一类法律关系提供分割的限度，也可能会导致法律选择结果过于灵活，但就其作为法律选择方法而言，符合对冲突规范的软化处理趋势。我们不能否定分割方法的价值，而应当思考如何通过限制和规范分割方法的具体适用，发挥其固有的价值和功能，以实现分割方法与其他遗嘱法律选择方法的互相协调与良性互动。① 分割方法作为弥补传统冲突规范缺陷的方法之一，具有灵活性、开放性等优势，最先被适用于合同法领域，传入美国后在侵权法领域被广泛适用。美国学者认为，分割方法的一个重要驱动力是防止挑选法院（forum shopping），② 这是分割方法的重要功能。挑选法院是指原告为了获得特殊利益，故意选择对其有利的法院进行诉讼的一种现象。挑选法院是因各国实体法、诉讼程序和法律选择原则的不同，而不可避免地产生的副产品。在国际平行诉讼中，它是原告获得最大利益的一种重要策略和手段。③ 面对数量越来越多的国际纠纷，分割方法将在防止挑选法院的过程中扮演着更重要的角色。

第四节　对分割方法之限制与矫正

适用分割方法有时不可避免地会产生不当分割的现象，分割的限度问题是各国都需要考虑的重要问题。另外，出现不当分割时，如何矫正这种错误也是摆在各国立法者面前的任务。在进行分割时，如果某些问题是不

---

① 参见许凯：《进退之间：分割方法在侵权冲突法中适用的思辨》，载《法律方法》2016 年第 1 期，第 384 页。

② See Christopher G. Stevenson, Dépeçage: Embracing Complexity to Solve Choice-of-Law, 37(1) Indiana Law Review 303(2003).

③ 参见何其生：《比较法视野下的国际民事诉讼》，高等教育出版社 2015 年版，第 139 页。

相关的或关联性没那么密切，分别选择不同的法律不会损害法律选择的实质正义。假设某些问题是具有密切联系的，却被强硬地分割出来，适用不同的法律选择规则就可能会出现法律适用目的和结果被歪曲的现象，不利于维护当事人的切身利益。① 因此还需要研究分析：分割方法受到哪些限制？如何矫正不当分割？

一、对分割方法的限制

1989 年海牙《死者遗产继承法律适用公约》第 15 条和 2012 年《欧盟继承条例》第 30 条都规定了特殊限制规则。② 即在根据公约或者条例选择准据法时，出于对家庭、经济或社会的考量，某些特定不动产、特定企业或其他特殊财产的所在国如果施加了涉及或影响这些财产继承的特殊限制规则，那么，这些特殊限制规则应当予以适用，只要这些国家的法律明确规定适用这些规则时不用考虑继承准据法的适用即可。③ 之所以有如此特殊的规定，是因为考虑到某些国家的特别规定。在制定《死者遗产继承法律适用公约》的会议上，各国代表就表达了制定特殊规则的意愿，针对历史性家庭农场以及具有重大文化意义的土地等特殊财产，各国代表认为这些财产的继承应受最初授予的国家的继承制度调整。④

《死者遗产继承法律适用公约》第 15 条和《欧盟继承条例》第 30 条规定的特殊限制规则都属于"直接适用的法"。有观点认为，"直接适用的法"指不必经过冲突规范的指引而直接适用的法律，被称为 lois d'application immediate，或 directly applicable law。还有一种观点并没有彻底否定"直接适用的法"与

---

① 参见李双元：《国际私法（冲突法篇）》，武汉大学出版社 2016 年版，第 250 页。

② 1989 年海牙《死者遗产继承法律适用公约》第 15 条：本公约所规定的准据法，并不妨碍某一国家鉴于经济、家庭和社会原因在继承制度中规定某些不动产、企业或某类特殊财产的继承适用物之所在地国家的法律。

③ Regulation(EU) 2012/650, Article 30.

④ See Eugene F. Scoles, The Hague Convention on Succession, 42(1) The American Journal of Comparative Law 111(1994).

冲突规范的关系。坚持这个观点的学者认为，"直接适用的法"的界限或空间不是由冲突决定的，而是由其本身所决定的，因此又被称为"自我限界的法"（self-limiting rules）或"空间上有条件的法"（specially conditioned rules）。目前普遍的观点认为"直接适用的法"源于现代各国干预的本属民法范畴的事项，旨在保障一国的政治、经济或社会的重大利益或基本制度。在这一点上，应该说是受到各国公认的、没有分歧的。① "直接适用的法"一般指法院地法，《死者遗产继承法律适用公约》第 15 条和《欧盟继承条例》第 30 条关于"直接适用的法"的规定不是很容易见到，根据这两条规定，可能适用的是财产所在地法，而不是法院地法。②

二、对不当分割的矫正

批评分割方法的学者认为，"政府利益分析说"导致奇怪的法律选择现象产生。③ "政府利益分析说"存在过度灵活性和缺乏明确性等缺陷，以该说为理论基础的分割方法也被认为是导致案件判决产生"半驴半驼"现象的幽灵。④ 根据"政府利益分析说"逐个分析争讼问题，实际上在一个案件中

① 参见李双元：《国际私法（冲突法篇）》，武汉大学出版社 2016 年版，第 28~29 页。

② 针对这条，我国有学者认为，一方面，这一条款本身是出于财产所在地政府对某些财产具有特殊利益的考虑，各成员国代表对这一条款的接受表明其确有存在的必要。另一方面，这一规则虽与公共秩序保留有类似的作用，但又非后者所能替代。因为一者，公共秩序的受益国只能是法院地国，而这一特殊限制规则的受益国则是该特殊财产所在地；二者，如果允许因公共秩序保留而优先适用财产所在地法，极易造成财产所在地法的泛滥，而条例鉴于条款第 54 条要求对这一例外的适用"作严格的解释以与本条例的一般目标相一致"。因而，此类规则的出现是有其特殊意义的。但是，这一规则也存在适用上的困难。除了区别制造成的种种不便，该规则可能为案件审理法院所忽略。参见费珊龙：《欧盟继承条例中的法律选择规则研究》，厦门大学 2014 年硕士学位论文，第 17~18 页。

③ See Friedrich K. Juenger, Choice of Law and Multistate Justice 235(Martinus Nijhoff Publishers 1993).

④ 参见[美]佛里德里希·K. 荣格：《法律选择与涉外司法》，霍政欣、徐妮娜译，北京大学出版社 2007 年版，第 98~99 页。

混合地适用了几个州的实体法规则，这种分割方法可以实现法律选择的灵活性，与仅适用某一州法律的选择方法相比，适用分割方法处理案件，法官拥有较广泛的自由裁量权，会带来特殊的审判结果。某种程度上，应当将分割方法归类于"立法活动"，而非传统意义上的"法律选择方法"。

从学者对"政府利益分析说"的批评中可以发现适用分割方法处理案件可能产生的问题。首先，分割的标准问题。虽然细分法律关系有利于实现法律选择的灵活性，体现对实质正义的追求，从大的范围去划分法律关系，比如合同、侵权、继承等法律关系，也是比较容易的，但进一步细分会越来越难。如何分割某一类法律关系？遗嘱法律关系是否可以更进一步细分？标准是什么？这些都是适用分割方法需要思考的问题。可见，适用分割方法将会导致法律选择变得更为复杂。其次，不论是所谓传统的还是现代的法律选择方法，都有实现冲突正义的要求，一味地追求法律选择的灵活性，可能会损害冲突正义的实现。因此，适用分割方法，在增加法律选择灵活性的同时，不可避免地有破坏法律选择稳定性与可预见性的可能。最后，适用分割方法选择各遗嘱法律关系的准据法，则可能产生在同一涉外遗嘱纠纷中适用不同国家法律的结果。如果不同的法院有不同的分割标准，则在不同国家进行起诉会产生不同的判决结果。这种结果将阻碍判决结果的一致，破坏国际私法的目标。①

在某些情况下，对同一诉讼中的不同问题适用不同国家的法律可能会同时破坏这些国家的政策，在这种情况下，分割方法是不适当的，必须予以避免。② 正是因为逐个分析方法会导致分割现象，欧洲体系仍然对其"怀有敌意"，而在某些情况下，分割确实可能是不适合的。但是讽刺的是，欧洲体系并没有也无法避免分割。因为只要他们制定适用于整个侵权或者

---

① 参见赖来焜：《当代国际私法学之构造论——建立以"连结因素"为中心之理论体系》，香港神州图书出版有限公司 2001 年版，第 729 页。

② See Symeon C. Symeonides, The Challenge of Recodification Worldwide: The Conflicts Book of the Louisiana Civil Code: Civilian, American, or Original?, 83 Tulane Law Review 1067(2009).

合同的法定规则，就会导致分割的可能性。比如，如果对合同能力、合同形式有效性、合同实质有效性分别规定法律适用规则，在任何特定案件中，这些规则都会导致案件适用不同国家的法律，从而导致分割的结果。①在传统或者现代体系中，这种现象都是真实存在的。替代方法要么是恢复整个合同适用同一个规则，要么是想办法避免偶尔不适当的分割。当代欧洲体系已经拒绝了第一种选择，但他们在探索第二种方法上的行动比较少。相反，他们仍在继续谴责分割方法，尽管他们无法避免。②从抽象意义上讲，分割方法不是灵丹妙药，但也不会令人厌恶。显而易见的困难是如何区分适当的分割和不适当的分割。一般来说，当相同国家内被选择的规则与另一个未被选择的规则紧密相关，适用一个而没有适用另一个将会严重地破坏两个规则的平衡并且扭曲和损害那个国家的政策时，这种分割就是不恰当的。③

即便存在不恰当的分割结果，但这不作为否定"逐个分析问题方法"而停留在传统法律选择方法的借口。与其批判或者否定不恰当的分割结果，不如充分利用分割方法的优点，同时设置完善的预防机制，避免一定情况下不恰当分割结果的产生。④为此，首先应该保证案件或法律关系是具有可分性的，不可分的法律关系没有分割选择法律的必要。其次，分割法律关系后，要分别寻找连结点指引准据法的选择，这些不同的连结点应该比本来应适用于整体法律关系的连结点更适合。最后，立法者或司法工作者在适用分割方法时，需要特别注意权衡法律选择的确定性与灵活性，既要

---

① See Symeon C. Symeonides, The Challenge of Recodification Worldwide: The Conflicts Book of the Louisiana Civil Code: Civilian, American, or Original?, 83 Tulane Law Review 1068(2009).

② See Symeon C. Symeonides, Rome II and Tort Conflicts: A Missed Opportunity, 56 (1) American Journal of Comparative Law 185-186(2008).

③ See Symeon C. Symeonides, The Challenge of Recodification Worldwide: The Conflicts Book of the Louisiana Civil Code: Civilian, American, or Original?, 83 Tulane Law Review 1068-1069(2009).

④ See Symeon C. Symeonides, Issue-by-Issue Analysis and Dépeçage in Choice of Law: Cause and Effect, 45(1) University of Toledo Law Review 761(2014).

考虑实质正义，也不可忽视冲突正义，不能肆意分割，要注意保障案件判决结果的一致性，实现当事人的合理期待。①

有的立法中存在矫正不适当分割的内设机制，如 1991 年《美国路易斯安那州新的国际私法立法》第 3529 条，分别规定了遗嘱能力问题和同意瑕疵问题的法律选择规则。该条第 3 款明确禁止分割，规定在该情况下，同意的瑕疵问题必须受到适用于遗嘱能力的同一法律的支配。在这种情况下避免分割的原因是，在大多数国家的规定中，关于同意瑕疵的规则与无遗嘱能力的规则密切相关，因此，拆散一国内的两套规则去适用两国的法律会打破两个规则的内在平衡，从而同时扭曲这两个国家的政策。② 当遗嘱人在其住所地国立遗嘱并在另一个国家去世时，该遗嘱人仅根据其中一个国家的法律享有遗嘱能力。第 3529 条第 3 款认为，在这种情况下，同意瑕疵问题必须受认为遗嘱人有遗嘱能力的国家法律支配。③

① 参见赖来焜：《当代国际私法学之构造论——建立以"连结因素"为中心之理论体系》，香港神州图书出版有限公司 2001 年版，第 729 页。

② See Symeon C. Symeonides, The Challenge of Recodification Worldwide: The Conflicts Book of the Louisiana Civil Code: Civilian, American, or Original?, 83 Tulane Law Review 1069(2009).

③ See Symeon C. Symeonides, Exploring the "Dismal Swamp": the Revision of Louisiana's Conflicts Law on Successions, 47 Louisiana Law Review 1057-1060(1987).

第三章　依属人法决定涉外遗嘱之
法律选择

属人法是解决人的身份、能力、亲属及继承等方面问题的常用的准据法表述公式，较常采用国籍、住所或惯常居所地等为连结点。常见的属人法包括国籍国法（本国法）、住所地法以及惯常居所地法等。从功能上看，属人法主要解决自然人的法律地位和个人权利方面的法律冲突问题。作为传统的遗嘱法律选择方法之一，对属人法的研究应先把握其发展脉络，继而分析在不同遗嘱事项中适用属人法时产生的差异，在前述基础上总结得出属人法的发展趋势。

第一节　属人法之形成

一、属人法的产生

国际私法中的属人法具有较为久远的历史，据考证，属人法起源于 13 世纪左右。当时的意大利法学家巴托鲁斯创立了关于"人法"的理论，这就是关于属人法最早的论述。巴托鲁斯认为，"人法"就是有关人的法则，因为其具有较强的身份性，因此属人法就是人的住所地法。所以，最初的属人法只包括人的住所地法，住所是属人法的连结点。① 住所是表现当事人与特定法域（territorial legal unit）之间法律上的联系的重要连结点，许多国

---

① 参见杜焕芳：《自然人属人法与经常居所的中国式选择、判准和适用》，载《法学家》2015 年第 3 期，第 153 页。

家用住所地法作为他们的属人法。① 19 世纪以前，法则区别说基本占统治地位，该学说从法律规则本身出发，寻找应当调整的法律关系，因此，该说要求内外国法院适用同一法律选择规则，即"人法"适用于所有在立法者领域内有住所的人，"物法"适用于立法者领域内的所有不动产，"混合法"适用于立法者领域内的所有行为。法国法学家赖维尼是早期法则区别说的代表人物，他提出了遗嘱和无遗嘱继承均应适用物之所在地法。14 世纪初，另一个法国法学家库恩反对这种观点，他认为不应该对继承问题规定硬性的规则(hard and fast rules)，其应适用的法律完全取决于有关习惯的词语结构。

与巴托鲁斯同时代而稍后于他的另一意大利学者巴尔多认为，所有关于继承的法则都是"物法"，他还提出应该重视遗嘱人的意图。晚于巴尔多的法国法学家达让特莱将前述赖维尼的思想发展到极端，他认为只要有可能，一个法则就应该被认为是"物法"，只有在极其例外的场合下，才应赋予它以"人法"的效力，如那些纯粹是关于个人的权利、身份以及行为能力的习惯，才可能随人所至而及于域外。达让特莱对继承法的观点特别重要，因为自古以来，对于来源于罗马法的概括继承制度，一直存着两种截然相反的观点，即继承只受一个(仅仅只受一个)法律支配还是不动产继承应分别适用不同所在地国的法律？对此，达让特莱从封建主义观点出发，坚决主张采用后一种主张。他的主张后来不仅为英美法系国家所接受，而且也被法国、比利时和奥地利等许多大陆法系国家采纳。

与混乱的法则区别说不同，萨维尼从法律关系本身出发，去寻找每一类法律关系应当适用的法律规则。遗嘱人可以通过明显的意图(遗嘱)或者默示的意图(无遗嘱继承)实现意志的持续。萨维尼认为，继承法律关系的实质就是，遗嘱人去世时将遗产转移给其他人，这是人的权力的扩张，是超越生命极限的意志力的扩张，继承应该受遗嘱人死亡时的住所地法调

---

① 参见李双元：《国际私法(冲突法篇)》，武汉大学出版社 2016 年版，第 278 页。

整，住所地法就是继承的本座法。萨维尼也认为，有些特殊问题不能受遗嘱人死亡时的住所地法支配：遗嘱形式受"场所支配形式"原则的限制。遗嘱人的遗嘱能力受其立遗嘱时的住所地法支配，如果立遗嘱时不具有这种能力，则改变住所后也不具有。如果根据死亡时的最后住所地法，遗嘱人不具有遗嘱能力，此前他订立的遗嘱也无效。继承人或者受遗赠人的能力受他们各自的住所地法支配。有关遗嘱人身体状况的事项由遗嘱生效时的遗嘱人住所地法支配，不考虑住所是否会改变。遗嘱如果涉及强制性内容，比如剥夺继承权、遗漏继承者和特留份、遗赠、委托遗赠，因为这些事项都与特定的对象有关，因此，受物之所在地法调整。遗嘱解释适用合同解释的法律选择规则。①

在冲突法中，国籍是属人法的另一个重要连结点，它既是属人法的连结点，指引准据法的选择，又是法院行使诉讼管辖权的一种依据。法国首先以国籍取代住所，作为确定人的身份关系的连结点。1804 年《法国民法典》的规定奠定了"国籍国法主义"的基础。1851 年，意大利法学家孟西尼发表题为《国籍乃国际法的基础》的演讲。孟西尼主张以国籍确定法律的选择，提出法律适用上的"国籍国法说"，引起了欧洲各国属人法连结点的变革。相对于住所而言，国籍更符合当时欧洲的发展形势，因此很快成为欧洲各国的属人法连结点。与欧洲大陆的变化不同，英美法系国家一直坚持采用住所为属人法的连结点。因此，世界范围内逐渐形成属人法的"住所地主义"与"国籍国法主义"之争。这种对立的局面被认为产生了阻碍国际私法统一化的影响。②

二、属人法的发展

住所和国籍都是遗嘱人属人法的重要连结点，巴托鲁斯和萨维尼都主

---

① 参见李双元：《国际私法（冲突法篇）》，武汉大学出版社 2016 年版，第 81~95 页。

② 参见杜焕芳：《自然人属人法与经常居所的中国式选择、判准和适用》，载《法学家》2015 年第 3 期，第 153 页。

张住所地法为遗嘱人的属人法，欧洲大陆的法国首先主张采"国籍国法主义"，被其他国家纷纷效仿，国籍逐渐取代住所成为属人法的连结点。时至今日，属人法已经出现其他多种连结点，但国籍仍不失为属人法最重要的连结点之一。① 由于英美法系国家仍然坚持以住所为属人法的连结点，解决属人法的冲突成为摆在英美法系国家和大陆法系国家之间的重要问题，也是一直以来阻碍国际私法统一化运动的因素之一。为此，海牙国际私法会议作出充分的努力，提出采用惯常居所地以协调"住所地主义"和"国籍国主义"之争。1956 年《儿童扶养义务法律适用公约》(Convention on the Law Applicable to Maintenance Obligations towards Children)②首次以惯常居所地作为属人法的连结点。此后，1961 年《关于未成年人保护的管辖权和法律适用公约》(Convention concerning the Powers of Authorities and the Law Applicable in Respect of the Protection of Infants)③以及 1973 年《扶养义务法律适用公约》(Convention on the Law Applicable to Maintenance Obligations)④等公约都采用了惯常居所地的概念。

遗嘱冲突法领域也开始采用惯常居所地。国际公约方面，1961 年海牙《遗嘱处分方式法律冲突公约》和 1989 年海牙《死者遗产继承法律适用公约》都规定了惯常居所地作为连结点。前者以惯常居所地为可选择的连结点，与其他属人法连结点处于并列的位置，后者在采纳惯常居所地时设置了较为复杂和严格的条件。⑤ 2012 年《欧盟继承条例》也选择了惯常居所

① 参见李双元：《国际私法(冲突法篇)》，武汉大学出版社 2016 年版，第 270 页。

② https://www.hcch.net/en/instruments/conventions/full-text/? cid＝37, last visited on 27 May 2019.

③ https://www.hcch.net/en/instruments/conventions/full-text/? cid＝39, last visited on 27 May 2019.

④ https://www.hcch.net/en/instruments/conventions/full-text/? cid＝86, last visited on 27 May 2019.

⑤ See Jeffrey Schoenblum, Choice of Law and Succession to Wealth: A Critical Analysis of the Ramifications of the Hague Convention on Succession to Decedents' Estates, 32 (1) Virginia Journal of International Law 83(1991).

地，符合属人法的发展趋势。受国际社会的推动，在国内立法方面，惯常居所地逐渐成为各国的属人法连结点。大陆法系国家中，德国、荷兰、波兰、奥地利、罗马尼亚、格鲁吉亚、比利时、捷克、黑山等国家都纷纷修改或者制定新的国际私法，以惯常居所地为属人法的连结点。英美法系国家中，一贯坚持"住所地主义"的英国也受到影响。比如受《遗嘱处分方式法律冲突公约》的影响而制定的 1963 年《遗嘱法》中就采用惯常居所地作为选择遗嘱形式准据法的连结点之一。美国虽然没有直接在法律规定中采用惯常居所地的概念，但根据最密切联系原则，当案件当事人在数州同时拥有居所时，应适用与该案件有最密切联系的居所，即适用"惯常居所地法"。①

　　各国对惯常居所地法的采用体现了惯常居所地作为属人法连结点的优势地位，代表了属人法的最新发展趋势。② 遗嘱冲突法中，在选择遗嘱继承以及其他遗嘱事项的准据法时，惯常居所地逐渐成为主要的连结点。惯常居所地被广泛采纳具有诸多原因。首先，采用惯常居所地符合国际社会和经济的发展状况。随着国际人员交往愈发频繁，移民或者去其他国家就医、学习、工作等成为常态，国籍和住所不再是自然人身份的唯一标识，二者之间的矛盾更加激烈，都不适合再单独作为属人法的连结点，采用惯常居所地可以很好地协调这个矛盾。其次，惯常居所地本身具有国籍和住所无法比拟的优点。惯常居所地可以更好地反映自然人与某个国家或者某个场所的联系，更能代表自然人的意愿。因此，作为一种事实上的居住地，规定某人受惯常居所地法调整，更能保证案件结果的公正与合理。最后，采用惯常居所地作为连结点，有利于判决的承认与执行。惯常居所地作为自然人生活、工作的场所，往往也是财产所在地。现代各国以惯常居所地为确定管辖权和选择准据法的指示器，有助于更有效地采取司法措施和执行判决，避免产生"跛脚判决"的现象。③

---

　　① 参见刘仁山：《论"惯常居所地法"原则》，载黄进主编：《国际私法与国际商事仲裁》，武汉大学出版社 1994 年版，第 86 页。

　　② Cheshire, North & Fawcett: Private International Law 181-182 (14th ed. Oxford University Press 2008).

　　③ 参见韩德培主编：《国际私法新论》，武汉大学出版社 2003 年版，第 453 页。

第二节　属人法之适用

属人法是决定遗嘱法律选择的重要方法，在决定遗嘱继承、遗嘱能力、遗嘱效力的准据法时，通常将其作为一般性规则予以适用。在决定遗嘱形式的准据法时，一般作为选择性规则予以适用，但在采用区别制的国家和地区，属人法与不动产所在地法是并列适用的。

一、属人法作为一般性规则的适用

属人法作为一般性规则被适用具有重要意义。因为目前已经有较多立法例引入意思自治原则，允许遗嘱人选择准据法，但可能存在选择不明确或者选择无效的情况，这种情况下，属人法就起到了一般性适用的效果。2012年《欧盟继承条例》以惯常居所地法为继承准据法的一般原则。其他国家和地区也都规定了涉外遗嘱法律选择的一般规则。列支敦士登、韩国、摩尔多瓦、波兰适用遗嘱人死亡时的国籍国法，多米尼加和摩纳哥适用遗嘱人死亡时的住所地法，德国、比利时和保加利亚适用遗嘱人死亡时的惯常居所地法，罗马尼亚、捷克、黑山和北马其顿适用遗嘱人死亡时的经常居住地法，加拿大魁北克、乌克兰、吉尔吉斯、亚美尼亚和爱沙尼亚适用遗嘱人的最后住所地法，乌兹别克斯坦、白俄罗斯和阿塞拜疆适用遗嘱人的最后固定住所地法。这样规定可以避免因遗嘱人未作选择而出现无法可依的状况，该一般原则奠定了涉外遗嘱继承法律选择的基础。在遗嘱人未选择法律时，适用各立法例中规定的一般性规则。属人法作为一般性规则的适用存在以下情况。

（一）遗嘱继承

惯常居所地代表了属人法的发展方向，但国籍和住所仍是属人法的重要连结点。在具体适用上，有时候，遗嘱人立遗嘱时的国籍和死亡时的国籍可能存在不一致的情况，在此情况下，如何确定遗嘱人的国籍国法，各立法例有不同的规定。南非①、加拿大②、美国③和英国④仍采用住所为属人法的连结点。除国籍和住所这两个连结点外，还有的国家采用最后住所地、最后永久住所地和固定住所地。以属人法作为一般规则选择遗嘱继承准据法的立法例统计情况见表 3-1。

表 3-1　属人法作为一般性规则适用的立法例统计(一)

遗嘱人死亡时的国籍国法	1946 年《希腊民法典》第 28 条
	1948 年《埃及民法典》第 17 条
	1964 年《捷克斯洛伐克国际私法及国际民事诉讼法》第 17 条
	1976 年《约旦民法典》第 18 条
	1982 年《南斯拉夫国际冲突法》第 30 条
	1998 年《格鲁吉亚〈关于调整国际私法的法律〉》第 55 条
	1999 年《斯洛文尼亚共和国〈关于国际私法与国际诉讼的法律〉》第 32 条第 1 款
	2004 年《卡塔尔国民法典》第 23 条

---

①　在南非，遗嘱的内容涉及以下问题：立遗嘱人是否必须为其子女或遗孀留下一定比例的遗产，对遗嘱见证人或执笔人的赠与是否有效，限制遗嘱自由的规则是否有效，等等。参见朱伟东：《南非共和国国际私法研究——一个混合法系国家的视角》，法律出版社 2006 年版，第 263 页。

②　在加拿大，遗嘱人死亡时的住所地法主要用于解决这样一些问题：遗嘱人是否应将其动产遗产的特留份遗留给其未亡配偶或未成年子女，遗嘱人将动产遗产遗赠给其遗嘱的见证人是否是有效的，将动产遗产遗赠给慈善机构或以法律所不容许的迷信方式转移动产遗产是否是有效的，动产遗产的遗赠是否会违背永久持有权规则或累积规则，等等。参见刘仁山：《加拿大国际私法研究》，法律出版社 2001 年版，第 290 页。

③　参见美国《第二次冲突法重述》第 263 条：遗嘱能否使动产权益发生转移以及被转移权益的性质，依遗嘱人死亡时住所地州法院将予适用的法律。法院通常适用其本地法决定此类问题。

④　在英国，动产遗嘱的内容由遗嘱人死亡时住所地法支配。该法支配以下问题：遗嘱人是否应该将其财产的某一部分留给他的子女或遗孀，对慈善机构的遗赠是否有效，违反禁止永久所有权规则的赠与在何种程度上为无效，替代赠与是否有效，对证人的赠与是否有效，等等。See Dicey, Morris and Collins on the Conflict of Laws 1427 (15th ed. Sweet & Maxwell 2012).

续表

遗嘱人死亡时的国籍国法	2005 年《阿尔及利亚民法典》第 16 条第 1 款
	2007 年《斯洛伐克共和国〈关于国际私法与国际民事诉讼规则的法律〉》第 17 条
	2007 年《马其顿共和国〈关于国际私法的法律〉》第 35 条
	2011 年《波兰共和国〈关于国际私法的法律〉》第 64 条
	2013 年《阿曼苏丹国民法典》第 17 条第 1 款
遗嘱人立遗嘱时或死亡时的国籍国法	1972 年《塞内加尔家庭法》第 847 条
	1980 年《多哥家庭法典》第 718 条
	1980 年《布隆迪国际私法》第 4 条
	1995 年《朝鲜涉外民事关系法》第 45 条
	2006 年《日本关于法律适用的通则法》第 36 条
	2007 年《土耳其共和国〈关于国际私法与国际民事诉讼程序法的第 5718 号法令〉》第 20 条
遗嘱人的住所地法	1939 年《泰国国际私法》第 38 条
	1962 年《马达加斯加国际私法》第 31 条
	1965 年《中非国际私法》第 43 条
	1991 年《美国路易斯安那州新的国际私法立法》第 3532 条
	1998 年《委内瑞拉〈关于国际私法的法律〉》第 34 条
	2014 年《阿根廷共和国〈民商法典〉》第 2644 条
	2017 年《摩纳哥公国〈关于国际私法的第 1448 号法律〉》第 56 条
遗嘱人死亡时的经常居所地法	2011 年《阿尔巴尼亚〈关于国际私法的第 10428 号法律〉》第 33 条
	2020 年《北马其顿共和国〈关于国际私法的法律〉》第 51 条
遗嘱人的最后住所地法	1972 年《加蓬民法典》第 53 条
	1984 年《秘鲁民法典》第 2100 条
	1985 年《巴拉圭国际私法》第 25 条
	1992 年《澳大利亚法律选择法案》第 12.5 条
	2001 年《俄罗斯联邦民法典》第 1224 条
	2002《爱沙尼亚共和国〈国际私法法令〉》第 24 条

续表

遗嘱人的最后永久住所地法	1994 年《蒙古国民法典》第 436 条
遗嘱人死亡时的固定住所地法	2001 年《立陶宛共和国民法典》第 1.62 条

(二)遗嘱能力

遗嘱能力一般受遗嘱人的属人法调整，立遗嘱时遗嘱人就应当具有遗嘱能力，因此大部分立法例会规定采用立遗嘱时的属人法，但各立法例对遗嘱人属人法的连结点以及时间点的选择不尽相同，具体情况见表 3-2。

表 3-2　属人法作为一般性规则适用的立法例统计(二)

遗嘱人的国籍国法	2011 年《荷兰〈民法典〉第 10 卷(国际私法)》第 146 条
遗嘱人立遗嘱时的属人法	1966 年《葡萄牙民法典》第 63 条
遗嘱人立遗嘱时或死亡时的属人法	1978 年《奥地利国际私法》第 30 条
遗嘱人立遗嘱时的国籍国法	1939 年《泰国国际私法》第 39 条
	1995 年《意大利国际私法制度改革法》第 47 条
	1982 年《南斯拉夫国际冲突法》第 30 条第 2 款
	1999 年《斯洛文尼亚共和国〈关于国际私法与国际诉讼的法律〉》第 32 条第 2 款
	2007 年《土耳其共和国〈关于国际私法与国际民事诉讼程序法的第 5718 号法令〉》第 20 条第 5 款
	2007 年《斯洛伐克共和国〈关于国际私法与国际民事诉讼规则的法律〉》第 18 条第 1 款
	2007 年《马其顿共和国〈关于国际私法的法律〉》第 36 条
	2011 年《阿尔巴尼亚〈关于国际私法的第 10428 号法律〉》第 34 条

续表

遗嘱人立遗嘱时的住所地法	1999 年《亚美尼亚共和国民法典》第 1292 条第 2 款
	2001 年《俄罗斯联邦民法典》第 1224 条第 2 款
	2014 年《阿根廷共和国〈民商法典〉》第 2647 条
遗嘱人立遗嘱时或死亡时的住所地法	1991 年《美国路易斯安那州新的国际私法立法》第 3529 条
遗嘱人立遗嘱时的最后永久住所地法	1994 年《蒙古国民法典》第 436 条第 2 款
遗嘱人立遗嘱时或死亡时的经常居所地法	2005 年《乌克兰国际私法》第 72 条
遗嘱人立遗嘱时的国籍国法、住所地法	2002 年《爱沙尼亚共和国〈国际私法法令〉》第 28 条
遗嘱人立遗嘱时的国籍国法、住所地法、惯常居所地法	1987 年《瑞士联邦国际私法》第 94 条
遗嘱人立遗嘱时的国籍国法、经常居所地法	2012 年《捷克共和国〈关于国际私法的法律〉》第 77 条第 1 款

在上述适用遗嘱人属人法的立法例中，有的不具体规定连结点，比如葡萄牙和奥地利。除这两个国家之外，其他立法例对属人法连结点的选择包括国籍、住所地、惯常居所地、经常居所地、最后永久住所地。有的立法例规定了 2 个或 2 个以上的法律，比如乌克兰、美国路易斯安那州、瑞士、奥地利、捷克以及爱沙尼亚。列支敦士登和立陶宛的规定较为特殊，虽然也规定遗嘱能力适用遗嘱人的属人法，但在特定条件下适用其他法律。列支敦士登规定，遗嘱能力受以下法律调整：遗嘱人立遗嘱时或死亡时的国籍国法、立遗嘱时或死亡时的惯常居所地法以及遗嘱将由列支敦士登法院执行的情况下，适用列支敦士登法律。[①] 立陶宛规定遗嘱能力受遗嘱人的固定住所地法支配，但在遗嘱人没有固定住所地或者不能确定固定

---

① 参见 1996 年《列支敦士登关于国际私法的立法》第 30 条。

住所地的情况下，遗嘱能力根据遗嘱设立地法确定。①

(三)遗嘱效力

遗嘱能力关系到遗嘱是否成立，而遗嘱成立后并不能立即生效，遗嘱的效力状态受遗嘱人死亡、遗嘱本身内容等其他因素的影响，遗嘱效力的法律选择规则与遗嘱能力的法律选择规则不尽相同，有必要分析各立法例中有关涉外遗嘱效力法律选择的规定。需要说明的是，有些立法例中并没有使用"遗嘱效力""有效性"以及"实质有效性"等措辞，仅有"遗嘱适用某某法"这一笼统的规定来代替"遗嘱效力"的作用。因为，尽管每一案件会涉及多个问题的准据法的确定，如争议的本问题与先决问题、当事人的能力、法律行为的方式以及法律行为的成立和效力等，但人们往往在讲到"合同的准据法""物权的准据法""继承的准据法""侵权行为的准据法"时，常指物权、继承、侵权中最具实质重要性的那些问题应适用的法律。② 在选择涉外遗嘱效力的准据法时，遗嘱人的属人法被较多立法例采用，但有的采用国籍国法，有的采用住所地法，还有的采用最后住所地法以及经常居所地法等，统计结果见表3-3。

表3-3　属人法作为一般性规则适用的立法例统计(三)

遗嘱人死亡时的国籍国法	1948 年《埃及民法典》第 17 条
	1976 年《约旦民法典》第 18 条
	2004 年《卡塔尔国民法典》第 24 条
	2005 年《阿尔及利亚民法典》第 16 条
	2007 年《斯洛伐克共和国〈关于国际私法与国际民事诉讼规则的法律〉》第 18 条
	2013 年《阿曼苏丹国民法典》第 17 条

---

① 参见 2001 年《立陶宛共和国民法典》第 1.60 条。

② 参见李双元：《国际私法(冲突法篇)》，武汉大学出版社 2016 年版，第 129 页。

遗嘱人立遗嘱时的国籍国法	1964 年《捷克斯洛伐克国际私法及国际民事诉讼法》第 18 条
	2001 年《韩国修正国际私法》第 50 条
	2006 年《日本关于法律适用的通则法》第 37 条
	2011 年《波兰共和国〈关于国际私法的法律〉》第 65 条
遗嘱人死亡时的住所地法	1939 年《泰国国际私法》第 41 条
遗嘱人立遗嘱时或死亡时的属人法	1978 年《奥地利国际私法》第 30 条
遗嘱人最后住所地法	1985 年《巴拉圭国际私法》第 25 条
遗嘱人国籍国法	1995 年《朝鲜涉外民事关系法》第 46 条
遗嘱人立遗嘱时的国籍国法或经常居所地法	2012 年《捷克共和国〈关于国际私法的法律〉》第 77 条第 1 款

在采用遗嘱人属人法的立法例中，除奥地利规定适用遗嘱人立遗嘱时或死亡时的属人法外，国籍国法被采用的次数最多，有 12 个立法例采用遗嘱人的国籍国法。此外，遗嘱人死亡时的住所地法、最后住所地法以及立遗嘱时的经常居所地法分别被 1 个立法例采用。

二、属人法作为选择性规则的适用

将属人法作为选择性规则予以适用主要体现在遗嘱形式方面。早期，为保障遗嘱的严肃性和合法性，符合法定形式要求的遗嘱才能有效，关于遗嘱的形式要求具有一定的严苛性。① 遗嘱通常被认为是要式行为的一种，必须按照法律规定的形式订立。这里所说的形式实际上就是法律选定某一

---

① 参见袁发强、刘弦：《涉外遗嘱继承法律适用立法研究》，载《广西政法管理干部学院学报》2010 年第 6 期，第 70 页。

个角度进行分类，并将之强行规定下来的结果。很大程度上，分类标准的选取和分类结果的形成会受制于一定的文化传统及法律背景。① 遗嘱形式包括普通遗嘱和特殊遗嘱，各国都有各自的遗嘱形式，由于存在差异，法律冲突在所难免。为了解决这些法律冲突，需要确定有关涉外遗嘱形式的法律选择规则。

受古罗马"场所支配行为"（locus reyit action）这一法律古谚的影响，巴托鲁斯在创立法则区别说时就主张遗嘱形式适用遗嘱行为地法。② 采用这一规则的国家有布隆迪、阿曼苏丹和巴拿马。1980 年《布隆迪国际私法》第 4 条规定，遗嘱的方式适用立遗嘱地法。2013 年《阿曼苏丹国民法典》第 17 条规定，遗嘱和所有死因处分行为的形式适用该处分行为的实施地国法律。2015 年《巴拿马共和国国际私法典》第 53 条规定，遗嘱的形式要件适用遗嘱订立地的法律。还有的立法例规定，遗嘱形式适用遗嘱人的属人法，采用这一规则的有希腊、阿尔及利亚、奥地利、秘鲁和委内瑞拉。希腊和阿尔及利亚规定适用遗嘱人死亡时的国籍国法，委内瑞拉规定适用遗嘱人的住所地法，秘鲁要求适用遗嘱人的最后住所地法。奥地利规定优先适用遗嘱人订立遗嘱时的属人法，若依该法无效，则适用遗嘱人死亡时的属人法。③

随着科学技术的发展和遗嘱形式的变化，遗嘱人制定遗嘱时很难保证完全符合法律规定的方式和程序，若仅仅因为形式上的小瑕疵或者某些程序上的不合法就宣告遗嘱无效，则很容易违背遗嘱人的意愿。为充分保障遗嘱人的遗嘱自由，立法者倾向于减少对遗嘱形式的限制，制定较为灵活

---

① 参见魏小军：《遗嘱有效要件研究——以比较法学为主要视角》，中国法制出版社 2010 年版，第 163 页。

② 参见李双元：《中国与国际私法统一化进程》，武汉大学出版社 2016 年版，第 168 页。

③ 参见 1946 年《希腊民法典》第 28 条、2005 年《阿尔及利亚民法典》第 16 条第 1 款、1998 年《委内瑞拉〈关于国际私法的法律〉》第 34 条、1984 年《秘鲁民法典》第 2100 条、1978 年《奥地利国际私法》第 30 条第 1 款。

的法律调整遗嘱形式。① 目前，有较多立法例以选择性冲突规范指引遗嘱形式的法律选择(见表 3-4)。

表 3-4 属人法作为选择性规则适用的立法例统计

遗嘱人的属人法、遗嘱行为地法	1939 年《泰国国际私法》第 40 条
	1948 年《埃及民法典》第 17 条
	1964 年《捷克斯洛伐克国际私法及国际民事诉讼法》第 18 条
	1976 年《约旦民法典》第 18 条第 2 款
	1995 年《意大利国际私法制度改革法》第 48 条
	1998 年《突尼斯国际私法典》第 55 条
	2004 年《卡塔尔国民法典》第 24 条
	2007 年《斯洛伐克共和国〈关于国际私法与国际民事诉讼规则的法律〉》第 18 条
	2007 年《土耳其共和国〈关于国际私法与国际民事诉讼程序法的第 5718 号法令〉》第 20 条
遗嘱人的属人法、不动产所在地法	1998 年《格鲁吉亚〈关于调整国际私法的法律〉》第 56 条
遗嘱人的属人法、遗嘱行为地法、法院地法	1994 年《蒙古国民法典》第 436 条第 2 款
	1999 年《亚美尼亚共和国民法典》第 1292 条第 2 款
	2001 年《俄罗斯联邦民法典》第 1224 条第 2 款
	2014 年《阿根廷共和国〈民商法典〉》第 2645 条
	1963 年英国《遗嘱法》第 1 条、第 2 条第 2 款
遗嘱人的属人法、遗嘱行为地法、不动产所在地法	2000 年《阿塞拜疆共和国〈关于国际私法的法律〉》第 30 条
	2001 年《韩国修正国际私法》第 50 条第 3 款
	2001 年《立陶宛共和国民法典》第 1.61 条

---

① 参见袁发强、刘弦：《涉外遗嘱继承法律适用立法研究》，载《广西政法管理干部学院学报》2010 年第 6 期，第 70 页。

续表

遗嘱人的属人法、遗嘱行为地法、不动产所在地法	2002 年《摩尔多瓦共和国民法典》第 1623 条
	2005 年《乌克兰国际私法》第 72 条
	2005 年《保加利亚共和国〈关于国际私法的法典〉》第 90 条第 2 款
	2009 年《罗马尼亚民法典》第 2635 条
	2011 年《阿尔巴尼亚〈关于国际私法的第 10428 号法律〉》第 35 条
	2012 年《捷克共和国〈关于国际私法的法律〉》第 77 条第 2 款
	2013 年《黑山共和国〈关于国际私法的法律〉》第 73 条
	2017 年《摩纳哥公国〈关于国际私法的第 1448 号法律〉》第 58 条
遗嘱人的属人法、遗嘱行为地法、最密切联系地法、不动产所在地法	1992 年《澳大利亚法律选择法案》第 12 条
遗嘱人的属人法、遗嘱行为地法、法院地法、不动产所在地法	1982 年《南斯拉夫国际冲突法》第 31 条
	1995 年《朝鲜涉外民事关系法》第 46 条
	1999 年《斯洛文尼亚共和国〈关于国际私法与国际诉讼的法律〉》第 33 条
	2007 年《马其顿共和国〈关于国际私法的法律〉》第 37 条第 1 款

　　在选择遗嘱形式的准据法时，属人法、遗嘱行为地法、法院地法、不动产所在地法以及最密切联系地法都是可以选择的法律。国际公约方面，1961 年海牙《遗嘱处分方式法律冲突公约》以选择性冲突规范的形式指引准据法的选择，以尽量保证遗嘱形式上的有效。选择性冲突规范便是为了最大限度地保证遗嘱形式有效而诞生的一种立法模式，并被较多国家和地区

所认可。① 受公约影响，德国、瑞士、比利时、荷兰、波兰、英国和美国等国家制定或修改了关于涉外遗嘱形式的法律选择规则，以最大限度地保证遗嘱形式有效。②

三、属人法作为并列性规则的适用

除作为一般性规则和选择性规则被适用之外，在采用区别制的国家和地区，属人法与不动产所在地法是被并列适用的。

（一）遗嘱继承

将遗嘱人的遗产分为动产和不动产，分别适用不同的准据法，在国际私法上，这种制度被称为区别制。南非、加拿大、英国和美国的普通法都规定不动产遗嘱继承适用不动产所在地法，动产遗嘱继承适用遗嘱人死亡时的住所地法。③ 除这四个国家外，泰国、马达加斯加、中非、加蓬、朝鲜、俄罗斯、立陶宛、摩尔多瓦、阿尔巴尼亚等国家的立法例都规定不动产遗嘱继承适用不动产所在地法，动产遗嘱继承适用遗嘱人的属人法。④ 但在上述立法例中，关于属人法的具体规定存在差异。泰国、马达加斯加和中非规定动产遗嘱继承适用遗嘱人的住所地法，朝鲜和摩尔多瓦规定适

---

① 参见李岩：《遗嘱制度论》，法律出版社 2013 年版，第 371 页。

② 参见 1896 年《德国民法典施行法》第 26 条、1987 年《瑞士联邦国际私法》第 94 条、2004 年《比利时国际私法典》第 83 条、2011 年《荷兰〈民法典〉第 10 卷〈国际私法〉》第 151 条、2011 年《波兰共和国〈关于国际私法的法律〉》第 66 条第 1 款、英国 1963 年《遗嘱法》、美国 1969 年《统一遗嘱检验法典》。

③ 参见朱伟东：《南非共和国国际私法研究——一个混合法系国家的视角》，法律出版社 2006 年版，第 263 页；刘仁山：《加拿大国际私法研究》，法律出版社 2001 年版，第 290 页；Dicey, Morris and Collins on the Conflict of Laws 1432(15th ed. Sweet & Maxwell 2012)；美国《第二次冲突法重述》第 263 条、第 239 条。

④ 参见 1939 年《泰国国际私法》第 37~38 条、1962 年《马达加斯加国际私法》第 31 条、1965 年《中非国际私法》第 43 条、1972 年《加蓬民法典》第 53 条、1995 年《朝鲜涉外民事关系法》第 45 条、2001 年《俄罗斯联邦民法典》第 1224 条、2001 年《立陶宛共和国民法典》第 1.62 条、2002 年《摩尔多瓦共和国民法典》第 1622 条、2011 年《阿尔巴尼亚〈关于国际私法的第 10428 号法律〉》。

用遗嘱人的国籍国法，加蓬和俄罗斯规定适用遗嘱人的最后住所地法，立陶宛规定适用遗嘱人的固定住所地法，阿尔巴尼亚规定适用遗嘱人的经常居所地法。

（二）遗嘱能力

根据南非普通法，如果遗嘱处理的是动产，立遗嘱能力就由立遗嘱人立遗嘱时的住所地法支配；如果遗嘱处理的是不动产，立遗嘱能力就由不动产所在地法支配。① 英国普通法规定，如果遗嘱人依据遗嘱作出时的住所地法为有遗嘱能力，那么他就有能力通过遗嘱行使对动产的指定权。订立不动产遗嘱的能力依不动产所在地法。② 区分动产与不动产遗嘱能力的还有加拿大。在加拿大，遗嘱人对动产的遗嘱能力受其住所地法支配，不动产所在地法调整不动产遗嘱能力。若存在遗嘱人改变住所的情况，遗嘱人的住所是指遗嘱执行的住所还是遗嘱人死亡时的住所尚不确定。但是在涉及遗嘱执行的 Gould v. Lewal 案中，遗嘱人的住所是指前者，但该案并不是涉及住所改变的判例。不过，若存在遗嘱人改变住所的情况，加拿大法院一般倾向于适用遗嘱人立遗嘱时的住所地法。③

（三）遗嘱效力

在决定遗嘱效力的准据法时，区分遗产性质的国家有美国、加拿大、南非、英国以及阿塞拜疆。美国、加拿大、南非和英国规定不动产遗嘱效力适用不动产所在地法，动产遗嘱效力适用遗嘱人死亡时的住所地法。根据 2000 年《阿塞拜疆共和国〈关于国际私法的法律〉》第 30 条第 1 款之规

---

① 参见朱伟东：《南非共和国国际私法研究——一个混合法系国家的视角》，法律出版社 2006 年版，第 263 页。

② See Dicey, Morris and Collins on the Conflict of Laws 1447 (15th ed. Sweet & Maxwell 2012).

③ 参见刘仁山：《加拿大国际私法研究》，法律出版社 2001 年版，第 286~287 页。

定，动产遗嘱效力受以下法律调整：遗嘱设立地国法、遗嘱人立遗嘱时或死亡时的居住地国法。

（四）遗赠

根据遗赠财产性质的不同，英国和加拿大分别规定了动产遗赠和不动产遗赠的法律选择规则。英国冲突法规定，动产遗嘱中所含的特定动产遗赠的内容或实质有效性由遗嘱人死亡时的住所地法支配。① 该法决定了这类问题：遗嘱人是否应该将其财产的某一部分留给他的子女或遗孀，对慈善机构的遗赠是否有效，违反禁止永久所有权规则的赠与在何种程度上为无效，替代赠与是否有效，对证人的赠与是否有效，等等。② 不动产遗赠的内容或效力根据不动产所在地法确定，即有关不动产的问题都应根据物之所在地法决定。③ 物之所在地法，对于处理英国不动产的英国法院来说，是指英国法；对于处理国外不动产的英国法院来说，是指所在地法所适用的内国法的任何规定。该法决定的事项有：什么财产可以设立，这些财产的附带条件是什么，终身租户是否享有特别的权利，支付利息是否违反了禁止永久所有权或累积的规定，对慈善机构的赠与是否有效，以及遗嘱人是否必须把部分财产留给子女或遗孀。④

在加拿大，遗嘱人死亡时的住所地法适用于解决这样一些问题：遗嘱人是否应将其动产遗产的特留份遗留给其未亡配偶或未成年子女，遗嘱人将动产遗产遗赠给其遗嘱的见证人是否是有效的，将动产遗产遗赠给慈善机构或以法律所不容许的迷信方式转移动产遗产是否是有效的，动产遗产

① See Dicey, Morris and Collins on the Conflict of Laws 1426 (15th ed. Sweet & Maxwell 2012).

② See Dicey, Morris and Collins on the Conflict of Laws 1427 (15th ed. Sweet & Maxwell 2012).

③ See Dicey, Morris and Collins on the Conflict of Laws 1430 (15th ed. Sweet & Maxwell 2012).

④ See Dicey, Morris and Collins on the Conflict of Laws 1430-1431 (15th ed. Sweet & Maxwell 2012).

的遗赠是否会违背永久持有权规则或累积规则(the rules against perpetuities or accumulation)，等等。① 不动产遗赠的实质有效性受不动产所在地法的支配。该法适用于解决这样一些问题：遗嘱人是否应将其不动产的一部分遗留给其未亡配偶或未成年子女，将不动产遗产遗赠给慈善机构是否是有效的，动产遗产的遗赠是否会违背永久持有权规则或累积规则以及有关因不动产遗产而产生的附属权利及其特征问题，等等。②

第三节　属人法连结点之选择

一、对属人法连结点的选择

连结点的选择，是冲突法立法的中心任务。遗嘱冲突法中，属人法连结点的选择当然也是重要任务。但是连结点的选择从来就不是任意的，而是有客观依据的。③ 各国的政治和经济情况都会制约属人法连结点的选择，企图统一属人法的连结点远非易事。④ 连结点的选择，旨在从法律关系的构成因素中，选择一个最能反映所要解决问题的本质，并将与这个本质问题具有最重要联系的要素作为连结点，适用连结点指引的准据法以实现案件结果的公平合理。

属人法连结点的选择就是要解决哪一个连结点与案件可能具有最密切的联系，这对立法者来说是一个艰巨的任务。首先，连结点是变化的，冲突规范必须具有一定的概括性和抽象性，才可以具有指引作用，被反复适用于同类型的案件。在选择连结点的过程中，立法者必须运用抽象的方法，根据法律关系各构成要素的具体情况来确定连结点。在这个过程中，再博学多闻的立法者，都不可能熟悉和掌握所有国家的法律规定，不能比

---

① 参见刘仁山：《加拿大国际私法》，法律出版社 2001 年版，第 290 页。
② 参见刘仁山：《加拿大国际私法》，法律出版社 2001 年版，第 290 页。
③ 参见肖永平：《肖永平论冲突法》，武汉大学出版社 2002 年版，第 29~30 页。
④ 参见肖永平：《肖永平论冲突法》，武汉大学出版社 2002 年版，第 32 页。

较各国的实体法进行选择。①

在选择遗嘱继承的准据法时，仍有较多国家和地区采用国籍作为属人法的连结点，但遗嘱人立遗嘱时的国籍和死亡时的国籍可能不一致，在这个情况下，如何确定遗嘱人的国籍国法，各国和地区的立法例有不同的规定。首先，有的立法例适用遗嘱人死亡时的国籍国法。采用这种规定的有希腊、埃及、捷克斯洛伐克、约旦、南斯拉夫、格鲁吉亚、斯洛文尼亚、卡塔尔、阿尔及利亚、斯洛伐克、马其顿、波兰和阿曼苏丹。其次，有的立法例选择适用遗嘱人立遗嘱时或死亡时的国籍国法。塞内加尔、多哥、布隆迪、朝鲜、日本和土耳其规定涉外遗嘱继承由遗嘱人立遗嘱时的国籍国法或者死亡时的国籍国法调整。

住所是表现当事人与特定法域之间法律上的联系的另一重要连结点，许多国家用住所地法作为属人法。② 采用住所地法的国家和地区有泰国、马达加斯加、中非、美国路易斯安那州、委内瑞拉、阿根廷、摩纳哥、南非、加拿大、美国和英国。除适用遗嘱人的国籍国法和住所地法外，还有的国家规定适用遗嘱人的经常居所地法、最后住所地法、最后永久住所地法和固定住所地法。

在选择涉外遗嘱形式的准据法时，遗嘱行为地、国籍、住所地等是常用的连结点，此外，还有其他连结点也经常被采用。图 3-1 和图 3-2 将采用同一制和区别制的立法例区分开来，分别统计分析对各连结点的选择情况。

经统计，多数立法例规定了两个或两个以上的连结点，部分连结点被适用的次数较多。在连结点类型方面，既包括传统的客观连结点，如不动产所在地、遗嘱行为地、国籍、住所地等，又包括灵活开放的连结点，如当事人意思自治和最密切联系地。总体而言，遗嘱行为地、国籍以及住所

---

① 参见肖永平:《肖永平论冲突法》，武汉大学出版社 2002 年版，第 29~30 页。
② 参见李双元:《国际私法(冲突法篇)》，武汉大学出版社 2016 年版，第 278 页。

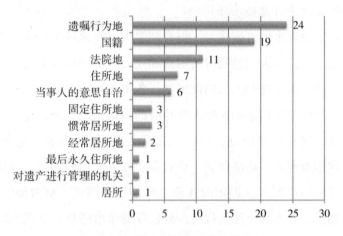

图 3-1　同一制下连结点的选择

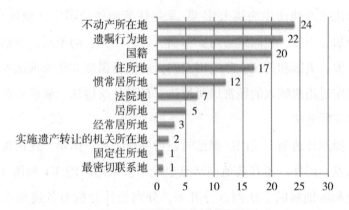

图 3-2　区别制下连结点的选择

等传统连结点仍然占据较大比重，被适用最多的是遗嘱行为地，达到了 46
次；其次是国籍，被适用了 39 次，住所地被适用 24 次。在区别制下，不
动产所在地被采用的次数最多，达到 24 次。法院地被适用 18 次，惯常居
所地为 15 次，当事人意思自治和居所地为 6 次，经常居所地是 5 次，固定
住所地是 4 次，实施遗产转让的机关所在地是 2 次，对遗产进行管理的机
关所在地和最后永久住所地都被适用了 1 次。属人法连结点的种类较多，
包括国籍、住所地、居所地、固定住所地、最后永久居所地、经常居所地

以及惯常居所地。国籍和住所地仍然占主要地位，但已经有国内立法采用惯常居所地作为属人法的连结点，反映出属人法连结点的发展趋势。

二、属人法连结点的发展趋势

惯常居所地已经成为重要的属人法连结点，那么，这种选择背后的原因及其优势是什么呢？惯常居所地又有哪些争议呢？

（一）选择惯常居所地的原因

首先，各国立法者对连结点的选择都较为慎重，会考虑该国的政治、经济、文化以及法律传统，综合考虑之后再作出选择。随着经济活动的开展，还有可能会改变连结点。欧盟在制定 2012 年《欧盟继承条例》时选择了惯常居所地作为连结点，这是充分考虑其内部的政治、经济和人员流动状况的结果。欧盟境内人们的生活已经发生了改变，据统计，已经有几百万波兰公民住在欧盟其他国家内。有的国家，如卢森堡，有超过 20% 的居民是外国人。欧盟各国公民的经济相互融合，成为单一的经济有机体，这似乎只是一个时间问题。毫不夸张的是，这种新的现实状况导致继承法领域产生新的问题。毕竟，公民离开本国到其他国家之后，可能不会改变其国籍，但是会结婚和定居下来，他们在外国也会积累一定的财富，最终，当他们去世时，不同国家的继承法律会带来一些实际问题。事实上，欧盟每年有超过 50 万件的跨境继承案件，大约占欧盟境内所有继承案件数量的 10%。尽管欧盟各国基本上同源，受罗马法影响较深，但是各国的继承实体法仍存在显著差异。①

其次，由于连结点的选择受各国政治、经济、文化等因素的影响较大，随着具体情况的变化，连结点的选择也是变化的。事实上，现在许多国内立法及国际公约不但放弃了国籍，而且进一步以惯常居所地替代住

---

① See Mariusz Zlucki, Attempts to Harmonize the Inheritance Law in Europe: Past, Present, and Future 103(5) Iowa Law Review 2318-2319(2018).

所。惯常居所地与住所有相似性，但也存在重要的差别。各国在确定住所时，一般要求考察当事人是否有持久居住在某地的强烈愿望。较住所而言，惯常居所地更容易被确定，它可以依外部现象被客观地认定，不需要考察当事人的心理状态。① 选择惯常居所地作为连结点，符合各国的社会和经济发展趋势，可以带来更多便利。

（二）关于惯常居所地的争议

关于法律选择的冲突法规则受各国对连结点解释的影响，准确地选择准据法需要正确分类和理解冲突规范中采用的连结点。② 惯常居所地也遭到质疑。1961 年海牙《遗嘱处分方式法律冲突公约》和 1989 年海牙《死者遗产继承法律适用公约》都引入了惯常居所地作为属人法的连结点。不同的是，后者在采用惯常居所地时设置了较为复杂和严格的条件。③ 公约第 3 条第 1 款和第 2 款同时采用了惯常居所地和国籍这两个连结点，但有学者认为该公约实际上还是以国籍为属人法的连结点，因为只有在严格的情况下才能适用遗嘱人死亡时的惯常居所地法，即必须满足两个条件：其一，遗嘱人死亡时的惯常居所地国同时也是其国籍国；其二，遗嘱人死亡时在惯常居所地居住五年以上时间。首先，五年是一个很长的时间期限，很多人可能不能满足这个条件。其次，这个时间是否可以有间隔也未确定。最后，根据公约第 3 条第 2 款第 2 句，适用惯常居所地法还受到国籍国法的制约，即在国籍国法与案件有更密切联系时，仍要适用遗嘱人死亡时的国籍国法。④ 显然，

---

① 参见肖永平：《肖永平论冲突法》，武汉大学出版社 2002 年版，第 31~32 页。

② See Iryna Dikovska, Laws Applicable to Succession Relations under Ukrainian Private International Law: Current State and Perspectives, 2018 Journal of Legal and Social Studies in South East Europe 363(2018).

③ See Jeffrey Schoenblum, Choice of Law and Succession to Wealth: A Critical Analysis of the Ramifications of the Hague Convention on Succession to Decedents' Estates, 32(1) Virginia Journal of International Law 83(1991).

④ 参见费珊龙：《欧盟继承条例中的法律选择规则研究》，厦门大学 2014 年硕士学位论文，第 22 页。

公约留给惯常居所地法的余地是很小的，实际上还是将国籍国法作为属人法的主要连结点，例外情况下才选择适用惯常居所地法。此外，公约也没有界定和解释何为惯常居所地，这种缺陷导致实践中对公约的适用存在诸多困难，一国内的不同法院对惯常居所地的解读是不同的。①

与公约的规定不同，《欧盟继承条例》明确以惯常居所地为属人法连结点。但在制定《欧盟继承条例》时，立法者仍然面临着普通法背景国家的抵制。坚持"住所地法主义"的英国法院在判断住所时主要考虑住所的稳定性，而不是当事人是否使其成为永久居留的地点。② 因此，在条例制定之初，英国学者就质疑"惯常居所地已经成为或者能够成为新住所的程度"。③ 质疑者认为，立法者主要是在自己的实体法及其保护背景下进行判断和评价的，而不是分析当事人的法律选择利益，这种狭隘的观点尽管不能使国际私法规则沦为仅产生辅助功能的工具，但它也同样不能指导立法者创建多边冲突规则。④《欧盟继承条例》将惯常居所地作为连结点，意味着一个人在外国短期居住或者在那里去世时，其遗产会受该无实质联系的外国法律支配，这会产生不可预见的、不公平的结果。⑤

为回应质疑者的疑虑，欧盟委员会在制定《欧盟继承条例》的建议稿中对采用惯常居所地的原因作出解释：首先，采用惯常居所地更有利于自然人融入惯常居所地国，避免自然人因为不具有该国国籍而受到歧视。其

---

① See Tristan Medlin, Habitually Problematic: The Hague Convention and the Many Definitions of Habitual Residence in the United States, 30(1) Journal of the American Academy of Matrimonial Lawyers 242(2017).

② See Caroline Holley, Habitual Residence: Perspectives from the United Kingdom, 30(1) Journal of the American Academy of Matrimonial Lawyers 236(2017).

③ See Barbara Rich, Habitual Residence in English Succession Law, 17 Trusts & Trustees 316(2011).

④ See Anatol Dutta, Succession and Wills in the Conflict of Laws on the Eve of Europeanisation, 73(3) The Rabel Journal of Comparative and International Private Law 554 (2009).

⑤ See Barbara Rich, Habitual Residence in English Succession Law, 17 Trusts & Trustees 316(2011).

次，惯常居所地通常情况下就是自然人的利益中心和多数财产所在地。因此，条例最终保留惯常居所地作为属人法的连结点，该连结点也在欧盟若干成员国的法律文本中得到了保留。① 受该条例的影响，乌克兰最近也主张采用遗嘱人的惯常居所地。此前，乌克兰的国内立法和司法实践一直采用遗嘱人的最后住所地为主要连结点。②

惯常居所地不仅关系到法律选择，也是确定管辖权的依据，早在条例制定之初，就有学者强烈要求对惯常居所地的含义进行解释说明。③ 条例序言部分第 23 条指出，惯常居所地应该与所在国具有紧密而稳定的联系。当局确定惯常居所地应当考虑所有相关事实因素，全面地、客观地评估自然人死亡前几年与死亡时的生活环境，尤其是自然人出现在相关国家的持续时间和规律以及出现的条件和原因等。惯常居所地是一个事实概念，是否取得惯常居所地应由当事人举证，再由法院进行认定。特别注意的是，惯常居所地的确定具有客观性和中立性，不需要考虑自然人是否有持续居住的意图，仅以自然人去世前在该地的居住年限为判断标准。④ 可见，较住所地而言，惯常居所地不是一个僵硬的连结点，更符合现代社会的需要，有利于保障遗嘱人遗愿的实现。每个案件的情况千差万别，不需要硬性地规定惯常居所地的成立条件和标准，而是由法官在处理案件时，综合考量案件的所有因素进行认定。⑤

---

① 参见费珊龙：《欧盟继承条例中的法律选择规则研究》，厦门大学 2014 年硕士学位论文，第 19~20 页。

② See Iryna Dikovska, Laws Applicable to Succession Relations under Ukrainian Private International Law: Current State and Perspectives, 2018 Journal of Legal and Social Studies in South East Europe 371(2018).

③ See Atallah Max, The Last Habitual Residence of the Deceased as the Principal Connecting Factor in the Context of the Succession Regulation (650/2012), 5(2) Baltic Journal of European Studies 135(2015).

④ See Atallah Max, The Last Habitual Residence of the Deceased as the Principal Connecting Factor in the Context of the Succession Regulation (650/2012), 5(2) Baltic Journal of European Studies 134(2015).

⑤ 参见费珊龙：《欧盟继承条例中的法律选择规则研究》，厦门大学 2014 年硕士学位论文，第 19~21 页。

第四章　依意思自治原则决定涉外遗嘱之法律选择

　　长久以来，依意思自治原则选择法律的方法一直被看成是多边主义方法的一部分，但这种看法在今天已失去合理性，原因主要在于三个方面：其一，多边主义方法致力于寻找法律关系的"本座"，此本座应是客观地域性的连结点，而不是当事人的主观意志，萨维尼体系就证明了这点；其二，意思自治原则在今天的适用领域之广，获得了普遍性的承认，依意思自治原则选择法律的方法不再适合"屈于"一种方法之下；其三，无论是单边主义方法还是多边主义方法，最主要的是理论家的产物，而意思自治原则却是从合同法契约自由的观念中、从国际贸易发展的现实需要中发展而来，与单边主义方法和多边主义方法存在"质"的区别。总之，依意思自治原则选择法律的方法已成为一种基本的法律选择方法，它在 20 世纪中期以来所表现出的强大生命力还在继续和增大。①

　　本章讨论的意思自治原则是指遗嘱人选择适用于遗嘱事项的准据法，遗嘱人被赋予了法律选择的权利并且行使这种权利时，法院就不再适用规定客观连结点的冲突规范所指引的准据法，而是适用遗嘱人所选择的准据法。② 对遗嘱人意思自治原则的研究，应首先把握其产生与发展的历史脉络，再分析该方法在决定遗嘱准据法时的具体适用，最后提出适用该方法应当注意的问题。

---

① 参见宋晓：《当代国际私法的实体取向》，武汉大学出版社 2004 年版，第 67 页。

② 参见李浩培：《李浩培文选》，法律出版社 2000 年版，第 312 页。

第一节　意思自治原则之形成

一、意思自治原则的产生

19 世纪初期，拉丁美洲国家已经允许遗嘱人选择适用遗产继承的法律。1831 年的《玻利维亚民法典》首先作出相关规定。① 其后，1852 年《秘鲁民法典》、1865 年《意大利民法典》、1871 年《墨西哥民法典》、1967 年法国《在国际私法事项上补足民法典的法国法草案》、1969 年美国《统一遗嘱检验法典》、1972 年《塞内加尔家庭法》以及 1980 年《多哥家庭法典》都接受了遗嘱人的意思自治。但是，在秘鲁、墨西哥和意大利修改法律后，1926 年《秘鲁民法典》、1928 年《墨西哥联邦民法典》、1942 年《意大利民法典》均抛弃了遗嘱人的意思自治。在准备 1986 年德国《关于改革国际私法的立法》的过程中，立法者企图用遗嘱人意思自治原则代替 1896 年《德国民法施行法》规定的最后国籍国法原则。② 但继承法律关系受国籍国法支配的规定已经有一个世纪的历史，其地位很难被撼动。因此，最终只是允许遗嘱人就位于德国的不动产选择法律。这种规定是为了保护法院地国家的利益，造成了分割适用法律的后果。③

国际公约方面，遗嘱人意思自治原则首见于 1903 年哥伦比亚和厄瓜多尔签订的《哥厄国际私法条约》，第 18 条规定外国人得在本共和国内依其出生地国法或入籍国法或住所地法订立遗嘱。第 19 条规定继承能力和继承应受遗嘱人自愿服从的法律支配，但附有一些限制。此后很长一段时间内

---

①　1831 年《玻利维亚民法典》第 458 条宣告居住在玻利维亚的每一个人可以自由订立遗嘱后，在第 463 条中许可就其在本国的财产或随身携带或在玻利维亚领土上的动产、家具、金钱和商品，为其他外国人的利益在玻利维亚订立遗嘱的外国人遵守其本国法。但是，按照第 464 条，位于玻利维亚的不动产总是受玻利维亚法支配。参见肖永平：《肖永平论冲突法》，武汉大学出版社 2002 年版，第 196 页。

②　参见李浩培：《李浩培文选》，法律出版社 2000 年版，第 313～318 页。

③　参见肖永平：《肖永平论冲突法》，武汉大学出版社 2002 年版，第 196 页。

都没有国际公约涉及遗嘱人意思自治原则，直到 70 年后的 1973 年海牙《死者遗产国际管理公约》。该公约第 4 条规定："一个缔约国得宣告在指定证书持有人并指明其权能上，它将不顾第 3 条而依照遗嘱人的选择，适用其自己的或遗嘱人本国的内国法。"

遗嘱人意思自治原则从产生至 20 世纪 80 年代的发展并不是很大。国际公约方面，仅有 1973 年海牙《死者遗产国际管理公约》，其重要性在于正确解决国籍原则和住所原则的抵触问题以及认可遗嘱人的意思自治原则，并影响了 1989 年海牙《死者遗产继承法律适用公约》的制定。在国家立法中，只是少数国家采用了这个原则，而且有些采用这个原则的国家最后摒弃了它。①

二、意思自治原则的发展

虽然遗嘱人意思自治原则自其产生后的很长一段时间内都没有明显发展，但自 20 世纪 80 年代之后，在部分国家和海牙国际私法会议的推动下，遗嘱人意思自治原则开始迈出不断前进的步伐。

国内立法方面，1987 年《瑞士联邦国际私法》第 90 条和第 91 条对意思自治原则的规定既精细又慎重，构成了遗嘱人意思自治原则的前进发展。② 1942 年《意大利民法典》删除了关于意思自治的规定。1995 年《意大利国际私法制度改革法》又恢复了对意思自治原则的采用，第 46 条规定，遗嘱人可以通过遗嘱明示选择居住地国法以取代国籍国法。从 1999 年 4 月开始，韩国启动了修改 1962 年《涉外私法》的工作，并于 2001 年 4 月 7 日公布了《韩国修正国际私法》。③ 新的国际私法引入了惯常居所地的概念，在继续适用本国法的同时，采用意思自治原则，允许遗嘱人选择惯常居所地法和

---

① 参见李浩培：《李浩培文选》，法律出版社 2000 年版，第 313～322 页。
② 参见李浩培：《李浩培文选》，法律出版社 2000 年版，第 319 页。
③ 1962 年 1 月 15 日，韩国通过"第 966 号法律"公布《涉外私法》，此时并不允许依遗嘱人意思自治原则选择准据法。参见沈涓主编：《国际私法学的新发展》，中国社会科学出版社 2011 年版，第 83 页。

不动产所在地法作为遗产继承的准据法。① 1966 年《波兰国际私法》也不允许遗嘱人选择准据法，2011 年《波兰共和国〈关于国际私法的法律〉》第 64条第 1 款规定："立遗嘱人可在遗嘱或者其他死因处分行为中指定遗产事项适用其本国法、实施该项法律行为时或者死亡时的住所地或者惯常居所地国法。"此外，加拿大魁北克、列支敦士登、乌兹别克斯坦、吉尔吉斯、白俄罗斯、亚美尼亚、阿塞拜疆、比利时、保加利亚、乌克兰、罗马尼亚、荷兰、捷克、黑山、多米尼加、北马其顿、摩纳哥、爱沙尼亚以及阿尔巴尼亚等国家和地区都相继制定或修改冲突法规则，允许遗嘱人依意思自治原则选择法律。

国际公约方面，1989 年海牙《死者遗产继承法律适用公约》对遗嘱人意思自治原则的发展有显著的推动作用。这是由于，一方面，该公约第 5 条采用意思自治作为主观连结点以决定遗产继承准据法，与第 3 条采用客观连结点(惯常居所地和国籍)平行；另一方面，该公约也为它的适用作出了许多详细的规定。需要注意的是，虽然上述 1973 年海牙《死者遗产国际管理公约》在平行地采用这些主观连结点和客观连结点方面先于该公约，但该公约以有关当事国的先前声明作为适用一些规定的条件，而 1989 年海牙《死者遗产继承法律适用公约》则没有这种条件。欧盟虽然作出诸多努力协调其境内的国际私法，但与海牙国际私法会议的努力相比，统一继承冲突法一直被忽视。② 直到 2012 年颁布了《欧盟继承条例》，这被认为是全球化的自然结果。③

欧盟对意思自治原则持支持的态度，特别是在合同法领域，一直积极地适用意思自治原则。但这一原则是否适用于遗嘱冲突法？这一疑问直到

---

① 参见 2001 年《韩国修正国际私法》第 49 条。

② See Paul Terner, Perspectives of a European law of Succession, 14(2) Maastricht Journal of European and Comparative Law 158(2007).

③ See Angelique Devaux, The European Regulations on Succession of July 2012: A Path Towards the End of the Succession Conflicts of Law in Europe, or Not?, 47(2) International Lawyer 231(2013).

2012 年颁布《欧盟继承条例》后才被揭开。受意思自治发展趋势的影响，欧盟在统一继承冲突法的过程中，也积极地采用了意思自治原则。2012 年《欧盟继承条例》第 22 条第 1 款规定遗嘱人可以选择其作出选择时或死亡时的国籍国法调整继承关系整体。该条规定赋予遗嘱人依意思自治原则选择准据法的权利，同时也明确了选择是有限制的。作出如此设计是为了便于自然人提前安排继承，同时尊重自然人的继承人和受遗赠人的合法期待。①

鉴于荷兰加入了《死者遗产继承法律适用公约》，因此在 2011 年 5 月 19 日颁布的《荷兰〈民法典〉第 10 卷(国际私法)》中，第 145 条的标题就是"1989 年《海牙继承公约》的纳入"，第 2 款规定："继承的准据法依 1989 年《海牙继承公约》确定。"2012 年《欧盟继承条例》影响了《德国民法典施行法》的修改。截至 2017 年 6 月 17 日修订的《德国民法典施行法》第 25 条(因死亡而发生的权利继承)规定："因死亡而发生的权利继承，只要其不在《欧盟继承条例》的适用范围之内，则参照适用该条例第三章的规定。"②上述各国、欧盟以及海牙国际私法会议的立法活动反映了意思自治原则在遗嘱冲突法中的发展和扩张，总体上，国际社会已经接受了依意思自治原则决定遗嘱的法律选择。

第二节　意思自治原则之适用

意思自治原则首先被用于对合同准据法的选择，并逐渐发展成熟。在遗嘱冲突法领域，因为遗嘱所适用的不是一般的财产法，而是和遗嘱人与继承人之间的身份关系密切相关的财产法(我国台湾地区学者称其为身份财产法)。③鉴于遗嘱的特点，依意思自治原则决定遗嘱的法律选择面临着

---

①　参见费珊龙：《欧盟继承条例中的法律选择规则研究》，厦门大学 2014 年硕士学位论文，第 25 页。

②　参见邹国勇译注：《外国国际私法立法选译》，武汉大学出版社 2017 年版，第 118 页。

③　参见王泽鉴：《民法概要》，北京大学出版社 2009 年版，第 443 页。

许多值得思考的问题。民商实体法上的"契约自由原则"是指在已经确定适用法律的情况下，当事人可以合意替代法律中的"任意规定"，而不得违反"强行规定"与"禁止规定"，当事人意思自治得以选择法律的范围和内容是受到限制的。国际私法上"意思自治原则"是以"当事人意思"为连结点，依"当事人所选国家之法律"为准据法，该国家法律应包括强行规定和任意规定，即当事人选择的"法律范围"是广义的。① 第一，就选择法律的空间范围而言，遗嘱人选择法律时，究竟能否选择与遗嘱人和遗嘱本身毫无关系或真实联系的法律？第二，就选择法律的时间因素而言，遗嘱人可以选择的是立遗嘱时的法律、作出选择时的法律，还是死亡时的法律，抑或三者皆可？第三，就选择法律的适用范围而言，遗嘱人选择法律时，必须选择某一法律支配所有遗嘱事项，还是可以拆分各事项后分别选择法律？第四，就选择法律的方式而言，遗嘱人选择法律究竟以明示方式、默示方式，抑或可假设或推定的方式？这些问题都亟待回答。

一、意思自治的空间范围

关于当事人选择法律的空间范围，实际上就是当事人选择准据法时，能否选择与法律关系和法律事实没有客观牵连或真实联系的法律。长期以来，在契约领域存在理论上的争议，即"肯定说"与"否定说"。

(一)"肯定说"与"否定说"

欧洲大陆学者大多主张，当事人选定的准据法必须与契约之间有客观牵连或真实联系，而不得任意选择与契约完全无牵连国家的法律为准据法，即采"肯定说"，理由有二：第一，外国法律与契约间有某种牵连关系，如契约订约地、履行地、当事人本国、当事人住所地等，乃是适用外国法的基本原因，倘若与契约有真实牵连国家的法律都无法适用于该契

---

① 参见赖来焜：《当代国际私法学之构造论——建立以"连结因素"为中心之理论体系》，香港神州图书出版有限公司 2001 年版，第 236 页。

约，当事人选择的法律何以得主张适用于该契约？第二，当事人如果可以选择一种与契约毫无真实牵连关系的国家的强行法，不免有规避法律的嫌疑。以英国为代表的大多数国家不要求选择与契约有客观联系的法律，日本、泰国、奥地利、丹麦、比利时、德国以及瑞士等国也没有作出限制，即采"否定说"，认为当事人有完全的选法自由。这是因为国际性契约复杂多变、内容不一，如果限制当事人在与契约有真实牵连关系的国家中加以选择，不仅在理论上难以自圆其说，且实际上当事人选择的无牵连关系的法律，可能是中立的法律、当事人熟悉的法律或者是最进步的法律。①

　　上述"肯定说"和"否定说"主要针对契约、合同等领域，遗嘱法非单纯的财产法，兼具人身性与财产性，因此，选择遗嘱准据法的空间范围是否应该被限制？各立法例对"肯定说"和"否定说"的采用情况见表 4-1 和表4-2。

表 4-1　采"肯定说"的立法例统计

遗　嘱　继　承	
空间范围	立法例及法条
国籍国法	1995 年《意大利国际私法制度改革法》第 46 条
	1997 年《乌兹别克斯坦共和国民法典》第 1197 条
	1998 年《吉尔吉斯共和国民法典》第 1206 条
	1999 年《亚美尼亚共和国民法典》第 1292 条第 1 款
	1999 年《白俄罗斯共和国民法典》第 1133 条
	2000 年《阿塞拜疆共和国〈关于国际私法的法律〉》第 29 条
	2002 年《爱沙尼亚共和国〈国际私法法令〉》第 25 条
	2005 年《乌克兰国际私法》第 70 条
空间范围	立法例及法条

_____

①　参见赖来焜：《当代国际私法学之构造论——建立以"连结因素"为中心之理论体系》，香港神州图书出版有限公司 2001 年版，第 289 页。

续表

国籍国法	2005 年《保加利亚共和国〈关于国际私法的法典〉》第 89 条
	2009 年《罗马尼亚民法典》第 2634 条
	2017 年《摩纳哥公国〈关于国际私法的第 1448 号法律〉》第 57 条
	2019 年《克罗地亚共和国〈关于国际私法的法律〉》第 29 条①
	2020 年《北马其顿共和国〈关于国际私法的法律〉》第 52 条
居住地法	2001 年《韩国修正国际私法》第 49 条
经常居所地法	2012 年《捷克共和国〈关于国际私法的法律〉》第 77 条第 4 款
	2014 年《多米尼加共和国国际私法》第 54 条
国籍国法、经常居所地法	2011 年《阿尔巴尼亚〈关于国际私法的第 10428 号法律〉》第 33 条
国籍国法、最后住所地法	1987 年《瑞士联邦国际私法》第 90 条、第 91 条
国籍国法、最后惯常居所地法	1996 年《列支敦士登关于国际私法的立法》第 29 条
国籍国法、住所地法、不动产所在地法	1991 年《加拿大魁北克民法典》第 3098 条
国籍国法、住所地法、惯常居所地法	2011 年《波兰共和国〈关于国际私法的法律〉》第 64 条
国籍国法、惯常居所地法（经常居所地法）、不动产所在地法	2004 年《比利时国际私法典》第 78 条、第 79 条
	2013 年《黑山共和国〈关于国际私法的法律〉》第 72 条

① 第 29 条规定关于继承事项的准据法依照 2012 年《欧盟继承条例》确定，根据该条例的规定，遗嘱人可以选择的法律限定在国籍国法。

表 4-2　采"否定说"的立法例统计

遗嘱继承	2002 年《摩尔多瓦共和国民法典》第 1623 条
遗嘱解释	1991 年《美国路易斯安那州新的国际私法立法》第 3531 条
	1992 年《澳大利亚法律选择法案》第 12 条
遗嘱形式	1972 年《塞内加尔家庭法》第 848 条
	1980 年《多哥家庭法典》第 717 条
	2014 年《多米尼加共和国国际私法》第 55 条

　　采"肯定说"的立法例共有 23 个，其中，限制在国籍国这一个空间范围内的有意大利、乌兹别克斯坦、吉尔吉斯、亚美尼亚、白俄罗斯、阿塞拜疆、爱沙尼亚、乌克兰、保加利亚、罗马尼亚、摩纳哥、克罗地亚和北马其顿；限制在居所地的是韩国；捷克和多米尼加限制在经常居所地；阿尔巴尼亚限制在国籍国和经常居所地；瑞士限制的空间范围是国籍和最后住所地；列支敦士登限制在国籍和最后惯常居所地；比利时、黑山和加拿大限制在三个空间范围内；波兰限制的空间范围最宽，共规定四个空间范围供遗嘱人选择。采"否定说"的立法例有 6 个，摩尔多瓦不限制遗嘱人选择遗嘱继承的空间范围，美国路易斯安那州和澳大利亚不限制遗嘱人选择遗嘱解释的空间范围，塞内加尔、多哥和多米尼加不限制遗嘱人选择遗嘱形式的空间范围。可见，除摩尔多瓦之外，各国一般在选择遗嘱继承的准据法时采"肯定说"。

　　就"肯定说"而言，各国一般限制在国籍这一空间范围。除了坚持采用住所的英美法系国家和少数大陆法系国家外，世界上多数国家仍然以国籍为连结点。[①] 2012 年《欧盟继承条例》第 22 条第 1 款所确定的法律选择空间范围也是国籍。但在目前的社会和经济发展背景下，国籍作为连结点已经日渐衰微，比如人口流动使得自然人与国籍国联系不再紧密，战争导致

――――――――――

　　① 参见董海州：《从"身份"到"场所"——属人法连结点的历史与发展》，载《法学家》2010 年第 1 期，第 160 页。

部分人成为无国籍人，跨国婚姻产生双重或者多国籍人。① 既然如此，上述各国以及欧盟为何还要选择国籍这个连结点呢？

　　考虑到可能会有这个困惑，欧盟在制定条例的时候解释，允许遗嘱人选择国籍国法是确保遗嘱人与所选择法律之间的联系，为了避免特留份权利人的合法期待落空，保护生存配偶和子女的合法利益，同时实现遗嘱人对其与祖国文化联系的渴望。这种解释符合欧盟内部人员流动的现状。欧盟内部市场统一化发展趋势较为迅猛，人们因为工作、学习、就医以及旅游等原因从一国到另一国的机会较多，很容易在一个国家有惯常居所地，但同时保留着本国的国籍，其他家庭成员可能也在其本国内。国籍与自然人仍有较深的联系，因此限定在国籍国范围内具有合理性。此外，因为不是所有欧盟国家都允许遗嘱人选择准据法，因此在制定条例的时候，出于谨慎的考虑，将意思自治的空间范围限定在国籍国会更容易被各国所接受。②

　　选择国籍作为连结点还需要考虑国籍的冲突问题。长期以来，双重国籍一直被认为像"一夫多妻"一样令人难以接受，是一个十分令人厌恶的事物。但随着全球化的快速发展，人口流动持续加快，客观上产生了大量的双重国籍人，各国曾试图消除双重国籍，但所作的努力最终都白费，难以实现最初的目的。③ 因此，各国不再回避双重国籍，有越来越多的国家正视双重国籍，并制定立法承认双重国籍。④ 欧盟内部客观上存在着双重或多重国籍人，因此，《欧盟继承条例》第 22 条第 1 款第 2 项规定："拥有多重国籍者可以选择其作出选择时或死亡时的任何一个国籍国法。"该规定实际上反映了欧盟承认并保护拥有多重国籍人的态度，目的在于消除成员国

---

　　① 参见董海州：《从"身份"到"场所"——属人法连结点的历史与发展》，载《法学家》2010 年第 1 期，第 476 页。

　　② 参见费珊龙：《欧盟继承条例中的法律选择规则研究》，厦门大学 2014 年硕士学位论文，第 27~28 页。

　　③ 参见肖永平、郭明磊：《论国籍观念的演进与国籍法的变革》，载《法学评论》2007 年第 6 期，第 71 页。

　　④ 参见肖永平、郭明磊：《论国籍观念的演进与国籍法的变革》，载《法学评论》2007 年第 6 期，第 71 页。

之间繁琐的程序，因为国家法律制度之间的差异导致欧盟内部承认与执行程序严重复杂化。① 但条例并没有说明无国籍人如何进行选择，有学者认为，欧盟的这种缺漏可能造成对无国籍人的歧视。②

(二)对空间范围的限制

有的立法例中有关于空间范围的限制性规定，比如，1995 年《意大利国际私法制度改革法》采用居住地作为遗嘱人可以选择的空间范围，第 46 条规定，遗嘱人可以通过遗嘱明示选择居住地国法律支配继承法律关系，但是要求遗嘱人死亡时仍然居住在该国，否则选择无效。2001 年《韩国修正国际私法》第 49 条规定："遗嘱人通过适用于遗嘱的方式明示指定了下列各法中的某一个时，继承应适用该法：(1)指定当时遗嘱人的惯常居所地。但这一指定只有在遗嘱人直到死亡时仍在这一地方保有其惯常居所的情况下才有效。(2)涉及不动产的继承时该不动产所在地法。"这两条是对居所地和惯常居所地的限制。2005 年《乌克兰国际私法》第 70 条规定："依据本法第 71、72 条的规定，如果遗嘱人在遗嘱里未选择其国籍国法，则继承关系依遗嘱人最后住所地国法。如果遗嘱作成后遗嘱人国籍变更，则遗嘱人的法律选择无效。"这条是对国籍国的限制，即遗嘱人的国籍国若变更，则其选择将归于无效。

根据普通法的判例规定，有关遗嘱的解释适用遗嘱人意图适用的法律。③ 英国普通法规定遗嘱应该根据遗嘱人指定的法律解释，如果没有相反情况，该法即立遗嘱时遗嘱人的住所地法。④ 如果产生了遗嘱解释的问

---

① See Oksana Rudenko, Formation, Development and Modern State of Private International Law in the European Union, 5 (2) European Journal of Law and Public Administration 43(2018).

② 参见费珊龙：《欧盟继承条例中的法律选择规则研究》，厦门大学 2014 年硕士学位论文，第 28 页。

③ 参见刘仁山：《加拿大国际私法研究》，法律出版社 2001 年版，第 289 页。

④ See Dicey, Morris and Collins on the Conflict of Laws 1432 (15th ed. Sweet & Maxwell 2012).

题,并且遗嘱人在订立遗嘱到死亡这段时间里改变了住所,那么遗嘱就应根据作成时的住所地法来解释。① 英国普通法主张没有理由认为应该有另一个一般性规则适用于不动产遗嘱的解释。如果遗嘱人在立遗嘱后改变了住所,那么还应该由立遗嘱时的住所地法支配该遗嘱的解释。但如果根据不动产所在地法,依照遗嘱人的住所地法解释遗嘱条款的效力是非法的或不可能的,不动产所在地法就应被优先适用。②

二、意思自治的时间因素

作为一种死因行为,遗嘱因遗嘱人作出意思表示而成立,但只要遗嘱人还健在,不管遗嘱订立了多长时间均不发生法律效力,任何继承人都不能要求按照遗嘱继承财产。③ 遗嘱人死亡后,遗嘱即终意之处分,不得被撤回或变更。④ 实体法上的遗嘱制度有两个重要的时间点,一是遗嘱成立时,二是遗嘱生效时,二者并不相同。遗嘱人去世后,遗嘱才生效,显然无法再作出法律选择。因此,依遗嘱人意思自治原则选择准据法必须考虑的时间因素仅指遗嘱人可以选择的连结点的时间,而不是遗嘱人可以作出法律选择的时间。法律选择的目的既有保障遗嘱自由之义,也旨在增加法律适用结果的确定性和可预见性。若遗嘱人选择的时间导致法律支配的"真空状态",则失去法律选择的意义。⑤

故,在依遗嘱人意思自治原则选择准据法时需要考虑的时间因素包括:第一,遗嘱人选择法律的时间因素是否应该受到限制?第二,如果应

---

① See Dicey, Morris and Collins on the Conflict of Laws 1433 (15th ed. Sweet & Maxwell 2012).

② See Dicey, Morris and Collins on the Conflict of Laws 1434 (15th ed. Sweet & Maxwell 2012).

③ 参见刘春茂主编:《中国民法学·财产继承》,人民法院出版社 2008 年版,第244 页。

④ 参见史尚宽:《继承法论》,中国政法大学出版社 2000 年版,第 398 页。

⑤ 参见赖来焜:《当代国际私法学之构造论——建立以"连结因素"为中心之理论体系》,香港神州图书出版有限公司 2001 年版,第 281 页。

该限制，遗嘱人可以选择的时间因素有哪些？表 4-3 统计了各立法例中采用的时间因素的类型和具体的适用情况。

表 4-3 法律选择的时间因素统计

时间因素类型	被采用的次数
立遗嘱时	2①
作出选择时	3②
立遗嘱时或死亡时	2③
作出选择时或死亡时	5④
不限制	17⑤

除了 5 个立法例限定时间因素为"立遗嘱时或作出选择时"之外，有 2

---

① 参见 1991 年《美国路易斯安那州新的国际私法立法》第 3531 条、2012 年《捷克共和国〈关于国际私法的法律〉》第 77 条第 4 款。

② 参见 2001 年《韩国修正国际私法》第 49 条、2005 年《保加利亚共和国〈关于国际私法的法典〉》第 89 条、2017 年《摩纳哥公国〈关于国际私法的第 1448 号法律〉》第 57 条。

③ 参见 1991 年《加拿大魁北克民法典》第 3098 条、2011 年《波兰共和国〈关于国际私法的法律〉》第 64 条。

④ 参见 2004 年《比利时国际私法典》第 79 条、2013 年《黑山共和国〈关于国际私法的法律〉》第 72 条、2014 年《多米尼加共和国国际私法》第 57 条、2019 年《克罗地亚共和国〈关于国际私法的法律〉》第 29 条、2020 年《北马其顿共和国〈关于国际私法的法律〉》第 52 条。

⑤ 参见 1987 年《瑞士联邦国际私法》第 90~91 条、1995 年《意大利国际私法制度改革法》第 46 条、1996 年《列支敦士登关于国际私法的立法》第 29 条、1997 年《乌兹别克斯坦共和国民法典》第 1197 条、1997 年《乌兹别克斯坦共和国民法典》第 1198 条、1998 年《吉尔吉斯共和国民法典》第 1206 条、1998 年《吉尔吉斯共和国民法典》第 1207 条、1999 年《白俄罗斯共和国民法典》第 1135 条、1999 年《亚美尼亚共和国民法典》第 1292 条第 1 款、2000 年《阿塞拜疆共和国〈关于国际私法的法律〉》第 29 条、2002 年《摩尔多瓦共和国民法典》第 1623 条、2002 年《爱沙尼亚共和国〈国际私法法令〉》第 25 条、2005 年《乌克兰国际私法》第 70 条、2009 年《罗马尼亚民法典》第 2634 条、2011 年《阿尔巴尼亚〈关于国际私法的第 10428 号法律〉》第 33 条、2014 年《多米尼加共和国国际私法》第 54 条。

个立法例允许在"立遗嘱时或死亡时"中选择，有 5 个立法例允许在"作出选择时或死亡时"中选择，有 17 个立法例并不限制遗嘱人选择的法律的时间因素。2012 年《欧盟继承条例》第 22 条允许遗嘱人选择其作出选择时或死亡时的国籍国法。遗嘱人选择法律的权利是一个非常有意义的工具，因此，第 22 条被认为是条例中最重要的条款之一。① 对法律选择的时间因素限制较少或者不加限制，虽然有利于扩大法律选择的范围，但是会造成难以确定准据法的实际困扰。

第一，"死亡时的国籍国"是不确定的。根据 2012 年《欧盟继承条例》第 24 条第 2 款和第 25 条第 3 款，遗嘱人选择的法律可以调整遗嘱效力。如果遗嘱人作出了法律选择，且选择了死亡时的国籍国法，则可能使遗嘱继承、遗嘱效力都处于待定的状态。举个例子，比如 A 某立遗嘱时的国籍国是甲国，他即将加入乙国，这时他订立了遗嘱，并在遗嘱中选择了乙国法调整遗嘱。订立遗嘱后，A 某突然去世，即此时"死亡时的国籍国"还没有变成乙国。《欧盟继承条例》第 22 条本是为了便利遗嘱人进行规划，即通过制定共同的规则使欧盟境内的公民可以更简单地确定继承准据法，而不论构成继承的财产位于何处。② 本案这种情况，遗嘱人的真实意愿可否实现就不得而知了。条例的规定甚至成为遗嘱人选择法律的障碍，最终会违背遗嘱人进行法律选择的初衷。因此，"死亡时的国籍国法"会导致法律选择缺乏可预见性，不利于维护家庭和社会公共秩序的稳定，应当只允许遗嘱人选择其作出选择时的国籍国法。③

第二，时际法律冲突的问题。遗嘱人作出法律选择之后，如果该准据

---

① See Mariusz Zlucki, Attempts to Harmonize the Inheritance Law in Europe: Past, Present, and Future 103(5) Iowa Law Review 2331(2018).

② See Richard Fimston, The European Union Succession Regulation No. 650/2012, 33(1) Estates, Trusts and Pensions Journal 104(2013).

③ 也有学者认为，为避免歧义以及保护遗嘱人的合理期待，根据法不溯及既往原则，应将《欧盟继承条例》第 22 条第 1 款中的法律选择范围明确为作出选择时或死亡时国籍国当时有效的法律。参见费珊龙：《欧盟继承条例中的法律选择规则研究》，厦门大学 2014 年硕士学位论文，第 28 页。

法被新法取代，是否应适用新法？例如，遗嘱人选择其国籍国法作为准据法，在遗嘱人作出选择之后死亡之前，其国籍国法被修改，那么应适用修订前的法律还是修订后的法律？依意思自治原则决定法律的选择是建立在主观连结点上的，当事人意思自治所选择的国家法律应包括该国有关法律的强行法与任意法，嗣后如果该准据法的内容因废止或修正而发生变更时，准据法即应适用变更后的新规定，包括其施行法在内。所谓依意思自治原则选择适用某国法律，应指适用该国法律的"裁判时""现时的"新规定，而非被"选择时"该国法律的内容，当事人信赖的是当事人意思自治所选择国家司法的公平与正义，该国立法机关修正、废止或变更该准据法的，应当适用"裁判时"有效的准据法的具体内容。①

综上，首先，遗嘱人选择法律的时间因素在不同情况下存在差异。在选择遗嘱继承、遗嘱效力、遗嘱解释等事项的准据法时，应该予以限制，以保证遗嘱人可以预见遗嘱继承将要产生的效果、遗嘱的效力以及对遗嘱内容的解释，增强法律选择的可预见性。在选择遗嘱形式的准据法时可不加以限制，遗嘱人选择立遗嘱时或死亡时的国籍国法、住所地法抑或其他任何一国法律皆可，因为目前各国一般不会严格限制遗嘱的形式要件，时间因素对遗嘱形式有效性的影响较小。其次，在限制时间因素的情况下，遗嘱人可以选择的时间因素有哪些？根据前述的统计和分析可知，遗嘱人"立遗嘱时""作出选择时"以及"死亡时"是比较常用的时间点，与遗嘱的成立与生效密切相关，因此应限制在这三个时间因素范围内，但需要注意遗嘱人"死亡时的国籍国法"可能会带来的问题。

三、意思自治的方式要求

目前，较多立法例规定了遗嘱人应在遗嘱中以明示的方式选择准据法。比如，1995 年《意大利国际私法制度改革法》第 46 条第 2 款规定，遗

---

① 参见赖来焜：《当代国际私法学之构造论——建立以"连结因素"为中心之理论体系》，香港神州图书出版有限公司 2001 年版，第 324 页。

嘱人可以通过遗嘱明示继承受其居住地国的法律支配。2001 年《韩国修正国际私法》第 49 条第 2 款规定，遗嘱人可以通过遗嘱方式明示指定继承适用以下法律，分别是：指定当时遗嘱人的惯常居所地法（这一指定只有在遗嘱人直到死亡时仍在这一地方保有其惯常居所的情况下才有效）、涉及不动产继承时的不动产所在地法。2014 年《多米尼加共和国国际私法》第 54 条规定，遗嘱人可以通过遗嘱的形式明示选择继承适用经常居所地法律。此外，还有瑞士、美国路易斯安那州、阿塞拜疆、黑山和摩纳哥等国家和地区也规定了明示的要求，因为这种方式的透明度强，具有确定性与可预见性，目前为各国普遍接受。

在遗嘱解释问题上，巴迪福认为不需要确定遗嘱解释应适用的法律，而应当探寻遗嘱人的意思，只有在无法探知遗嘱人意思的情况下，才有确定适用法律的必要。他认为，如果遗嘱人未指明应适用的法律，则可以根据其住所地法进行解释，但如果是关于赠与的解释，则应该依照解释契约的一般规则。① 比利时规定，遗嘱及遗嘱撤销的解释可以适用遗嘱人选择的法律，被选择的法律只能是作出选择时或死亡时的惯常居所地法或国籍国法，但是这一选择必须是明示的，或是能够根据遗嘱人的遗嘱或其撤销遗嘱的行为明确推定的。如果不存在这一选择，对遗嘱及其撤销的解释适用与其有最密切联系的国家的法律，除非有相反证据，该最密切联系地推定为遗嘱成立或撤销时立遗嘱人的惯常居所地。② 遗嘱解释的方式要求既有明示的，也有默示的，还有推定的或假定的方式。确定默示选择的意图是法院或仲裁机构对当事人默示选择的肯定，而当事人是否有默示选择的意思并不是法院或仲裁机构进行推定的必要前提，因此，"推定的或假定

---

① 参见李双元：《国际私法（冲突法篇）》，武汉大学出版社 2016 年版，第 573 页。

② 2004 年《比利时国际私法典》第 84 条："遗嘱及其撤销的解释适用立遗嘱人依据第 79 条的规定选择的法律。这一选择必须是明示的，或是能够依据遗嘱人的遗嘱或其撤销遗嘱的行为明确推定的。如果不存在这一选择，对遗嘱及其撤销的解释适用与其有最密切联系的国家的法律，除非有相反证据，该最密切联系地推定为遗嘱成立或撤销时立遗嘱人的惯常居所地。"

的意思说"一般与"当事人意思不明"问题一起讨论。根据普通法的判例规定，有关遗嘱的解释适用遗嘱人意图适用的法律。① 下面以美国、加拿大、澳大利亚和英国的相关规定和判例进行分析。

1. 美国

美国路易斯安那州的法律规定，遗嘱解释受遗嘱人在立遗嘱时通过明示方式选择的州的法律调整，或者适用遗嘱人立遗嘱时显然想要适用的州的法律，此处法条采用的是"意欲"的表述方式。在缺乏这种明示的或者默示的选择时，则根据遗嘱人立遗嘱时的住所地州法律进行解释。② 美国《第二次冲突法重述》也有关于遗嘱解释法律选择方式的规定，分为土地遗嘱的解释和动产遗嘱的解释。解释土地遗嘱和动产遗嘱首先适用遗嘱人指定的州的解释规则。在缺乏遗嘱人指定的情况下，土地遗嘱的解释适用土地所在州法院将要适用的解释规则，动产遗嘱适用立遗嘱人死亡时的住所地州法院将要适用的解释规则。③

2. 加拿大

在加拿大，就动产遗嘱案件而言，遗嘱人意图适用的法律可以被推定为执行遗嘱时的遗嘱人住所地法。④ 但有判例表明，如果存在充分的暗示（sufficient indication），即若遗嘱人意图使遗嘱解释受另一法律的支配，则对该遗嘱的解释应适用遗嘱人意图适用的法律。如果遗嘱是遗嘱人以某一特定的词语订立的，或遗嘱人在遗嘱中使用了某一特定法律制度中的规定，遗嘱人的这种意图可以明示于遗嘱中，也可以通过默示的方式体现于

---

① 参见刘仁山：《加拿大国际私法研究》，法律出版社 2001 年版，第 289 页。

② 1991 年《美国路易斯安那州新的国际私法立法》第 3531 条："遗嘱中所使用的词汇和用语的意思依照立嘱人为该目的而明示的，或在他立遗嘱时显然意欲适用的州的法律确定，在缺乏此种明示或默示的选择时，则依照立嘱人立嘱时住所地州法律。"

③ 美国《第二次冲突法重述》第 240 条："处分土地权益的遗嘱，其条文的解释，适用遗嘱为此目的所指定的州的解释规则。遗嘱无指定时，其解释适用土地所在地法院将予适用的解释规则。"第 264 条规定："处分动产权益的遗嘱，其条文的解释，依据遗嘱为此目的所指定的州的本地法。遗嘱中无指定时，其解释，适用立嘱人死亡时住所地州法院将予适用的解释规则。"

④ 参见刘仁山：《加拿大国际私法研究》，法律出版社 2001 年版，第 289 页。

遗嘱中。① 通过对案件初步证据进行分析，对不动产遗嘱的解释应适用遗嘱执行时的遗嘱人住所地法，但如果遗嘱人存在充分的暗示，即，若遗嘱人意图适用另一法律，比如在遗嘱中使用不动产所在地国家的技术性语言，则对该遗嘱的解释就应适用遗嘱人意图适用的法律。根据遗嘱人的住所地法对不动产遗嘱进行解释时，法院要考虑的是，根据对遗嘱的解释而对不动产进行的处理能否获得该不动产所在地法的最大限度的承认。加拿大的有关立法和判例还规定，对动产遗嘱和不动产遗嘱的解释不能因遗嘱执行后遗嘱人住所的任何改变而被变更。②

3. 澳大利亚

在澳大利亚，有关动产遗嘱的解释问题应由遗嘱人意欲适用的法律来确定。除非有相反的意思表示，这种意欲适用的法律一般被推定为遗嘱人立遗嘱时的住所地法。该遗嘱解释不受以后住所地发生变化的影响。这一普通法规则在澳大利亚所有管辖区的成文法中仍予以沿用。遗嘱人可以明确规定由另一种法律来解释其遗嘱，在这种情况下，法院将适用他指定的法律。但是，对住所地法的推定不能仅仅因为遗嘱人以适合于另一法域的外国语言和形式作成遗嘱而被推翻。如一遗嘱坚持使用某一具体法律体系特有的法律术语，则可被推定为具有充分的意思表示意欲将遗嘱依据该法律体系加以解释。有关不动产遗嘱，由准据法解释的效力必须是根据物之所在地法也具有效力。在这方面，澳大利亚仍遵循英国丹宁法官在 1961 年 Philipson—Stow v. Inland Revenue Commissioner 案中确立的总原则，即"遗嘱解释问题一般受遗嘱人订立遗嘱时的住所地法支配。但是这一解释本身将受压倒性要求条款的制约，即该解释绝不能与财产所在国的法律发生冲突。因为如果对财产的处分得不到物之所在地法的允许或承认，就不能取得效力"③。

---

① 参见刘仁山：《加拿大国际私法研究》，法律出版社 2001 年版，第 289 页。
② 参见刘仁山：《加拿大国际私法研究》，法律出版社 2001 年版，第 290 页。
③ 参见董丽萍：《澳大利亚国际私法研究》，法律出版社 1999 年版，第 230 页。

4. 英国

在英国，如果遗嘱表达的内容清楚明白，就无需借助国际私法的帮助。但如果遗嘱使用的语言使遗嘱人的意思表示不确定、含糊不清或模棱两可，或者遗嘱中未能规定某些事项，就发生选择法律的问题，解释的结果因被选择的法律不同可能会大相径庭。① 英国普通法规定遗嘱应该根据遗嘱人指定的法律解释，如果没有相反情况，该法即立遗嘱时遗嘱人的住所地法。② 遗嘱人在订立遗嘱到死亡的这段时间里改变了住所，那么遗嘱就应根据作成时的住所地法来解释。③ 英国普通法主张，没有理由认为应该有另一个一般性规则适用于不动产遗嘱的解释。但如果根据不动产所在地法，依照遗嘱人的住所地法解释遗嘱条款的效力是非法的或不可能的，不动产所在地法就应被优先适用。④

遗嘱解释的规则必须服从遗嘱继承或实质有效性的法律适用规则，这种问题始终由遗嘱人死亡时住所地法（在动产的情况下）⑤或物之所在地法（在不动产的情况下）⑥支配，而不是由他希望受支配的法律支配。例如，死亡时住所在法国的遗嘱人，把大量的遗产和养老金送给了朋友，剩余的作了遗赠。根据法国法，他仅仅有权处分 1/3 的财产，因为他有两个子女。遗嘱表明遗嘱人希望遗嘱由英国法支配。法国法决定了遗嘱人是否有权处分所有的财产，并要求减少遗产、养老金和遗赠，而把 2/3 的财产留给子

① 参见黄进主编：《国际私法》（第二版），法律出版社 2005 年版，第 375～376 页。

② See Dicey, Morris and Collins on the Conflict of Laws 1432 (15th ed. Sweet & Maxwell 2012).

③ See Dicey, Morris and Collins on the Conflict of Laws 1433 (15th ed. Sweet & Maxwell 2012).

④ See Dicey, Morris and Collins on the Conflict of Laws 1434 (15th ed. Sweet & Maxwell 2012).

⑤ See Dicey, Morris and Collins on the Conflict of Laws 1426 (15th ed. Sweet & Maxwell 2012).

⑥ See Dicey, Morris and Collins on the Conflict of Laws 1430 (15th ed. Sweet & Maxwell 2012).

女；但英国法决定了不同的遗产应该以什么顺序减少。除了在遗嘱效力应该绝对由某一法律规则支配的情况下，遗嘱应该根据遗嘱人住所地法解释这一公式仅是一个可被否定的推论，而从遗嘱的性质或其他方面看，如果有理由认为遗嘱人是依据其他国家的法律书写遗嘱的，那么这个推论就不应遵循。例如，如果遗嘱是用作成时遗嘱人的居所地（而不是住所地）国的专门法律术语表示的，或者是用遗嘱的信托地国的专门法律术语表达的，那么就应该根据该法解释。解释问题不仅应该区别于内容或实质有效性问题，还应该有别于身份问题，因此，如果住所在英国的遗嘱人将动产送给了住所在德国的子女，那么英国法院就决定了是否应包括非婚生子女或继子女，以及何时应确定子女种类，因为这些都是解释的问题。一旦这些问题有了答案，就产生了身份的问题，例如，某个子女是婚生的还是非婚生的，而这应该依据其他地方讨论的原则，由德国法支配。①

在遗嘱人没有指定适用遗嘱解释的法律时，而且从所有有关遗嘱人实际意思表示的可利用的证据来看，有关问题仍无法解决时，法律程序就面临着一个相当困难的选择问题。对于遗嘱人几乎没有任何指示的财产处分是认为该处分无效，财产按无遗嘱继承规则加以处理，还是通过推定或归纳其意思表示来填补遗嘱人所规定的空洞的财产处分计划。使遗嘱人的意思表示最大限度地发生效力的政策通常要求法院采取后一种方式。那么，对此究竟应依什么法律进行解释呢？对于不动产遗嘱的解释，在不少遗嘱受益人间的案件中适用遗嘱人立遗嘱时的住所地法。因为考虑到遗嘱人的家庭、当事人的合理期望，以及遗嘱人在计划处分不动产时最有可能依据的框架术语，立遗嘱时的住所地法是合适的法律，特别是在用一个遗嘱处分位于不同州的土地案件中更是如此。当诉讼涉及第三人时，遗嘱作为记载所有权的契据这一点变得更重要。如果问题涉及某一受益人转移所有权

---

①　参见李双元：《国际私法（冲突法篇）》，武汉大学出版社 2016 年版，第 573 页。

或其转移某一利益的范围程序，则不动产所在地法可能是更合适的选择。对于动产遗嘱解释，不少法院适用遗嘱的住所地法，当立遗嘱时与死亡时的住所地不一致时，适用立遗嘱时的住所地法。①

四、意思自治的实质有效性

意思自治的实质有效性是指，作出法律选择的人是否已经充分理解并同意其作出法律选择行为的内容。法律选择的实质有效性要研究的问题是"关于支配'当事人意思'本身之准据法，即决定当事人选择法律效力之法律"，关于这个问题，在讨论契约法律选择时，学者们见解不一，国际上有以下几种学说。

第一，法院地法说。连结点的定性标准与讼争问题的定性标准相同，应依"法院地的民商法"，德国法院判决以及意大利多数学者据此认为，应依法院地法决定当事人法律选择本身的效力。采此观点，有适用上简便易行的特点，但就当事人本身来说，法院地法在当事人作出法律选择时是不可预见的，因此，"当事人意思"的效力也不可预见，且适用结果容易导致"挑选法院"的现象。

第二，准据法说。1955 年海牙《国际有体动产买卖准据法公约》主张当事人选择的法律决定"当事人意思"本身的效力。这种方式一方面将所有有关效力的问题集中于一种法律，简单易行；另一方面，当事人在选择法律时便知悉准据法，符合当事人的正常期待。但有学者认为，"准据法说"存在适用上的循环论法之虞，因为准据法是以有效选择为基础的，有互为因果、循环推论之嫌，但新近很多立法仍采用"准据法说"。

第三，依本应适用的法律说。有学者认为应考虑当事人是否选择了法律，如果没有选择法律，则依本应当适用的法律确定"当事人意思"的效力。

第四，法院裁量说。该说认为，"当事人意思"本身的效力应由法院自

---

① 参见黄进主编：《国际私法》(第二版)，法律出版社 2005 年版，第 376 页。

由裁量，就法院而言，适用简便。但有两个问题：第一，适用结果难以预见；第二，对当事人可能不利，有违正当的期待利益。①

在遗嘱冲突法领域，如何决定法律选择的实质有效性呢？2005 年《保加利亚共和国〈关于国际私法的法典〉》第 89 条第 4 款规定，准据法的选择及其废除的效力的条件，依所选择的法律，准据法选择及其废除均必须以遗嘱的形式作出。2009 年《罗马尼亚民法典》第 2634 条规定，遗嘱人可以选择其国籍国法作为其全部遗产的准据法，法律选择声明中所表明的意愿的存在及其有效性适用所选择的支配遗产继承的法律。2013 年《黑山共和国〈关于国际私法的法律〉》第 72 条第 3 款规定，是否存在法律选择以及其效力依照遗嘱人所选择的法律进行判断。国际公约方面，1989 年海牙《死者遗产继承法律适用公约》第 5 条和 2012 年《欧盟继承条例》第 22 条第 3 款都有类似的规定。

关于法律选择的实质有效性，目前多采"准据法说"，即法律选择的实质有效性受遗嘱人选择的法律调整。但是，确定选择行为是否有效是一个指向准据法之前的问题，采用"准据法说"可能存在逻辑上的悖论：既然法律选择行为是否有效尚不可知，为何可以用该行为所确定的准据法来衡量这一行为的效力？如果法律选择行为无效，那么该行为所选择的法律就不应适用，既然不应适用，又何以认定选择行为无效？为避免陷入逻辑循环的泥沼，有学者提出"惯常居所地法说"，即法律选择的实质有效性受遗嘱人的惯常居所地法调整。具体而言，包括遗嘱人"作出选择时"或"死亡时"的惯常居所地，由于适用遗嘱人"死亡时"的惯常居所地法将使法律选择的效力长期处于不确定状态，故而由遗嘱人"作出选择时"的惯常居所地法来调整法律选择的实质有效性较为合理。②

---

① 参见赖来焜：《当代国际私法学之构造论——建立以"连结因素"为中心之理论体系》，香港神州图书出版有限公司 2001 年版，第 248~249 页。

② 参见费珊龙：《欧盟继承条例中的法律选择规则研究》，厦门大学 2014 年硕士学位论文，第 31~32 页。

第三节 意思自治原则之扩张

自 20 世纪 80 年代以来，在部分国家和海牙国际私法会议的推动下，遗嘱人意思自治原则迈出不断前进的步伐。作为一种法律选择方法，意思自治原则有扩张的发展趋势并非出于偶然，这有着多方面的原因可探究。①

一、扩张的原因

（一）实体法上遗嘱自由的扩展

现代遗嘱制度是遗嘱人自由处分自己财产的方法，这属于"为个人之遗嘱"。虽然特留份制度会限制遗嘱自由，被认为尚残存身份法的痕迹，但遗嘱法渐渐由身份法领域转移至财产法领域仍然是普遍趋势。② 在不违反法律规定及公序良俗的情况下，遗嘱人可以通过遗嘱处分其个人所有的财产。遗嘱是单方法律行为，只要立遗嘱人作出意思表示，遗嘱即成立，不需要相对人的同意。在遗嘱发生法律效力以前，遗嘱人还可以随时变更或撤回遗嘱。③

在法国大革命时期，所有权神圣不可侵犯的宣言深入人心，产生的影响根深蒂固。随着财产制度的发展，遗嘱人可以处分的财产种类和方式都不断变化，财产所有权普遍地焕发起人类的想象力，并煽动人类的激情去分配个人财产。④ 所有权起源于人最基本的自然需要，曾经被认为是天赋

---

① 赖来焜：《当代国际私法学之构造论——建立以"连结因素"为中心之理论体系》，香港神州图书出版有限公司 2001 年版，第 324 页。

② 参见陈棋炎、黄宗乐、郭振恭：《民法继承新论》，台湾三民书局股份有限公司 2016 年版，第 243~244 页。

③ 参见周枏：《罗马法原论》（下册），商务印书馆 2014 年版，第 495 页。

④ 参见［英］布莱克斯通：《英国法注释》（第 2 卷），第 2 页，转引自［德］罗伯特·霍恩、海因·科茨：《德国民商法导论》，楚建译，中国大百科全书出版社 1996 年版，第 189 页。

的自然权利，遗嘱制度"契合了财产制度的特点，延长了财产处分的时间，Dead Hands(死亡之手)一词非常绝妙地描述了这一现象"①。

英国 1837 年《遗嘱法》确立了遗嘱的绝对自由原则，遗嘱人可以制定遗嘱，剥夺所有法定继承人的权利。遗嘱自由是遗嘱继承的核心，遗嘱人有权决定遗产的分配方式、分配内容、遗嘱执行等事项，也有权决定遗嘱的效力。遗嘱制度的本质要求是充分保障遗嘱人的意愿，尊重遗嘱人的选择。② 遗嘱冲突法上保障遗嘱自由是通过赋予遗嘱人法律选择权来实现的。

(二)符合对遗嘱冲突规范的软化处理趋势

随着遗嘱法律关系的越发复杂，传统的遗嘱冲突规范急需被改造，以适应新形势。国际社会通过变革连结点的方式软化遗嘱冲突规范，表现之一就是用灵活开放的连结点取代传统僵硬封闭的连结点。采用灵活开放的连结点始于合同法领域，对意思自治原则的充分适用推动了冲突规范的软化发展趋势。③ 尽管意思自治原则曾经在欧美国家备受争议，但是随着其作用被逐渐发挥出来，意思自治原则基本不会受到质疑。④ 如今美国和欧洲各国的国际私法都在较大程度上允许当事人决定他们的"命运"，表现为允许当事人选择受理案件的法院以及案件应适用的法律。

意思自治原则因为其灵活性曾遭受保守派的质疑，但是随着合同法领域对该原则的充分适用，并逐渐发展成熟，意思自治原则的优势被发挥了出来，获得了较多肯定。在占领合同法律选择领域之后，意思自治原则已经向侵权、夫妻财产、信托、婚姻家庭以及继承等领域扩张。⑤ 如今已经

---

① 参见李岩:《遗嘱制度论》，法律出版社 2013 年版，第 8 页。

② 参见赖来焜:《当代国际私法学之构造论——建立以"连结因素"为中心之理论体系》，香港神州图书出版有限公司 2001 年版，第 325 页。

③ 参见费珊龙:《欧盟继承条例中的法律选择规则研究》，厦门大学 2014 年硕士学位论文，第 30 页。

④ See Patrick J. Borchers, Categorical Exceptions in Party Autonomy in Private International Law, 82(5) Tulane Law Review 1646(2008).

⑤ See Patrick J. Borchers, Categorical Exceptions in Party Autonomy in Private International Law, 82(5) Tulane Law Review 1645(2008).

有较多国家规定依意思自治原则决定遗嘱的法律选择，改变了传统遗嘱冲突规范僵硬、机械的缺陷。引入意思自治原则，符合对遗嘱冲突规范的软化处理趋势，增强了法律选择的灵活性。在处理具体案件的时候，如果遗嘱人已经选择了法律，还可以减轻法院的任务，从这个角度来说，引入意思自治原则，有助于兼顾"冲突正义"与"实体正义"、"冲突效率"与"实体效率"。① 有学者甚至断言，世界范围内不断增长的接受当事人意思自治原则的现象以确定准据法的方式带来了真正的革命。②

二、扩张的影响

(一)缓和"国籍"与"住所"之争

遗嘱冲突法中引入意思自治原则有非常重要的实践意义，首先就表现在可以缓和"国籍"和"住所"之争。前面已经论及，惯常居所地是调和国籍和住所之间矛盾的产物。海牙国际私法会议致力于统一遗嘱冲突法，但是遇到了诸多障碍，如何去解决连结点的冲突，实现法律选择的统一，是国际社会面临的共同难题。在制定 1989 年海牙《死者遗产继承法律适用公约》的时候，普通法系国家坚持以住所为连结点，大陆法系的日本和西班牙主张采用国籍，最终公约另辟蹊径而采用惯常居所地作为连结点，以调和两种连结点的差异。但作为条件，当时公约引入了意思自治原则，因此，该原则也起到了缓和"国籍"和"住所"之争的作用。

《欧盟继承条例》也有此意图，第 22 条是关于意思自治原则的规定。在遗嘱人的惯常居所地法与国籍国法之间存在显著差异时，允许遗嘱人进行选择，可以阻止混乱局面的发生。当然，这也取决于遗嘱人的做法，比如遗嘱人是选择适用其国籍国法，还是参照条例的规定以惯常居所地为指

---

① 参见徐崇利：《我国冲突法立法应拓展意思自治原则的范围》，载《政治与法律》2007 年第 2 期，第 132 页。

② See Lehmann Matthias, Liberating the Individual from Battles Between States: Justifying Party Autonomy in Choice of Laws, 41(2) Vanderbilt Journal of Transnational Law 385(2008).

引选择法律。①

(二)增加法律选择的确定性与可预见性

遗嘱冲突法中引入意思自治原则可以增加法律选择的确定性与可预见性，达成具体案件判决的一致。判决结果的一致和可预见性是国际私法理论一直追求的目标。利弗拉尔教授认为，内国和外国的法院在处理案件时都体现了对这一目标的追求。② 因为国际私法是解决私人之间冲突的法律，判决结果应当考虑是否可以实现私人的愿望和利益，这也正是合同法领域最先适用意思自治原则的根源。国际合同交易双方缔结合同时选择合同将要适用的法律，此时，他们可以预见到适用该法律可能带来的结果，而这个结果是双方都认可的，即使发生了纠纷，根据这个法律将会产生的裁判结果也是可以预见的。意思自治原则还起到保障交易秩序的作用，正是在这种保护机制下，国际经济交往活动才能有条不紊地进行下去。另外，法律通过维护当事人之间交易的法律效力，又能促使大多数国家实现其广泛的社会政策。换言之，允许当事人选择法律，实现当事人的愿望，就是各国首先应该追求的政策目标。与此同时，利弗拉尔教授指出，判决结果的一致性有助于防止当事人挑选对自己有利的法院。③

第四节　对意思自治原则之限制

不应忽视的是，遗嘱不仅产生财产法上的效果，还具有一定的人法性质，发挥着维护家庭关系和保障社会稳定的功能。一个法律制度若要恰当地完成其职能，就不仅要力求实现正义，还需要致力于创造秩序。尽管遗

---

① See Mariusz Zlucki, Attempts to Harmonize the Inheritance Law in Europe: Past, Present, and Future 103(5) Iowa Law Review 2331(2018).

② 参见邓正来:《美国现代国际私法流派》，中国政法大学出版社2006年版，第160页。

③ 参见邓正来:《美国现代国际私法流派》，中国政法大学出版社2006年版，第160~161页。

嘱制度赋予遗嘱人充分的处分自由，却也通过各种方式进行限制，如要求遗嘱人为其生存配偶留有特定份额的财产。①

一、限制的表现

目前，各国一般允许并限制遗嘱人选择涉外遗嘱继承和涉外遗嘱形式的准据法，但是在具体规定上存在差异。对意思自治原则进行限制，一方面要求限制遗嘱人可以选择法律的空间范围，另一方面要求遗嘱人采取特定方式作出选择。

（一）限制可选择法律的空间范围

在选择涉外遗嘱继承的准据法时，各立法例仅允许遗嘱人选择国籍国法、惯常居所地法（经常居所地）、不动产所在地法、住所地法、居所地法、最后住所地法以及最后惯常居所地法，最常被选择的是国籍国法。乌兹别克斯坦、吉尔吉斯、亚美尼亚、白俄罗斯、阿塞拜疆、爱沙尼亚、乌克兰、保加利亚等国规定只可以选择遗嘱人的国籍国法。加拿大魁北克规定遗嘱人可以选择立遗嘱时或死亡时的住所地法或国籍国法，也可以在涉及不动产时选择不动产所在地法。比利时规定，被选择的法律只能是遗嘱人作出选择时或死亡时的惯常居所地法或国籍国法。波兰规定，遗嘱人可以选择的法律包括国籍国法、立遗嘱时或死亡时的住所地法、立遗嘱时或死亡时的惯常居所地法。列支敦士登规定，外国遗嘱人以及住在国外的本国遗嘱人可以选择国籍国法或最后惯常居所地法。

国际公约方面，2012 年《欧盟继承条例》第 21 条以惯常居所地为连结点，在此背景下，考虑到遗嘱人可能会希望作出选择以便匹配一个比惯常居所地更永久的连结点，因此，条例第 22 条规定遗嘱人可以选择其作出选择时或死亡时的国籍国法。国籍在保护人权方面有重要作用，弃用国籍是否会不利于保护公民的权利，这点被立法者考虑进来。② 同时，选择法律

---

① See Mark Glover, A Social Welfare Theory of Inheritance Regulation, 2018（2）Utah Law Review 412（2018）.

② See Veerle van den Eeckhout, Promoting Human Rights within the Union: The Role of European Private International Law, 14（1）European Law Review 121（2008）.

的自由还受到同一制的限制，立法者无法利用意思自治原则去颠覆同一制，遗嘱人选择的法律"作为一个整体"支配继承，在这种情况下，分割是无效的。① 2012 年《欧盟继承条例》第 22 条提供了有限制的意思自治，可以被视为对结构薄弱的一般原则的合理平衡。② 该规定一方面便于公民提前安排继承，同时也尊重继承人和受遗赠人的合法期待。

各国对涉外遗嘱形式法律选择范围的限制程度最低。塞内加尔和多哥允许遗嘱人在立遗嘱时明示选择适用于遗嘱形式的法律，法条强调了"明示选择"则只能采取此种方式，但对选择法律的范围没有限制，在没有选择的情况下，遗嘱形式的有效性则依遗嘱地。乌兹别克斯坦、吉尔吉斯和白俄罗斯都对遗嘱人可以选择的范围进行了限制，遗嘱人只能选择适用其国籍国法，在没有选择的情况下，遗嘱形式的有效性依遗嘱地法、固定住所地法以及法院地法来确定。多米尼加赋予遗嘱人的自由程度最高，没有限制选法范围，遗嘱形式只要符合立嘱人指定的法律或者立嘱人死亡时国籍国法或住所地法即为有效。③

(二)限制法律选择的方式

法律选择的方式是指当事人表示自己选择准据法意向(intention)的方式，有三种，即或根据当事人的"明示意思"(expressed intention)，或根据当事人的"默示意思"(tacit intention)，或根据当事人的"推定的或假定的意思"(presumed or hypothetical intention)。

采用明示方式选择法律符合"明示意思说"，所谓"明示意思说"是指当

---

① See Janeen Carruthers, Party Autonomy in the Legal Regulation of Adult Relationships: What Place for Party Choice in Private International Law?, 61 The International and Comparative Law Quarterly 903-904(2012).

② See Janeen Carruthers, Party Autonomy in the Legal Regulation of Adult Relationships: What Place for Party Choice in Private International Law?, 61 The International and Comparative Law Quarterly 906(2012).

③ 1972 年《塞内加尔家庭法》第 848 条、1980 年《多哥家庭法典》第 717 条、1997 年《乌兹别克斯坦共和国民法典》第 1198 条、1998 年《吉尔吉斯共和国民法典》、1999 年《白俄罗斯共和国民法典》第 1135 条、2014 年《多米尼加共和国国际私法》第 55 条。

事人明确表达自己选择准据法的意向，又称"明示法律选择"。① 但并不是所有当事人都会有作出法律选择的意识，有的立法例还规定了默示的法律选择方式，符合"默示意思说"的要求。所谓"默示意思说"是指契约中就准据法无明白的规定时，则常常可从契约的内容或文句，或其他与契约有关的行为，对自己选择有关法律为契约准据法意思的暗示（implied selection）或推知当事人对契约准据法默示的意思，又称"默示法律选择"。契约法中，"默示"的主要标志是指仲裁条款、管辖权条款、契约使用的语言文字、某国特殊术语、履行地、某国的格式契约、货币种类，其均足以表示契约当事人有意思适用该国的法律。例如，英国的判例中，法院以契约是用英文书写为由而推定当事人有选择英国法的默示意思。② 而与"默示意思说"有较大不同，"推定的或假定的意思说"是指推定行为主体只能是法院或仲裁机构，推定的客体只能是与契约当事人有关的案件整体。

契约法中的这三种方式都有特定的判断标准。与契约法律选择一样，遗嘱人选择准据法也有方式的要求，但遗嘱与契约有本质区别，对法律选择方式的具体要求也不一样。各立法例通常要求遗嘱人以明示的方式选择涉外遗嘱继承、涉外遗嘱形式和涉外遗嘱解释的准据法。国际公约方面，1989 年海牙《死者遗产继承法律适用公约》第 5 条要求："这种指定应根据遗嘱方式在声明书中明确说明。"2012 年《欧盟继承条例》也要求明示的方式。如果遗嘱人确实具有法律选择的意图，那么在遗嘱中作出这一选择不会那么费时费力，要求遗嘱人明示其意图并非十分苛刻的要求。如果遗嘱人本身没有这样的意图，而只是为了方便，偶然地或习惯性地使用某种语言或使用某国货币作为计量单位，便据此推定遗嘱人默示选择某国法律作为准据法，则属于对遗嘱人意图的过度解读。③

---

① 参见赖来焜：《当代国际私法学之构造论——建立以"连结因素"为中心之理论体系》，香港神州图书出版有限公司 2001 年版，第 299 页。

② 参见赖来焜：《当代国际私法学之构造论——建立以"连结因素"为中心之理论体系》，香港神州图书出版有限公司 2001 年版，第 299~300 页。

③ 参见费珊龙：《欧盟继承条例中的法律选择规则研究》，厦门大学 2014 年硕士学位论文，第 30 页。

此外，还应当考虑法律选择方式的程度问题。对此，《欧盟继承条例》第 22 条第 2 款中有"明确声明"和"表明"的表述，还要求法律选择应当是清晰的、明显的。因此，首先要考虑法律选择否要指明某一具体国家的法律，条例中并无说明。其次，如果遗嘱人选择的是某一国的具体法律，而该法律事实上并不调整继承关系或只涉及继承的一部分，即选择无效或者部分无效，此时该如何处理？最后，如果遗嘱人选择的法律援引了该国的另一部法律，是否可以将这另一部法律一并作为准据法？这些问题虽然是司法实践中较为具体的问题，但与"明确"一词的理解密切相关。究竟怎样的指定才足够明确，过于明确的指定可能会导致哪些问题，又该如何解决？这些问题在《欧盟继承条例》以及其他成文法国家的法律规定中均未涉及。

（三）不能违反有关特留份的规定

加拿大、意大利、摩尔多瓦、比利时以及保加利亚等国家规定，遗嘱人选择法律不能违反关于特留份的规定。[1] 这是实体法上对遗嘱自由的限

---

① 1991 年《加拿大魁北克民法典》第 3099 条："如果所选定的法律将在很大程度上剥夺死者配偶或子女在没有此选择时所享有的天然继承权，则该项对继承的准据法所作的选择无效。如果该项选择损及财产所在地鉴于特定财产的经济、家庭或社会目的而对其设立的特殊继承制度，则该项选择亦归于无效。"1995 年《意大利国际私法制度改革法》第 46 条："财产有争议者可以通过遗嘱明示，对他的继承受其居住地国法律支配，但如果其死亡时已不再居住在该国，那么这种选择无效。在继承人系意大利公民情形下，上述法律选择不能影响意大利法律赋予继承人的权利，只要继承人在财产有争议的死者死亡时居住在意大利。"2002 年《摩尔多瓦共和国民法典》第 1623 条："只要不违反强制性规定，遗产人可通过遗嘱将其遗产的转移由本法典第 1622 条所指法律以外的另一法律支配。所选择的法律适用于本法典第 1621 条所指的诸情形。"2004 年《比利时国际私法典》第 79 条："遗嘱人可以选择适用其所有财产的法律。被选择的法律只能是遗嘱人选择法律时或其死亡时的惯常居所地法或本国法。但是，遗嘱人选择的法律不能剥夺根据本法第 78 条确定的准据法赋予继承人的特留份额。遗嘱人必须采取遗嘱的形式选择法律或撤销该选择。"2005 年《保加利亚共和国〈关于国际私法的法典〉》第 89 条第 5 款："对准据法的选择，不得有损于根据第 1 款和第 2 款应适用的法律所规定的给继承人的保留份额。"

制，冲突法上亦是如此，遗嘱人享有选择法律的自由，但不能违反有关特留份的规定。特留份是指遗产处分中，遗嘱人必须为在世的某些亲属（遗属）保留一定数额，否则遗嘱将因此无效或可撤销。大陆法系国家通常规定的是特留份，即一定范围内的遗嘱人近亲属对遗产享有不可剥夺的期待权。英美法系的英国和澳大利亚各司法辖区都确立了遗属供养制度，遗产首先要用来承担家庭成员的供养义务，遗属供养权利人除遗嘱人的近亲属外，通常还包括其他受养人，且没有固定份额，能否授予以及授予多少都由法官根据具体案情裁断。美国法上没有遗属供养制度，而是不同的州分别选择适用寡妇产、鳏夫产、宅园份、动产先取份、临时家庭生活费、可选择份额等制度。① 特留份充分反映了遗嘱法的家庭特性，也在很大程度上反映了遗嘱人与其近亲属之间的利益平衡，体现了一个国家或民族对家庭或亲属关系的态度，是遗嘱有效要件的核心问题之一。②

二、限制的原因

（一）实体法上对遗嘱自由的限制

英国 1837 年《遗嘱法》确立了遗嘱的绝对自由原则，任何法定继承人的继承权都可以被遗嘱剥夺，但绝对的遗嘱自由会导致一系列社会矛盾。1938 年，英国制定《继承（家庭条款）法》，准许某些受扶养人向法院申请合理的扶养金，受扶养人的范围包括配偶、未成年的儿子、未婚女、无劳动能力或不能维持自己生活的子女以及遗嘱人死亡时尚未再婚的前配偶。1975 年，英国颁布《继承法（家庭及被扶养人条款）》进一步限制了遗嘱自由。依据该法，有权向法院提出分割遗产请求的权利人包括：生存配偶或民事伴侣；未再婚的前配偶；遗嘱人的未成年子女；任何遗嘱人视为与婚

---

① See Katherine Spaht et al., The New Forced Heirship Legislation: A Regrettable "Revolution", 50(1) Louisiana Law Review 410(1990).

② 参见魏小军:《遗嘱有效要件研究——以比较法学为主要视角》，中国法制出版社 2010 年版，第 13~15 页。

姻有关的子女；在遗嘱人死亡前全部或部分依靠遗嘱人扶养的任何人；以及 1996 年 1 月 1 日之后，在遗嘱人死亡前两年内，作为遗嘱人的丈夫或妻子与其共同生活的任何人。该法取代了 1938 年《继承（家庭条款）法》，于 1995 年被《〈继承〉改革法》修正。至此，英国完全摒弃了绝对的遗嘱自由原则。①

美国法在英国法的根基上成长壮大，从 18 世纪 50 年代至 70 年代，英国普通法逐渐在北美殖民地占据优势，但注重实际的美国人根据自己的国情进行了诸多改革。自美国独立战争以来的两百多年里，美国法律经历了独特的发展过程，在许多方面已经把英国的模式抛在一边。至 19 世纪中叶，美国通过了《已婚妇女财产法》（Married Women's Property Act 1893），妇女开始享有财产处分权。② 到 19 世纪末 20 世纪初，遗嘱为更多的美国人所使用，已婚妇女也开始用遗嘱来处分其财产。③ 为了减少州际之间的法律冲突，1969 年美国统一州法律委员会全国会议公布了《统一遗嘱检验法典》。④ 该法典对遗嘱自由进行了一定限制，生存配偶和一定范围的直系血亲及旁系血亲享有继承权，养子女与非婚生子女、遗腹子女的继承权也受到保护。⑤

进入 20 世纪后，美国家庭的结构发生变化，参加工作的已婚妇女数量

---

① 参见何勤华主编：《英国法律发达史》，法律出版社 1999 年版，第 328 页。

② See J. G. Miller, Family Provision on Death: The International Dimension, 39(2) The International and Comparative Law Quarterly 261(1990).

③ 参见［德］茨威格特、克茨：《比较法总论》，潘汉典、米健、高鸿钧、贺卫方译，中国法制出版社 2017 年版，第 352 页。

④ 该法典最初于 1969 年由统一州法律委员会全国会议和美国律师协会代表团通过。在其后的 1975 年、1982 年、1987 年、1989 年、1990 年、1991 年、1997 年、1998 年、2002 年、2003 年、2006 年，该法典经历多次修订。目前，美国已有 18 个州采纳了该法典，分别是阿拉斯加州、亚利桑那州、科罗拉多州、夏威夷州、爱达荷州、缅因州、密歇根州、明尼苏达州、蒙大拿州、内布拉斯加州、新泽西州、新墨西哥州、北达科他州、宾夕法尼亚州、南卡罗来纳州、南达科他州、犹他州、威斯康星州。但各州采用情况是不一致的，有时可能通过判例对之予以重大修改。

⑤ 参见何勤华、魏琼主编：《西方民法史》，北京大学出版社 2006 年版，第 414~415 页。

急剧增加，离婚成为常见的现象。据估计，20世纪初，美国每1000对夫妇中就有3对离婚；到1997年，50%的婚姻都以离婚告终。而且，大多数离婚的人会再婚①，超过60%的再婚夫妻会再度离婚②。随着离婚数量的增加，与单亲(通常是母亲)生活在一起的孩子数量也在增加。这种变化不是美国特有的，已经成为目前西方国家的普遍现象。③是否接受新的家庭模式，并给予新模式下的家庭成员以继承权成为构建现代继承法的重点之一。④

(二)遗嘱冲突法的要求

社会上的每个人都会为自己的利益考虑，特别是在自己与他人发生利益冲突的时候，每个人都会或多或少地从自己的角度考虑，选择有利于本人的法律。在遗嘱冲突法领域引入意思自治原则，不是一个简单的任务。⑤允许遗嘱人依意思自治原则选择准据法必须受到社会公共利益的限制。⑥从某种程度上说，限制意思自治原则是遗嘱冲突法的一个特征，即使意思自治在遗嘱领域有扩张的趋势，也需要适度限制，只能在与各方当事人有充分联系的法律中选择，这种选择不仅要参考空间范围，还要参考选择法

---

① See United States Census Bureau, Number, Timing, and Duration of Marriages and Divorces: 1996, available at http://www.census.gov./prod/2002pubs/p70-80.pdf, last visited on 16 March 2019.

② See Kathryn Venturatos Lorio, The Changing Concept of Family and Its Effect on Louisiana Succession Law, 63(4) Louisiana Law Review 1164(2003).

③ See Paul R. Amato et al., Continuity and Change in Marital Quality Between 1980 and 2000, 65(1) Journal of Marriage and Family Law 15(2003).

④ See Ralph C. Brashier, Inheritance Law and the Evolving Family 6-7 (Temple University Press 2004).

⑤ See Janeen Carruthers, Party Autonomy in the Legal Regulation of Adult Relationships: What Place for Party Choice in Private International Law?, 61(4) The International and Comparative Law Quarterly 913(2012).

⑥ See Andrea Slane, Tales, Techs and Territories: Private International Law, Globalization and the Legal Construction of Borderlessness on the Internet, 71 Law and Contemporary 131(2008).

律的时间因素。就时间而言，不仅需要确定作出选择的时间，还要判断相关连结点的时间。① 已经有较多国家允许遗嘱人选择准据法，但在法律选择的空间范围上存在差异。考察各立法例的规定可知，这种差异不仅表现在不同的遗嘱事项上遗嘱人可选择的法律不同，也表现在各国允许遗嘱人选择的法律范围不同。

① See Janeen Carruthers, Party Autonomy in the Legal Regulation of Adult Relationships: What Place for Party Choice in Private International Law?, 61 (4) The International and Comparative Law Quarterly 912(2012).

第五章 依例外条款决定涉外遗嘱之法律选择

例外条款，又被称作逃避条款（escape clause）或矫正条款（clause of correction），赋予法官在例外的情况下，不遵守冲突规范的指引，综合案件所有情况选择准据法的自由裁量权。① 目前规定可以依例外条款选择遗嘱准据法的国家有瑞士、斯洛文尼亚、韩国、比利时、马其顿、罗马尼亚、荷兰、黑山、克罗地亚，2012 年《欧盟继承条例》第 21 条第 2 款也是关于例外条款的规定。本章从例外条款的产生与类型、具体适用以及功能定位等方面展开研究。

第一节 例外条款之形成

一、例外条款的产生

萨维尼创设的"法律关系本座说"从法律关系的角度出发，考虑法律关系应该受什么法律支配，由此形成了双边主义的法律选择方法。针对法律适用问题形成了法律选择的单边主义方法和多边主义方法，两种方法实质上是解决同一个问题。② 传统双边法律选择方法的科学依据存在于各主权

---

① 参见崔相龙：《论法律选择中的例外条款》，载《武大国际法评论》2011 年第 1 期，第 343 页。

② 参见宋晓：《当代国际私法的实体取向》，武汉大学出版社 2004 年版，第 38 页。

国家的互相信赖。各主权国家之间互相信赖，因而存在国际法共同社会，国家互相适用对方的法律就是国际私法所致力于达到的主要目的。① 作为预设前提的、纯粹的国家间互相信赖是否存在是存疑的，至少不会一直地、持续不间断地存在。此方法是一种从抽象到具体的推理过程，立法者在制定冲突规范时，一般客观地、综合地考察所有情况，选择与法律关系具有真实联系的连结点指引准据法的选择。在这种情况下，所选择的法律被认为具有最真实的联系。但这种抽象的选择不可能应对所有的情况，先天性的缺陷困扰着双边主义法律选择方法，其症状不仅表现为站不住脚的结果与无法令人信服的矫正方法，更表现为逻辑上的悖论。② 双边主义法律选择方法逐渐被质疑，受美国冲突法革命的冲击，欧洲大陆国家开始规定例外条款，以完善双边主义法律选择方法。

作为法律选择方法的最密切联系原则（the doctrine of the most significant relationship），是指在选择某一法律关系的准据法时，要综合分析与该法律关系有关的各种因素，权衡主客观连结点，寻找与案件事实和当事人有最重要牵连关系的国家或法域，即法律关系的"重力中心地"，该中心地所属的法律即为法律关系的准据法。③ 适用最密切联系原则需要从质和量两方面去考虑，需要综合考虑案件的所有情况和事实，适用情形主要产生于美国的有关司法判例，特别是1954年的"奥汀诉奥汀"案（Auten v. Auten）和1963年的"贝科克诉杰克逊"案（Babcock v. Jacson），它们有力地推动了对最密切联系原则的探讨。在对这些案例进行论述和研究之后，里斯编纂了美国《第二次冲突法重述》，其中有较多关于最密切联系原则的论述。④ 这标志着最密切联系原则作为一种法律选择方法已经被正式采用，对欧洲大

---

① 参见李浩培：《李浩培法学文集》，法律出版社2006年版，第532页。

② 参见[美]弗里德里希·K. 荣格：《法律选择与涉外司法》，霍政欣、徐妮娜译，北京大学出版社2007年版，第94页。

③ 参见赖来焜：《当代国际私法学之构造论——建立以"连结因素"为中心之理论体系》，香港神州图书出版有限公司2001年版，第591页。

④ 参见肖永平：《肖永平论冲突法》，武汉大学出版社2002年版，第200页。

陆的国际私法学说和立法产生了重要影响。

最密切联系原则提取美国冲突法革命的精华，赋予了传统法律选择方法以"时代精神"，代表国际私法价值取向由形式正义向实质正义的转变。① 目前，大部分欧洲国家采用了最密切联系原则，虽然程度不同，适用的领域也不一样，但是这种变化显示了美国冲突法革命的深刻影响，将最密切联系原则的地位提升到了一个新的阶段。② 对适用最密切联系原则选择法律的方法，赞同和批评的声音皆有。批评者认为最密切联系原则会导致法律选择过度灵活，法官享有充分的自由裁量权可能会破坏法律适用的可预见性与稳定性，损害判决结果的一致性目标。称赞者认为，如果适当地规制最密切联系原则的适用标准，就可以有效地避免法律适用过于灵活，实现法律选择稳定性与灵活性之间的协调，规定例外条款是一种可取的方法。多样和复杂的国际私法关系要求最密切联系原则得到广泛和合理的运用，在此背景下，例外条款应运而生。规定以最密切联系原则为基础的例外条款，发挥其矫正不当法律选择的功能，是弥补传统法律选择方法之机械性和盲目性的方法之一。③

二、例外条款的类型

（一）一般例外条款

一般例外条款针对特定法域的全部冲突规范，为所有涉外民事关系的法律选择规定普遍的例外情况，作为法律选择的基本制度而存在，通常规定在国际私法法典的总则部分。④ 一般例外条款具有一定的灵活

① 参见马志强：《正确适用最密切联系原则的理论构想》，载《郑州大学学报（哲学社会科学版）》2015 年第 5 期，第 74 页。

② 参见肖永平、任明艳：《最密切联系原则对传统冲突规范的突破及"硬化"处理》，载《河南司法警官职业学院学报》2003 年第 3 期，第 16 页。

③ 参见陈卫佐：《当代国际私法上的一般性例外条款》，载《法学研究》2015 年第 5 期，第 197 页。

④ 参见崔相龙：《论法律选择中的例外条款》，载《武大国际法评论》2011 年第 1 期，第 350 页。

性，但它仍然是在双边法律选择方法的范畴内，并不舍弃冲突规范中的连结点，不会损坏冲突规范的确定，不是美国冲突法革命所倡导的结果选择规则。一般例外条款往往是一国国际私法法典或国际私法制定法的总则性条款，适用于整部国际私法法典或法律，是相对于该国全部冲突规则而言的。

瑞士是大陆法系国家中最早规定一般例外条款的国家。1987 年《瑞士联邦国际私法》第 15 条关于一般例外条款的规定影响较大，被国际私法学者作为主要研究对象，成为其他国家制定一般例外条款的参考标准。①1991 年《加拿大魁北克民法典》第 3082 条被认为基本照搬了瑞士的规定。此外，还有 1999 年《斯洛文尼亚共和国〈关于国际私法与国际诉讼的法律〉》第 2 条、2001 年《韩国修正国际私法》第 8 条、2004 年《比利时国际私法典》第 19 条、2007 年《马其顿共和国〈关于国际私法的法律〉》第 3 条、2009 年《罗马尼亚民法典》第 2565 条、2011 年《荷兰〈民法典〉第 10 卷（国际私法）》第 8 条、2013 年《黑山共和国关于国际私法的法律》第 8 条、2017 年《摩纳哥公国〈关于国际私法的第 1448 号法律〉》第 26 条、2019 年《克罗地亚共和国〈关于国际私法的法律〉》第 11 条和 2020 年《北马其顿共和国〈关于国际私法的法律〉》第 11 条。这些关于一般例外条款的规定调整法典或法律中的所有法律关系，当然也调整遗嘱法律关系。

(二)特别例外条款

特别例外条款，是指特定领域的冲突规范，为特定关系的法律适用规定例外，以实现部分纠纷法律选择灵活化的规范。② 特别例外条款是调整特定法律关系的规定，因此只存在于国际私法立法的特定领域，较一般例外条款而言，其影响范围比较窄，比较容易被立法者和法官接受，目前在

---

① See Kurt Siehr, General Problem of Private International Law in Modern Codification, 7 Yearbook of Private International Law 28(2005).

② 参见崔相龙：《论法律选择中的例外条款》，载《武大国际法评论》2011 年第 1 期，第 351 页。

数量上超过一般例外条款。① 综观当代各国国际私法的立法，合同和侵权领域规定了较多的特别例外条款。在国际合同法律关系的各种事实要素中，几乎不存在足以固定成为"本座"的连结点。除了合同和侵权领域广泛使用特别例外条款外，有些立法者也为其他领域的冲突规则设置了例外条款。② 虽然整体上，特别例外条款要多于一般例外条款，但在遗嘱冲突法领域，严格意义上的特别例外条款目前只存在于 2012 年《欧盟继承条例》。条例第 21 条第 2 款较好地把握了例外条款的适用标准，根据该条之规定，适用该条款必须为"案件所有情况均表明"（from all the circumstance of the case）有此必要，且这种更密切的联系在程度上是"明显"的。同时，由于这一描述具有模糊性，所谓的"案件所有情况""明显"等措辞也缺乏足够的确定性，给适用条例的当事人和法官等人造成不便。③

第二节　例外条款之适用

一、法律规定

关于例外条款的类型可以分为一般例外条款和特别例外条款，这是从例外条款的适用范围角度考虑而作出的分类。例外条款是适用最密切联系原则的表现，各国有关最密切联系原则的法律规定也能反映出对例外条款的立法方式。最密切联系原则主要有以下三种规定方式：第一，作为整部法典的基本原则被规定于法典的总则部分，其当然适用于法典所调整的所有法律关系。第二，在具体的冲突规范中规定最密切联系原则，其作为一

---

① 参见陈卫佐：《当代国际私法上的一般性例外条款》，载《法学研究》2015 年第 5 期，第 198 页。

② 参见宋晓：《当代国际私法的实体取向》，武汉大学出版社 2004 年版，第 196~199 页。

③ 参见费珊龙：《欧盟继承条例中的法律选择规则研究》，厦门大学 2014 年硕士学位论文，第 23 页。

个主观的、灵活的和弹性的连结点被适用。第三，在总则中规定最密切联系原则，但是是作为例外情况适用的，这就是一般例外条款。① 目前已经有较多国家效仿瑞士的规定。在国际私法典中规定例外条款，从类型上看，通常是采用一般例外条款的形式，只有 2012 年《欧盟继承条例》规定了适用于继承和遗嘱的特别例外条款(见表 5-1)。

表 5-1　规定例外条款的立法例统计

序号	立法例	法条规定
1	1987 年《瑞士〈关于国际私法的联邦法〉》（2017 年文本)	第 15 条："根据所有情况，如果案件与本法指定的法律联系并不密切，而与另一项法律的联系明显地更为密切，则可作为例外，不适用本法所指定的法律。在当事人自愿选择法律的情况下，不适用本规定。"
2	1991 年《加拿大魁北克民法典》	第 3082 条规定："作为例外，如果基于对相关情况的整体考虑，本卷规则所指定的法律与相关情况仅具有较弱联系，而同时另一国法律显然与相关情况具有更密切联系时，本卷规则所指定的法律不予适用。但如果该法律是由某法律文书指定的，则本卷规定不予适用。"
3	1999 年《斯洛文尼亚共和国〈关于国际私法与国际诉讼的法律〉》	第 2 条："如果案件所有情况均表明，上述关系与本法所指引的法律无任何重要的联系而与另一国法律有实质性更密切联系，则作为例外，不适用本法所指引的法律。"
4	2001 年《韩国修正国际私法》	第 8 条："如果法规指定的准据法与法律关系联系不密切，而另一法律与法律关系具有密切联系，则作为例外，不适用法规指定的准据法，而适用该另一法律，但这一规定不适用于当事人选择了准据法的情况。"

---

① 参见宋晓:《当代国际私法的实体取向》，武汉大学出版社 2004 年版，第 191~193 页。

续表

序号	立法例	法条规定
5	2004 年《比利时国际私法典》	第 19 条:"(一)作为例外,如果综合考量各种情况明显发现争议事项与根据本法确定的准据法所属国家仅有非常微弱的联系,但是却与另一国家有非常密切的联系,则根据本法确定的准据法不予适用。在此种情况下,应适用另一国家的法律。在适用前段规定时,应特别考虑法律适用所需要的可预见性以及有关法律关系根据其设立时与其有联系的国家的国际私法已有效成立的情况。(二)如果当事人根据本法的规定做出了法律选择或者准据法的确定是基于其内容,则第一项的规定不予适用。"
6	2007 年《马其顿共和国〈关于国际私法的法律〉》	第 3 条:"如果所有情况表明,案件与本法所指引的法律无任何重要联系,而与另一法律具有本质上的更密切联系,则作为例外不适用本法所指引的法律。如果当事人已进行了法律选择,则不适用本条第 1 款的规定。"
7	2009 年《罗马尼亚民法典》	第 2565 条:"例外情况下,依照本编确定适用的外国法律如果与相关法律关系缺乏联系,则不予适用。此时,应当适用与该法律关系联系最密切的法律。"
8	2011 年《荷兰〈民法典〉第 10 卷(国际私法)》	第 8 条:"因被推定具有密切联系而为法律规定所指引的法律,在例外情况下予以适用,前提是经综合考量后被推定的密切联系实际难以成立,而另一法律明显具有更密切的联系。在此情况下,适用该另一法律。若当事人已就准据法作出有效选择,第 1 款的规定不予适用。"
9	2012 年《欧盟继承条例》	第 21 条:"除本条例另有规定之外,适用于继承整体的法律应为遗嘱人死亡时的惯常居所地法。作为例外,如果案件所有情况均表明遗嘱人在死亡时明显与除根据第 1 款应适用的法律所属国之外的国家有更密切的联系,适用于继承的法律应为该另一国法。"

续表

序号	立法例	法条规定
10	2013 年《黑山共和国〈关于国际私法的法律〉》	第 8 条："如果案件的整体情势表明，私法关系与根据本法确定的法律只有非常松散的联系，而与另一法律存在实质性更密切联系，则例外地不适用根据本法所确定的法律。"
11	2017 年《摩纳哥公国〈关于国际私法的第 1448 号法律〉》	第 26 条："如果所有情势均清楚地表明，案件与依照本法典所确定的法律没有充分的联系，而与摩纳哥法律或者其他国家的法律有更为紧密的联系，则作为例外，不适用依照本法所确定的法律。"
12	2019 年《克罗地亚共和国〈关于国际私法的法律〉》	第 11 条："如果案件的整体情势表明，私法关系与根据本法规定应适用的法律仅有松散的联系，而与另一法律显然有更密切联系，则例外地不适用根据本法应适用的法律。此时，适用该另一法律。"
13	2020 年《北马其顿共和国〈关于国际私法的法律〉》	第 11 条："如果所有情况表明，私法关系与本法所指引的法律没有重大联系，却与另一法律有实质性更密切联系，则本法所指引的法律例外地不予适用。"

从上述法律规定可知，与其他领域不同，遗嘱冲突法中，特别例外条款的数量要远远少于一般例外条款，而且是纷纷效仿瑞士制定的，带有浓厚的瑞士特色。严格意义上的特别例外条款目前只存在于 2012 年《欧盟继承条例》，条例第 21 条规定："除本条例另有规定之外，适用于继承整体的法律应为被继承人死亡时的惯常居所地法。作为例外，如果案件所有情况均表明被继承人在死亡时明显与除根据第 1 款应适用的法律所属国之外的国家有更密切的联系，适用于继承的法律应为该另一国法。"《欧盟继承条例》第 21 条第 2 款较好地把握了例外条款的适用标准。根据该条之规定，适用该条款必须为"案件所有情况均表明"（from all the circumstance of the case）有此必要，且这种更密切的联系在程度上是"明显"的。同时，由于这一描述具有模糊性，所谓的"案件所有情况""明显"等措辞也缺乏足够的

确定性，给适用条例的当事人和法官等造成不便。

就"从案件所有情况来看"这一表述来看，存在两种理解：第一，案件所涉及的包括法律关系主体、客体、内容等所有因素都明显地与某一国家或法域有更密切的联系，在这种情况下才能适用本条款。第二，只要从案件的整体情况来看，应该适用具有更密切联系的法律即可。第一种理解较为苛刻，容易造成该条成为摆设的结果，因此，第二种理解更容易被接受。但实践中可能有法官对第21条第2款采取严格的解释，导致例外条款很难被适用。例如，继承人在遗嘱人死亡时的惯常居所地起诉，依据《欧盟继承条例》第21条第2款的第二种理解，应适用的准据法为外国法；而依据第一种理解，该外国法与案件并不存在明显的更密切的联系，因而该案只能根据条例第21条第1款适用法院地法。法官可能为了审判的便利而规避适用这一条款。"案件所有情况"具体指的是哪些情况？怎样程度的联系才能到达到"明显"的标准？这些问题条例中均未说明，立法者的意图应当是将这些问题交由法官进行自由裁量。①

二、司法实践

《欧盟继承条例》的立法者试图给例外条款的适用设定标准，但仍然遗留诸多亟待解决和回答的问题。在适用例外条款时，决定法律选择的因素不限于冲突规范中的连结点，还应包括案件的其他主客观因素，是一个开放的决定过程。② 但这里讨论的例外条款不是一条开放性的规范，不同于美国《第二次冲突法重述》第6条确定的最密切联系原则，后者根据"与当事人或与交易有最密切联系"确定应适用的法律，而这里讨论的例外条款是根据"与特定事实状态有最紧密联系"的国家的法律，政策的考虑不是法律选择唯一或起到决定作用的因素，而只是在立法者允许自由裁量的范围

---

① 参见费珊龙：《欧盟继承条例中的法律选择规则研究》，厦门大学2014年硕士学位论文，第23页。

② 参见崔相龙：《论法律选择中的例外条款》，载《武大国际法评论》2011年第1期，第345页。

内影响法官的判断。①

例外条款能否正常发挥作用，还依赖于法官的正确理解及合理运用。《瑞士联邦国际私法》第 15 条也没有附加任何限制条件，是否构成"例外"完全凭法官的自由裁量，立法者的这种信任来自瑞士法院的审判经验，根据《瑞士民法典》第 1 款第 1 条规定，瑞士法官本身具有准立法权限。早在瑞士立法确定例外条款之前，瑞士法院就曾在案件中例外地选择应适用的法律，并逐渐总结出推定密切联系的标准。② 例如，在 2005 年的"R. S. 诉 A. S. 案"中，夫妻双方于 1983 年在瑞士结婚，此后共同居住在瑞士，1989 年移居法国，后于 1998 年起诉离婚，2000 年法国法院判决二人离婚。离婚后妻子回到瑞士居住，于 2002 年在瑞士起诉要求获得丈夫保险金的一半。根据《瑞士联邦国际私法》第 63 条，本案应适用法国法。但该案上诉到瑞士联邦法院后，法院认为，双方曾多年居住在法国，并不意味着他们之间的财产分割同法国法存在联系。夫妻双方结婚后首先居住在瑞士，虽然 1989 年开始移居法国，但妻子在法国没有工作，而是承担主要的家务劳动。丈夫继续在瑞士工作，购买的是瑞士的养老保险，因而，本案满足《瑞士联邦国际私法》第 15 条的适用条件。③

三、适用标准

法官启动例外条款的原因是，案件的所有因素都指向另一个国家，该国家虽然不是冲突规范中的连结点指向的地方，但也应当适用该国的法律。适用例外条款的初步标准是，本应适用的冲突规范中，连结点与案件事实毫无关系。这就需要法官运用自由裁量权进行判断，否则很容易造成

---

① See Stephen McCaffrey, The Swiss Draft Conflicts Law, 28（2）The American Journal of Comparative Law 249（1980）.

② 参见涂永前：《论法外选法——瑞士国际私法的实践与启示》，载《学术月刊》2017 年第 9 期，第 86 页。

③ See ATF 131 III 289, R. S. gegen A. S., Urteil vom 11. Februar 2005，参见涂永前：《论法外选法——瑞士国际私法的实践与启示》，载《学术月刊》2017 年第 9 期，第 86 页。

滥用例外条款的现象。① 因此，适用例外条款选择准据法需要满足两个标准：第一，连结点的"孤立"；第二，存在更密切联系的法律。连结点的"孤立"是适用例外条款的初步标准。之后，法官若能够确定存在与案件有更强联系的法律，则可以援引例外条款排除冲突规范的指引。这两个条件要同时满足，以保证例外条款只是作为例外而适用，并不是取代了既有的冲突规则。②

在运用双边法律选择方法时，冲突规范规定的连结点通常与案件整体存在实质的联系，但个案中客观地存在该连结点与其他案件事实脱节的现象，表现为连结点在空间上和时间上的孤立。导致冲突规范中连结点"孤立"的原因有两个：其一，冲突规范规定作为连结点的事实发生了变化，也就是连结点本身的变化；其二，尽管冲突规范规定的连结点本身没有发生变化，但是由于案件其他事实在时间上连续地发生在其他地点，也会导致连结点孤立于案件整体情况。在上述两种情况下，冲突规范指定的连结点因为时间的经过而孤立于案件，这是判断连结点与案件整体联系不足的动态标志。③

由于例外条款的本意在于实现双边法律选择的灵活化，允许法官在综合考量案件情况的基础上纠正冲突规范的指引，所以与争议法律关系相关的案件构成要素都可能作为判断例外的依据。确定更密切联系的连结点，并不是简单地叠加所有的案件事实因素。每个案件中都有那个比较突出的、与案件联系最为紧密的案件事实，该事实才是真正指引法律选择的连结点。法官应当特别注意综合考量所有因素。冲突规范中的连结点和更密切联系的法律都是法官需要考量的，不能在冲突规范可以适用于争议法律

① 参见崔相龙：《论法律选择中的例外条款》，载《武大国际法评论》2011 年第 1 期，第 355~356 页。

② 参见涂永前：《论法外选法——瑞士国际私法的实践与启示》，载《学术月刊》2017 年第 9 期，第 87 页。

③ 参见崔相龙：《论法律选择中的例外条款》，载《武大国际法评论》2011 年第 1 期，第 354~355 页。

关系时，法官运用自由裁量权去采用另一个更为密切的法律。除少数立法规定了适用例外条款时应考量的具体因素或基本原则之外，大多数冲突法立法没有明确的规定。有学者把判断例外的标准分为主观和客观两类，前者是传统冲突规范中的属地连结点加上法院地和时间因素，后者主要是指当事人的合理预期。例外条款的运用不应考虑案件的实质内容，包括准据法的内容及案件判决结果、案件涉及的政府利益、查明准据法的难易程度等，否则，适用例外条款就在效果上把双边主义冲突规范改造成了单边主义方法。例外条款的灵活性功能应服从于法律选择确定性、可预见性和判决结果一致性的需要。

第三节　例外条款之功能

随着最密切联系原则的广泛运用，可能会有更多的国家和地区适用例外条款。目前关于例外条款的规定，就遗嘱冲突法领域而言，特别例外条款要多于一般例外条款。1989 年海牙《死者遗产继承法律适用公约》第 3 条第 2 款和第 3 款也试图适用最密切联系原则。不过这里的最密切联系原则并不是严格意义上的例外条款，只是采用"最密切联系地"的概念指引法律的选择，这是为法律选择提供起到指导作用的连结点，并不是对冲突规范选择法律之结果的"纠正"。一定程度上，公约适用最密切联系原则的具体方式偏离了该原则的本意。① 因此，并非出现"更密切联系"等措辞的规定都是关于例外条款的规定。对例外条款的把握要立足于例外条款的功能，审慎地作出规定。

一、对不当的法律选择予以矫正

例外条款是根据最密切联系原则产生的，欧洲大陆法系国家回应美国

---

① 参见费珊龙：《欧盟继承条例中的法律选择规则研究》，厦门大学 2014 年硕士学位论文，第 24 页。

冲突法革命的冲击，在制定或修改本国冲突法规则时，通过这种适用最密切联系原则的方式以例外条款矫正不当的法律选择。这是大陆法系国家对双边法律选择规则的完善，某种程度上来说，例外条款并没有撼动萨维尼提出的"法律关系本座说"对大陆法系国家的影响。1987年《瑞士联邦国际私法》的起草人认为，在制定冲突法典时不可能预见，因而也不可能事先提出一切可能发生的情况。为了避免古典冲突法过于机械的缺陷，应该允许在不符合成文法规则所规定的非典型情况下，给法官提供行使自由裁量权所应遵循的原则。① 例外条款一方面保持法律选择的可预见性和稳定性，另一方面，使它避免过于僵硬或过于严格，减少机械化和盲目性的弊病，但它并不许可随意地、无限制地被适用以损害正常的冲突规则，只能在必要时例外地予以适用。②

立法者在制定例外条款时无法准确地传达具体的标准，因此只能强烈地表达其适用的"例外性"，比如上述法条规定的，要求法官要根据案件所有情况或者整体情况，认定该案件明显地或者显著地与其他国家或地区的法律有更密切的联系，这样才可以例外地适用该条。立法者想要传达的意思可以被感知，但是适用的标准仍然是模糊的、不确定的。因此，适用该条对法官的裁判水平和裁判能力要求较高，瑞士法院有较多的审判经验，因此首先在法典中作出这种突破性的规定。早在19世纪50年代生效的《苏黎世州民法典》中就有类似一般例外条款的规定。③ 1976年瑞士修改1891年《关于定居或暂住公民的民事关系的联邦法》第8e条关于例外条款的规定。④ 瑞士的规定改变了法律选择的僵化，冲突规范指引的法律只是通常

---

① 参见李双元：《国际私法（冲突法篇）》，武汉大学出版社2016年版，第243页。

② 参见李浩培：《李浩培法学文集》，法律出版社2006年版，第525页。

③ 参见《苏黎世州民法典》第1条："本法对所有苏黎世州居民有效，然而，如果法律关系的特定性质有此要求，外国法可以适用于苏黎世，本法也可以适用于外国。"

④ 1891年《关于定居或暂住公民的民事关系的联邦法》第8e条是关于例外条款的规定："若案件与另一国家具有更充分的联系，则适用该国法律。"参见涂永前：《论法外选法——瑞士国际私法的实践与启示》，载《学术月刊》2017年第9期，第84页。

情况下的最佳法律选择，不是唯一选择，法官可以矫正这种推定。例外条款的直接效果是矫正个案连结点的指引，代之以联系更为紧密的法律。在例外条款产生发展的过程中，它一直发挥着矫正法律选择的功能。

在瑞士之前，1978 年《奥地利国际私法》也有关于最密切联系原则的规定，该法第 1 条之规定既声明了"最强联系"是法律选择的总原则，又强调，联邦法规的具体法律适用规则，应被推定为体现了"最强联系"。这条规定正是奥地利适用最密切联系原则的特色所在，也是其不属于例外条款的标志。① 1978 年《奥地利国际私法》第 28 条至第 30 条是关于继承和遗嘱的冲突规范，根据第 1 条，这些冲突规范中的连结点应被推定为与继承和遗嘱具有"最强联系"。第 1 条主要发挥其"价值宣示"的功能，表明立法者对最密切联系原则的赞同以及对具体冲突规范的自信。该法有许多以单个连结点构成的冲突规范，将这些冲突规范推定为体现了"最强联系"，使本来是由法官自由裁量的最密切联系原则被固定于法律选择规则之中，丧失了其弹性功能。② 从法律规定的含义上来看，瑞士和奥地利关于最密切联系原则的规定不同，后者在于保证每一法律关系都适用具有最强联系的法律，而瑞士的例外条款只排除不恰当的冲突规范。③ 不过，1991 年奥地利最高法院裁定，第 1 条应该被视为一般例外条款。④ 因此，奥地利和瑞士的法院都有例外地适用该条的司法实践，二者差别不再那么大。⑤

整体上，例外条款是一个笼统的规定，授权法官根据案件所有情况，

---

①　1978 年《奥地利国际私法》第 1 条："与外国有连结的事实，在私法上，依照与该事实有最强联系的法律体系判定。本联邦法所包含的关于适用法律的特别规定，应被视为该原则的体现。"

②　参见顾海波：《最密切联系原则在晚近冲突法立法中的新应用》，载《法制与社会发展》2000 年第 5 期，第 81 页。

③　See Stephen McCaffrey, The Swiss Draft Conflicts Law, 28（2）The American Journal of Comparative Law 252（1980）.

④　See Alfred E. von Overbeck, The New Swiss Codification of Private International Law, 16 International Forum 13（1991）.

⑤　参见顾海波：《最密切联系原则在晚近冲突法立法中的新应用》，载《法制与社会发展》2000 年第 5 期，第 81 页。

排除冲突规范中连结点的指引，以另一个连结点来选择准据法的做法。是否具有可操作性引起了学者的质疑，遭受到不少批判，甚至被戏称为"法律印象主义"①。例外条款受制于法官职权的发挥。但对例外条款的担忧并未阻止其产生和发展，瑞士等国家和地区的相关条文体现了对例外条款的支持态度。在国际私法典的总则部分规定例外条款，试图赋予法官在特定情况下排除不当的法律选择。

例外条款的作用对象是冲突规范本身，主要是对连结点的指引结果的质疑，必须结合案件整体情况进行考虑。② 例外条款避免在特定案件中，适用本应适用的冲突规范选择法律，却造成了案件结果的不公正。制定国际私法法典的国家都需要考虑这个问题，因为法典化的国际私法规则，最主要的目标就是增强法律选择的确定性与可预见性，但同时会带来规则的苛刻与僵硬。即使再博学的立法者也无法掌握所有案件情况，随着社会发展，例外情况层出不穷，应当允许法官发挥一定的自由裁量权和司法能动性，排除不适当的法律选择，以实现更为公正的案件判决结果。③ 例外条款主要是起到矫正功能，而不是补缺功能，它是建立在既存法律选择规则之上的。④

上述各国都能够把握例外条款的矫正功能，需要注意的是，例外条款的矫正功能具体表现在哪里？第一，例外条款矫正的是冲突规范的指引，要求法官考虑案件与特定国家和地区法律的联系程度，不考虑当事人为法律行为时的内心意思或者外部意思表示；第二，例外条款的矫正功能受当

---

① See Kurt H. Nadelmann, Impressionism and Unification of Law: The EEC Draft Convention on the Law Applicable to Contractual and Non-contractual Obligations, 24(1) The American Journal of Comparative Law 9-12(1976).

② 参见涂永前：《论法外选法——瑞士国际私法的实践与启示》，载《学术月刊》2017年第9期，第83页。

③ See Frank Vischer, Drafting National Legislation on Conflict of Laws: The Swiss Experience, 41(2) Law and Contemporary Problems 138(1977).

④ 参见马志强：《正确适用最密切联系原则的理论构想》，载《郑州大学学报(哲学社会科学版)》2015年第5期，第76页。

事人意思自治的限制。瑞士、韩国、比利时、荷兰、马其顿、摩纳哥、克罗地亚和北马其顿等国都规定，即使在特定情况下，需要适用例外条款纠正不当的法律选择，这也是纠正客观连结点的指引，如果当事人已经选择了准据法，即使法官判断与案件缺乏联系或者存在其他适用不当的情况，也不能擅自选择法律取代当事人已经选择的法律。这些国家的规定，都是在总则部分，因此，也适用于遗嘱的法律选择。假设一个案件中，遗嘱人选择了适用于遗嘱法律关系的准据法，法官就不需要判断该选择是否与案件有密切联系，只需要适用遗嘱人选择的法律。不过，并不需要担心遗嘱人选择的法律会严重地偏离案件事实，因为从第四章关于意思自治原则的分析来看，目前除了部分立法例不限制遗嘱人选择遗嘱形式的准据法，各立法例一般都限制遗嘱人可以选择的法律范围。最密切联系原则与意思自治原则是现代国际私法确立准据法的两大基石，二者相互影响，又互相补充。①

　　法官一方面需要确认冲突规范中连结点与案件联系不足，在形式上展现连结点与争议其他要素之间存在空间上和时间上的"孤立"。另一方面，还需要证明替代适用的法律与案件存在更加密切的联系，这不仅要扩大据以判断联系的因素，还需要对具体关系的法律选择进行功能分析，探求在个案特殊情况下符合冲突规范立法原意的法律适用。例外条款的运作机制是一种以"司法为中心"的过程。由于法官在适用例外条款时具有一定的自由裁量权，会造成以下结果：首先，冲突规范不再是固定不变的教条，而由法官根据案件的特殊事实调整法律的选择。其次，法官调整冲突规范的指引不是任意的，他需要考察与法律关系相关的因素，一般包括连结点以外的所有客观事实，如当事人的属人法、行为地法、物之所在地法、法院地法等，根据这些因素的集中情况判断更密切联系的法律存在与否。最后，单纯的连结因素的集中还不足以排除本应适用的法律，法官还应当考

---

① 参见马志强：《正确适用最密切联系原则的理论构想》，载《郑州大学学报（哲学社会科学版）》2015年第5期，第74页。

虑具体争议法律选择的功能或立法原意，推断出立法者在本案的特殊情况下应适用的法律，并依次作为最终适用例外条款的依据。①

二、促进法律选择的确定性与灵活性

例外条款授权法官在其认为该案的全部事实情况与正常的法律选择规则所指引的法律只有很微弱的关系，而与另一个法律有紧密得多的关系时，不适用该法律选择规则指引的法律，而适用另一个法律。这样，该法律选择规则仍然保持一般适用的效力，国际私法应具有的确定性也得到了维持；另一方面，由于法官适用与该案有更密切关系的法律，同时也实现了法律选择的灵活性。②

确定性是传统法律选择的首要目标。③ 实现确定性需要平等地对待内外国法律，严格而中立地适用冲突规则，法律选择过程不受准据法内容和潜在判决结果的左右，这是传统国际私法方法的智慧。传统冲突法的调整方法中，起关键作用的是连结点的指引，案件事实经过识别阶段的抽象化，按照连结点的指引确定解决实体争议的法律。冲突规范中的连结点是法律选择的唯一依据，具有单一性和封闭性的特征。因此，法律选择过程就简化为寻找并遵守冲突规范指向标的过程，案件其他要素对于决定应适用的法律变得无关紧要。这样的法律选择难免具有机械性和盲目性，得到适用的法律经常与案件整体缺乏联系，更可能导致非正义的实体结果。④实现确定性不意味着可以忽略个案的合理性，当个案情况显示冲突规范指引的法律严重脱离案件实际时，应当排除这种不当的指引，实现法律选择

---

① 参见崔相龙：《论法律选择中的例外条款》，载《武大国际法评论》2011 年第 1 期，第 346 页。

② 参见李浩培：《李浩培法学文集》，法律出版社 2006 年版，第 525 页。

③ See Peter Hay, Flexibility versus Predictability and Uniformity in Choice of Law: Reflection on Current European and United States Conflicts Law, 226 Collected Courses of the Hague Academy of Tnternational Law 339(1991).

④ See Luther L. McDougal III, Codification of Choice of Law: A Critique of the Recent European Trend, 55 Tulane Law Review 122-127(1981).

的灵活性。在制定法典的国家，立法者无法预见所有情况，社会生活也是瞬息万变的，法律选择的确定性和灵活性是永恒存在的矛盾。

目前，作为法律选择方法的例外条款在遗嘱冲突法中的具体适用还未被广泛采纳，2012 年《欧盟继承条例》第 21 条的规定起到了突破性的指引作用，反映出立法者对法律选择确定性与灵活性的追求。在适用例外条款的情况下，决定法律选择的因素不限于冲突规范中的连结点，还应包括案件的其他主客观因素。例外条款是双边冲突规范的完善和延伸，它同样以实现判决结果的一致作为基本价值目标，为此应对其适用条件作严格解释，防止滥用例外条款破坏法律选择的确定性。在这一点上，例外条款与优法方法不同，相互冲突的法律的内容及其适用效果不是判断与案件联系是否密切的依据。相反，这些实体价值的判断应当是立法者的任务，如果全部由司法者代劳，将彻底否定国际私法的存在。①

例外条款给法官自由裁量权的介入提供了更大的可能性。因为，如果法官认为案件与另一法律的联系更为紧密时，可不适用有预见性的规则。但是，这种作为例外的自由裁量权同时是受到限制的，即法官必须说明依例外条款选择的法律与案件有更密切的联系。如今，瑞士法院在适用例外条款时都进行了严格的限制，法院认为，例外条款并不像美国《第二次冲突法重述》那样可以自由地选择所要适用的法律，那种宽泛的适用方法也有悖于大陆法系的传统。在制定《瑞士联邦国际私法》时，专家委员会的报告指出，例外条款只是在有限的、例外的情况下予以适用，是规则导向的，只有在确实例外的案件中才能适用。② 例外条款的规定，一方面加强了法律适用的灵活性，另一方面也限制了法官的自由裁量权。在大多数国家的立法实践中不是抽象地适用最密切联系地法，而是首先规定一些与一般案件有最密切联系的客观连结点，指引准据法的选择，然后将例外条款

---

① 参见崔相龙：《论法律选择中的例外条款》，载《武大国际法评论》2011 年第 1 期，第 345~346 页。

② See Adam Samuel, The New Swiss Private International Law Act, 37(3) The International and Comparative Law Quarterly 684(1988).

作为补充或补救。① 例外条款要在法律选择的稳定性和灵活性之间以及结果的可预见性和个案的公正性之间找到适当的平衡点。②

第六章 涉外遗嘱法律选择方法之发展趋势

遗嘱法、家庭法经常被认为是最土生土长的法律分支，被认为如纪念碑和博物馆一样，是一个国家文化的一部分，所以存在冲突在所难免。20世纪末，世界范围内的全球化发展对涉外家庭继承领域产生实质影响。[1]但国际社会很难在短时间内实现遗嘱冲突法的统一化，因为法律根植于各国的文化和习俗中，单纯地比较各国的法律规定是很难达到效果的，这是其一。其二，盲目地协调是不可取的，因为它将会导致国家文化产品的丢失。[2] 尽管如此，家庭法、遗嘱法等其他与人身关系密切相关的法律领域已经出现了激进的方法论变革。[3] 遗嘱法律选择方法呈现多样化、弹性化和趋同化的发展趋势。

第一节 法律选择方法之多样化

当遗嘱人死后，财产留在不同国家时，就产生了适用哪一国法律管理遗产分配的问题。传统的遗嘱冲突规范依靠某一种连结点来选择法律，具

---

① See Morgan McDonald, Home Sweet Home: Determining Habitual Residence Within the Meaning of the Hague Convention, 59 Boston College Law Review 427(2018).

② See Kenneth G C Reid et al., Exploring the Law of Succession: Studies National, Historical and Comparative 7(Edinburgh University Press 2007).

③ See Horatia Muir Watt, European Federalism and the "New Unilateralism", 82(5) Tulane Law Review 1984(2008).

有僵固性和呆板性，被越来越多的人批判。① 各国逐渐通过变革连结点的方式软化遗嘱冲突规范，法律选择方法由"简单"向"复杂"方向发展。涉外遗嘱法律选择方法的多样化发展主要表现为以下两点。

一、多种法律选择方法并存

第一，各国和地区适用分割方法，分别规定关于涉外遗嘱继承、涉外遗嘱形式、涉外遗嘱能力、涉外遗嘱效力、涉外遗嘱解释以及涉外遗赠等事项的法律选择规则。在早期国际私法的立法活动中，法律选择的价值取向及功能都比较单一，各国通常只给遗嘱法律关系规定一个连结点，导致法律选择的机械性、僵固性和呆板性。分割方法作为一种法律选择方法，最早可见于法则区别说时代的合同分割论，目前各国一般运用分割方法决定遗嘱的法律选择，符合法律选择确定性和灵活性的要求。目前，仅有少数国家没有分割遗嘱事项，多数国家会分割遗嘱继承与遗嘱本身的问题，分别选择准据法，而且有越来越多的国家会对遗嘱本身的问题进行再分割。受判例法实践的影响，英美法系国家一直都采取功能分割的方法，将遗嘱继承细化为诸多实际问题，再分别解释法律选择方法。

第二，同一遗嘱事项适用多种法律选择方法。有的国家和地区规定了遗嘱继承准据法的一般规则（属人法），同时又允许遗嘱人选择特定范围内的法律，这是属人法与意思自治原则相结合选择法律的方式。国际公约方面，1989年海牙《死者遗产继承法律适用公约》第5条第1款引入意思自治原则，将属人法与意思自治原则相结合，指引准据法的选择。2012年《欧盟继承条例》第22条第1款规定，遗嘱人可以选择其作出选择时或死亡时的国籍国法调整继承关系整体。在没有选择的情况下，继承关系受遗嘱人的惯常居所地法调整。还有的国家和地区规定同时适用遗嘱人属人法与不动产所在地法。南非、加拿大、英国和美国的普通法都规定不动产遗嘱

---

① 参见李双元：《中国与国际私法统一化进程》，武汉大学出版社2016年版，第153页。

继承受不动产所在地法调整，而动产遗嘱继承则受遗嘱人死亡时的住所地法支配。① 泰国、马达加斯加、中非、加蓬、加拿大魁北克、朝鲜、乌兹别克斯坦、吉尔吉斯、白俄罗斯、亚美尼亚、俄罗斯、立陶宛、摩尔多瓦、比利时、乌克兰以及保加利亚等国家和地区也都规定不动产遗嘱继承适用不动产所在地法，动产遗嘱继承适用遗嘱人的属人法。②

二、由"简单"向"复杂"发展

第一，在涉外遗嘱法律选择规则中规定多个连结点。遗嘱冲突规范中的连结点既有客观连结点，也有主观连结点。客观连结点包括国籍、住所地、居所地、惯常居所地、动产所在地、不动产所在地、遗嘱订立地等，主观连结点包括意思自治和最密切联系地等。

以涉外遗嘱形式的冲突规范为例。遗嘱通常被分为普通遗嘱和特别遗嘱两大类，这两类遗嘱的区分是建立在各自不同的形式要求和适用对象的基础上的。关于遗嘱形式的具体要求，一方面可以发现两大法系内部各国之间的相似性，另一方面又可以发现不同国家规定之间的差异。对法律行为来说，其方式是多种多样的，可以从不同的角度进行分类。遗嘱通常被认为是要式行为的一种，必须按照法律规定的方式订立。但相对于遗嘱实质有效性的严格要求，各国目前一般倾向于使遗嘱形式有效，以保障遗嘱

---

① 参见朱伟东：《南非共和国国际私法研究——一个混合法系国家的视角》，法律出版社 2006 年版，第 263 页；刘仁山：《加拿大国际私法研究》，法律出版社 2001 年版，第 290 页；Dicey, Morris and Collins on the Conflict of Laws 1432 (15th ed. Sweet & Maxwell 2012)；美国《第二次冲突法重述》第 263 条、第 239 条。

② 参见 1939 年《泰国国际私法》第 37 条、1962 年《马达加斯加国际私法》第 31 条、1965 年《中非国际私法》第 43 条、1972 年《加蓬民法典》第 53 条、1991 年《加拿大魁北克民法典》第 3098 条、1995 年《朝鲜涉外民事关系法》第 45 条、1997 年《乌兹别克斯坦共和国民法典》第 1199 条、1998 年《吉尔吉斯共和国民法典》第 1208 条、1999 年《白俄罗斯共和国民法典》第 1134 条、1999 年《亚美尼亚共和国民法典》第 1293 条、2001 年《立陶宛共和国民法典》第 1.62 条、2002 年《摩尔多瓦共和国民法典》第 1622 条、2004 年《比利时国际私法典》第 78 条、2005 年《乌克兰国际私法》第 71 条、2005 年《保加利亚共和国〈关于国际私法的法典〉》第 89 条。

自由得以实现。因此，增加连结点的可选择性成为一个重要的手段。各国在规定遗嘱形式的法律选择规则时，尤其倾向于增加可以选择的连结点。除国籍、住所、惯常居所地、遗嘱行为地等传统的连结点之外，一些较为特殊的连结点也被采用，比如船舶及航空器的船旗国或登记国、对遗产进行管理的法院或机关所在地国。

1992 年《澳大利亚法律选择法案》第 12.1 条规定，遗嘱若符合以下法律，则被视为已经被有效地设立：(a)遗嘱执行地有效的法律；(b)在设立时或立嘱人死亡时立嘱人住所地或惯常居所地有效的法律；(c)设立时或立嘱人死亡时其国籍国有效的法律；(d)考虑到船舶或飞行器的登记及其他相关事项，如果遗嘱是在船舶或飞行器上设立(不论何种形式)，则为与船舶或飞行器有最密切和最真实联系的地点有效的法律；(e)如果遗嘱处理的是不动产，则为财产所在地有效的法律。2009 年《罗马尼亚民法典》第2635 条规定，遗嘱的起草、修改和撤销如果满足了遗嘱起草、修改或撤销时或立嘱人死亡时以下法律所规定的形式要件，即为有效：(1)立嘱人本国法；(2)立嘱人经常居住地法；(3)立嘱人起草、修改或撤销遗嘱的行为地法；(4)作为遗嘱标的的财产所在地法；(5)对遗产进行管理的法院或机关所在地国法律。

第二，遗嘱冲突规范由使用一个连结点的系属公式(双边冲突规范)，逐渐变成使用两个或两个以上连结点的系属公式(选择性冲突规范)。各国关于涉外遗嘱形式的法律选择一般规定使用两个或两个以上连结点的系属公式，这从连结点的大量增加就可以表现出来。但同时，在选择涉外遗嘱继承的准据法时，也有不少国家和地区开始采用包含两个或两个以上连结点的系属公式。

遗嘱法律选择方法自"简单"走向"复杂"，其目的是多种多样的：有的方法赋予遗嘱人选择法律的权利，有利于保障遗嘱人的遗嘱自由；有的方法规定两个或者两个以上的连结点，增加连结点的可能性，简单有效地软化了传统遗嘱冲突规范；① 还有的方法可以矫正不当的法律选择。不论是

---

① 参见赖来焜：《当代国际私法学之构造论——建立以"连结因素"为中心之理论体系》，香港神州图书出版有限公司 2001 年版，第 733~734 页。

出于何种目的，多种法律选择方法并存的局面有利于改变传统遗嘱法律选择方法的机械性、僵固性和盲目性。法院为处理案件和解决争议才会去适用冲突规范指引法律的选择，这一过程具有正当性和合理性，而不是毫无目的。因此，法院不仅要考虑适用冲突规范本身的效果，还要考虑法律选择对争议的解决和案件结果产生的影响。正因为如此，传统的遗嘱冲突规范才会被不断批判和改造，以适应不断发展的社会现实。多样化的遗嘱法律选择方法有助于法院更公正、合理地解决争议。①

第二节　法律选择方法之弹性化

构建弹性的规则和方法是现代国际私法必不可少的因素。② 在当代遗嘱冲突法中，对意思自治原则和最密切联系原则的运用，改变了传统遗嘱冲突规范对连结点的采用，僵硬的客观连结点逐渐被灵活的主观连结点所取代。③

一、意思自治原则

意思自治原则牢固地嵌入与合同义务和商业事项有关的国际私法规则中，④ 开启了合同冲突规范由僵固封闭向灵活开放转变的步伐，遗嘱领域也逐渐采用灵活的、开放的连结点。遗嘱继承的核心理念是遗嘱自由，梅迪库把立遗嘱的自由归结为私法自治，即意思自治，是指遗嘱人根据其自

① 参见赖来焜：《当代国际私法学之构造论——建立以"连结因素"为中心之理论体系》，香港神州图书出版有限公司2001年版，第83页。

② 何其生：《多元视野下的中国国际私法》，高等教育出版社2019年版，第84页。

③ 参见赖来焜：《当代国际私法学之构造论——建立以"连结因素"为中心之理论体系》，香港神州图书出版有限公司2001年版，第741页。

④ See Janeen Carruthers, Party Autonomy in the Legal Regulation of Adult Relationships: What Place for Party Choice in Private International Law?, 61 (4) The International and Comparative Law Quarterly 881 (2012).

身意志而形成的关于法律关系的原则。① 现代社会普遍承认遗嘱自由，赋予当事人处分遗产的自由，当然也要给予其选择准据法的权利，否则仍然会违背当事人的真正意愿。法国学者杜摩林提出了国际私法的意思自治原则，他认为合同关系应当受合同当事人选择的习惯法支配，这种方式应该是明示的，但如果缺乏明确的选择，应当对当事人选择法律的意思进行推断。② 这一理论后经荷兰学者胡伯、德国学者萨维尼、美国学者斯托里、意大利学者孟西尼发展完善，逐渐成为国际私法的基本原则。

合同领域首先确立了当事人意思自治原则，该原则如今已经被扩张适用于侵权、婚姻家庭以及继承等领域。1989 年海牙《死者遗产继承法律适用公约》允许遗嘱人在生前指定准据法，但只允许在遗嘱人的国籍国法与住所地法之间进行选择。2012 年《欧盟继承条例》第 22 条规定，遗嘱人可以选择其作出选择时或死亡时的国籍国法调整继承整体。此外，1987 年《瑞士国际私法典》、1999 年《白俄罗斯共和国民法典》、2002 年《摩尔多瓦共和国民法典》、2004 年《比利时国际私法典》以及 2014 年《多米尼加共和国国际私法》等国际私法典中都有限地引入了意思自治原则。

二、最密切联系原则

最密切联系原则是遗嘱法律选择方法弹性化发展的另一个表现，某种程度上，对这一方法的适用代表了法律选择的现代化程度。③ 依这一原则选择遗嘱准据法的方式也是对冲突规范的软化处理，根据最密切联系原则决定遗嘱的法律选择是以主观连结点取代客观连结点，改变了许多坚持国籍国主义的国家的态度，有助于增强法律选择的灵活性。1989 年海牙《死

---

① 参见［德］迪特尔·梅迪库斯：《德国民法总论》，邵建东译，法律出版社 2000 年版，第 142 页。

② 参见《中国大百科全书·法学》，中国大百科全书出版社 1984 年版，第 464 页。

③ 参见刘想树：《论最密切联系的司法原则化》，载《现代法学》2012 年第 3 期，第 132 页。

者遗产继承法律适用公约》规定，在遗嘱人死亡时的惯常居所地国同时是其国籍国或者居住时间不少于 5 年时，才能适用惯常居所地法。遗嘱人在死亡时如果与其国籍国有更密切联系，则适用其国籍国法。惯常居所地实际上只在很严格的条件下才能被适用。

受该公约的影响，其他国家和地区也开始引入最密切联系原则。例如，2011 年《荷兰〈民法典〉第 10 卷（国际私法）》第 145 条规定有关继承的冲突法规则依 1989 年海牙《死者遗产继承法律适用公约》确定。① 根据这条规定，荷兰法院在选择准据法时也要考虑最密切联系地法律的适用。2012 年《欧盟继承条例》借鉴了海牙国际私法会议的规定，在其序言第 23 段中指出：选择"惯常居所地"作为基本连结点是考虑到欧盟内部人员的流动性，在确定惯常居所地时"应当全面评估遗嘱人死亡前几年与死亡时的生活环境，考虑所有有关的事实因素，尤其是遗嘱人出现在相关国家的持续时间、规律、条件和原因"。据此确定的惯常居所地应与该国有紧密而稳定的联系。除了最密切联系地的判断外，依最密切联系原则增加法律选择的灵活性还体现在对例外条款的采用，这一方法在第五章已经有详细的阐述，在此不再赘述。

第三节　法律选择方法之趋同化

20 世纪 60 年代以来，海牙国际私法会议一直致力于促进继承和遗嘱冲突法的统一化发展，以其为中心，世界各国纷纷制定或修改本国的冲突法规则，整体上，国际私法的统一化运动发展较为活跃。② 荷兰于 2011 年

---

①　2011 年《荷兰〈民法典〉第 10 卷（国际私法）》第 145 条（1989 年《海牙继承公约》的纳入）：1. 为本编之目的，"1989 年《海牙继承公约》"系指 1989 年 8 月 1 日在海牙订立的《遗嘱人财产继承的准据法公约》（《荷兰王国条约集》1994 年第 49 号）。2. 继承的准据法依 1989 年《海牙继承公约》确定。

②　参见沈涓主编：《国际私法学的新发展》，中国社会科学出版社 2011 年版，第 83 页。

5月19日公布了《荷兰〈民法典〉第10卷(国际私法)》全文,其中第12编共8条(第145~152条)规定了涉外遗嘱的冲突法规则。阿根廷曾在1974年颁布《阿根廷国际私法(草案)》,共4个条文(第30~33条)涉及涉外遗嘱的法律选择问题。2014年10月1日,阿根廷通过了《阿根廷共和国〈民商法典〉》,较草案内容更为丰富,对继承准据法、遗嘱形式、遗嘱能力等事项都有规定。德国、波兰、阿尔及利亚、罗马尼亚、韩国等国也修改了既有的遗嘱冲突法。国际公约和各国国内关于遗嘱的法律选择规则有较大的变化,涉外遗嘱法律选择方法呈现趋同化。

一、趋同化的背景

诚如约瑟夫·斯托雷(Joseph Story)所言,许多法律必然只适宜存在于一国领域之内,完全不适于被移植到另一个国家的制度和习惯之上,要让其他国家执行与本国的道德观、正义观、利益或政体不相容的法律、制度或习惯,存在极大困难。① 关于遗嘱的冲突法规则最先规定在各国的国内法当中,各国可以采用自己认为合适的法律选择方法决定遗嘱准据法,其他国家无法干涉。但如果各国选择遗嘱法律的方法不同,关于遗嘱的法律选择规则存在较大差异,则涉外遗嘱案件势必会变得极为复杂。在这种情况下,不可避免地会产生挑选法院的现象,涉外遗嘱案件的当事人会选择对自己有利的法院提起诉讼,从而可能导致不公正的结果。因此,国际社会一直致力于统一继承和遗嘱冲突法。海牙国际私法会议、欧盟都作出了努力,通过缔结公约和制定条例的方式促进遗嘱法律选择方法的趋同化发展,目前已经取得了一定的成就。以下公约和条例都起到了促进遗嘱法律选择方法趋同化发展的作用。

1. 1889年《蒙得维的亚条约》。1888年8月至1889年2月,由阿根廷和乌拉圭两国发起的南美国际私法会议在乌拉圭首都蒙得维的亚召开。参

---

① 参见[美]弗里德里希·K. 荣格:《法律选择与涉外司法》,霍政欣、徐妮娜译,北京大学出版社2007年版,第218页。

加国有阿根廷、玻利维亚、巴西、智利、巴拉圭、秘鲁、乌拉圭。为了保护南美国家的利益，会议特别强调住所地法主义。会议签订了 9 个条约①，与继承准据法有关的是《国际民法条约》②。该条约第 44 条第 1 款和第 45 条③都适用同一制，并在法律适用上采用遗产所在地法。那时，拉丁美洲国家刚从殖民主义制度下解放出来，它们在国际私法上采用属地原则以保卫其主权。④

2. 1928 年《布斯塔曼特法典》。1928 年第六届泛美会议总结南美国际私法立法经验，通过了《布斯塔曼特法典》，于 1928 年 11 月 25 日生效，批准该法典的国家有 15 个拉丁美洲国家。⑤ 该法典第 144 条规定："法定继承和遗嘱继承，包括继承顺序、继承权利的数量及其规定的内在效力，不论遗产的性质及其所在地，均受权利所由产生的人的属人法支配，但下面

---

① 分别是《国际民法条约》《国际商法条约》《国际刑法条约》《诉讼程序法条约》《文学艺术所有权条约》《商标条约》《发明专利条约》《执行自由职业公约》以及一个附加议定书。

② 批准《国际民法条约》的国家有阿根廷、玻利维亚、巴拉圭、秘鲁、乌拉圭 5 国。哥伦比亚于 1934 年加入该条约。条约规定：人的能力、夫妻人身方面的权利和义务及夫妻法定财产制适用住所地法，但夫妻法定财产制及约定财产制均受物的所在地法的限制。婚姻的实质要件和仪式以及婚生子女的地位依婚姻举行地法。亲权及于子女人身方面的权利和义务依权利行使地法。亲权对子女财产的权利依财产所在地法。契约的实质及其是否必须为要式行为依履行地法。财产不论其性质如何依所在地法。继承依被继承财产所在地法。离婚依婚姻住所地法，但不得违反婚姻举行地法。

③ 第 44 条第 1 项规定："遗嘱人死亡时的遗产所在地支配遗嘱的方式。"第 45 条规定："同一的所在地法支配下列各问题：(1)继承人或受遗赠人继承的能力；(2)遗嘱的有效和效果；(3)继承的名义和权力；(4)法定继承份的存在和比例；(5)可供继承的财产的存在和数量；(6)最后，有关法定继承份和遗嘱遗产的一切问题。"1940 年第二届蒙得维的亚大会把 1889 年《蒙得维的亚条约》进一步扩展，制定了 1940 年《蒙得维的亚条约》。后者在乌拉圭、阿根廷和巴拉圭之间有效，前者则继续在玻利维亚和秘鲁之间有效。但是，上述第 44 条第 1 项和第 45 条的规定在 1940 年的条约中并未变更。

④ 参见李浩培：《李浩培文选》，法律出版社 2000 年版，第 290 页。

⑤ 分别是玻利维亚、巴西、智利、哥斯达黎加、古巴、多米尼加、厄瓜多尔、危地马拉、海地、洪都拉斯、尼加拉瓜、巴拿马、秘鲁、萨尔多瓦、委内瑞拉。法典包括绪论、国际民法、国际商法、国际刑法、国际程序法五个部分，共 437 条，为当时最完备的国际私法法典。

另有规定者不在此限。"《布斯塔曼特法典》采取了同一制。但是拉丁美洲国家在属人法问题上产生了分歧，究竟是以住所还是国籍作为规定属人法的标准，按照法典第 7 条，由各缔约国自行决定。

3. 1934 年《北欧国家继承和遗产管理公约》。就遗产继承来说，瑞典、芬兰、丹麦、挪威和冰岛这 5 个国家不仅在实体法上有很多差异，而且它们的国际私法体系也分为两类：瑞典、芬兰依循"国籍国法主义"，而丹麦、挪威和冰岛却采"住所地法主义"。随着这些国家人民之间的往来日益增多，遗嘱人具有这些国家中一国的国籍而死亡时其住所却在另一国或其遗产分散在几个国家的情况时有发生。所以有必要在北欧国家之间进行关于遗产继承的国际私法的地区性统一，努力的成果是这 5 个国家缔结了该公约，公约也采用了同一制。

4. 1961 年海牙《遗嘱处分方式法律冲突公约》。1960 年海牙国际私法会议通过了《遗嘱处分方式法律冲突公约》的文本，1961 年 10 月 5 日签订了该公约，公约于 1964 年 1 月 5 日生效。公约第 1 条第 1 款共罗列了 7 个适用于动产遗嘱方式的连结点，最大限度地保证了遗嘱形式的有效，尊重了立遗嘱人的意愿。公约就不动产遗嘱的形式增加一个不动产所在地法，就不动产遗嘱的形式而言，只要符合以上任何一个法律，即为有效。① 公约充分反映了世界各国遗嘱形式法律选择规则的发展趋势，成为参加国较多的海牙国际私法公约之一。②

5. 1969 年《比卢荷公约》。比利时、荷兰、卢森堡三国于 1951 年签订了统一各国国际私法的公约，但是 1951 年的公约只得到了卢森堡的批准。所以，1968 年 5 月 26 日，三国司法部部长设置了一个特别委员会，对1951 年文本加以修改。1969 年 7 月 3 日，三国签署了新的公约，关于继承

---

① 李建忠：《论涉外遗嘱法律适用制度的发展趋势——兼论〈涉外民事关系法律适用法〉第 32、33 条的解释与完善》，载《法律科学（西北政法大学学报）》2014 年第 1 期，第 179 页。

② 黄进、姜茹娇主编：《〈中华人民共和国涉外民事关系法律适用法〉释义与分析》，法律出版社 2011 年版，第 188 页。

的国际私法规则包含在第 9 条和第 10 条中。根据第 9 条"遗产继承，就指定继承权利人、他们的应继份、特留份以及返还预赠财产来说，应受遗嘱人死亡时本国法的支配"之规定，条约采同一制。但实践中很难实现，因为比利时和卢森堡的判例坚持采用区别制，荷兰却采用同一制，以遗嘱人的国籍作为连结点。

6. 1988 年海牙《死者遗产继承法律适用公约》。1984 年海牙国际私法会议提出将制定《死者遗产继承法律适用公约》，1988 年 10 月通过了公约文本。公约共 5 章 31 条，其中第 2 章"准据法"乃公约的核心部分。第 5 条第 1 款规定："当事人可以指定某一特定国家的法律支配其全部遗产(the whole of his estate)的继承……"第 7 条第 1 款规定："……根据第 3 条和第 5 条第 1 款应适用的法律支配遗嘱人的全部财产，无论这些财产位于何处。"公约首次统一了继承的法律选择规则，采取同一制作为一般原则。

7. 2012 年《欧盟继承条例》。2004 年 5 月，欧盟理事会在布鲁塞尔举行了专家会议，讨论了继承的准据法与准据法的选择、管辖权、与继承有关的判决的承认和执行以及欧洲继承证书四项议题，于 2005 年 3 月 1 日发布了《继承与遗嘱绿皮书》(以下简称绿皮书)。① 绿皮书初步提出了要制定条例以规范涉外继承的管辖权、法律适用、判决的承认和执行以及欧洲继承证书等问题。在绿皮书发布之后，欧盟内出现了一些反馈意见。欧洲议会②、欧洲经济和社会委员会③这两个机构认为绿皮书是"激进的"(ambitious)，但对欧盟单一市场是"恰当的"(pertinent)和"至关重要的"(vital)，并且提出了"基础的"(fundamental)和"迫切的"(pressing)问题。不少公众质疑绿皮书的效力，指责其并没有解决真正的问题，欧盟应当提

---

① Commission of the European: Communities Green Paper: Succession and Wills, COM(2005) 65 final, 01. 03. 2005.

② The European Parliament Issued its official resolution on the Commission's Green Paper on November 16, 2006(P6 TA(2006) 0496); See also the motion for such a resolution (Provisional 2005/2148(INI)).

③ Opinion of the European Economic and Social Committee on the Green Paper on Succession and Wills, OJ C28/1, 03. 02. 2006.

出更具体的立法草案。绿皮书最重要的贡献在于首次将继承的冲突法规则纳入考虑范围，并花费大量篇幅进行研究分析。尽管还存在一些突出的问题需要解决，但绿皮书无疑是一个雄心勃勃的计划，它将至今为止需要解决的问题提出来，试图促成不同继承法律之间的融合，为统一继承领域某些方面的法律规则提供了指引。① 在绿皮书的推动下，2012 年 7 月 4 日欧盟颁布了《欧盟继承条例》，第 21 条第 1 款规定了"继承整体"（succession as a whole）受"遗嘱人死亡时的惯常居所地法"调整，采用同一制，奠定了欧盟继承法律选择的基础。除此之外，第 22 条也规定遗嘱人可以选择的法律调整的是"继承整体"，第 23 条关于准据法范围的规定中再次强调"继承整体"，并明确了继承整体的内涵。

二、趋同化的表现

以涉外遗嘱形式为例分析法律选择方法的趋同化。早期关于涉外遗嘱形式的法律选择规则较为单一，主要受"遗嘱行为地法"和"属人法"调整。受古罗马"场所支配行为"这一法律古谚的影响，创立法则区别说时，巴托鲁斯就主张遗嘱的成立要件受立嘱地法支配。此后，有学者主张遗嘱形式受遗嘱人的属人法调整。这种观点具有一定的合理性，因为遗嘱制度本身就是兼具人身性和财产性的制度，遗嘱人以遗嘱方式处分财产不是纯财产性质，因此应适用遗嘱人的属人法。比如，泰国规定，依遗嘱人的国籍国法或遗嘱地法确定遗嘱方式的准据法。② 除了泰国之外，埃及、捷克斯洛伐克、波兰和约旦都曾经作出类似规定。③ 奥地利、瑞典也有这类规定，法国法依判例的解释也有相同的趋向。④

---

① See Paul Terner, Perspectives of a European law of Succession, 14(2) Maastricht Journal of European and Comparative Law 175(2007).

② 参见《泰国国际私法》第 40 条。

③ 参见 1948 年《埃及民法典》第 17 条第 2 款、1964 年《捷克斯洛伐克国际私法及国际民事诉讼法》第 18 条第 2 款、1965 年《波兰国际私法》第 35 条、1977 年《约旦国际私法》第 18 条第 2 款。

④ 参见李双元：《中国与国际私法统一化进程》，武汉大学出版社 2016 年版，第 168 页。

这种传统的、单一的法律选择方法不符合法律选择方法的发展趋势，很容易使遗嘱形式陷入无效的状况。遗嘱作为一种单方法律行为，毕竟和一般的法律行为有很大的区别，更何况立遗嘱人处分的遗产也可能位于几个国家境内，因此，对于遗嘱形式的准据法选择，当今的发展趋势是走向宽泛或灵活。① 波兰于 2011 年修改了国际私法典，关于遗嘱形式的法律选择方法已经被完善，采用现代遗嘱形式的法律选择方法。随着传统遗嘱冲突规范的弊端显露，一些学者主张在遗嘱冲突法中引入意思自治原则，即允许遗嘱人选择遗嘱准据法。这种主张存在一定的合理性，因为遗嘱自由一直是遗嘱实体法的重要原则，遗嘱冲突法中也应当保障遗嘱人的自由，赋予遗嘱人一定的法律选择自由。

关于遗嘱形式，各国一般规定多种法律选择方法。海牙国际私法会议作出了巨大努力，1961 年海牙《遗嘱处分方式法律冲突公约》第 1 条采用无条件选择性适用的冲突规范，法院可以选择任一法律调整遗嘱形式的效力，遗嘱形式一般不会无效。公约第 1 条就不动产遗嘱形式的法律选择增加了"不动产所在地"这一连结点，关于涉外遗嘱形式的法律选择就形成了同一制与区别制这两种体制，② 体现了对分割方法的运用。③ 由于许多国家，如法国、日本、德国、奥地利、瑞士、比利时、荷兰、波兰、匈牙利、英国以及美国等先后批准了该公约，并在国内立法中反映了该公约的

---

① 参见李双元：《中国与国际私法统一化进程》，武汉大学出版社 2016 年版，第 169 页。

② 参见黄进主编：《国际私法》(第二版)，法律出版社 2005 年版，第 374 页。

③ 参见 1982 年《南斯拉夫国际冲突法》第 31 条、1991 年《美国路易斯安那州新的国际私法立法》第 3528 条、1995 年《朝鲜涉外民事关系法》第 46 条、1998 年《格鲁吉亚〈关于调整国际私法的法律〉》第 56 条、2000 年《阿塞拜疆共和国〈关于国际私法的法律〉》第 30 条、2001 年《立陶宛共和国民法典》第 1.61 条、2001 年《韩国修正国际私法》第 50 条、2002 年《摩尔多瓦共和国民法典》第 1623 条、2005 年《乌克兰国际私法》第 72 条、2005 年《保加利亚共和国〈关于国际私法的法典〉》第 90 条、2007 年《马其顿共和国〈关于国际私法的法律〉》第 37 条、2012 年《捷克共和国〈关于国际私法的法律〉》第 77 条第 2 款、2013 年《黑山共和国〈关于国际私法的法律〉》第 73 条。

内容，使得遗嘱法律选择方法表现出较为强劲的趋同化发展趋势。①

英国、南非、美国和加拿大的国内立法活动也反映了这种发展趋势。传统英国普通法要求动产遗嘱形式仅依遗嘱人死亡时的住所地法，不动产遗嘱形式适用不动产所在地法，这种硬性规则存在诸多缺点。英国于 1963 年颁布新的《遗嘱法》，根据该法第 1 条和第 2 条第 2 款的规定，遗嘱形式只要符合以下任何一个法律即为有效：遗嘱订立地、遗嘱人立遗嘱时或死亡时的住所地、惯常居所地或国籍国的现行国内法；在处分不动产遗嘱时，如果该遗嘱的作成形式符合不动产所在地国的现行国内法，亦被视为有效。南非的遗嘱继承制度深受罗马法影响，不过英国法也有一定影响。② 因此，传统南非普通法有关涉外遗嘱形式的法律适用规则也较为严苛。南非也制定了新的遗嘱法，南非《遗嘱法》第 3 条第 1 款(a)项对遗嘱形式的法律选择采取了灵活和宽松的规定。③

传统美国普通法也要求处分不动产的遗嘱形式必须符合不动产所在地的法律，在不动产分布于多个国家或州时，适用该规则就很不方便。1969 年美国《统一遗嘱检验法典》的颁布改变了这种僵化的规定，据法典规定，书面遗嘱的作成如果符合法典中规定的方式、遗嘱作成地的法律、遗嘱作成时或遗嘱人死亡时的住所地法、居所地法或国籍国法，则为有效。④ 在加拿大，从普通法的角度，如果一项遗嘱的订立符合遗嘱人死亡时住所地法的规定，则该遗嘱在形式上是有效的，有关不动产遗嘱的形式有效性问

---

① 1896 年《德国民法典施行法》第 26 条、1987 年《瑞士联邦国际私法》第 94 条、2004 年《比利时国际私法典》第 83 条、2011 年《荷兰〈民法典〉第 10 卷（国际私法）》第 151 条、2011 年《波兰共和国〈关于国际私法的法律〉》第 66 条第 1 款都规定，遗嘱形式的准据法依海牙《遗嘱处分方式法律冲突公约》确定。

② 参见朱伟东：《南非共和国国际私法研究——一个混合法系国家的视角》，法律出版社 2006 年版，第 261 页。

③ 参见朱伟东：《南非共和国国际私法研究——一个混合法系国家的视角》，法律出版社 2006 年版，第 261 页。

④ 参见李双元：《中国与国际私法统一化进程》，武汉大学出版社 2016 年版，第 169 页。

题适用不动产所在地法。但安大略省1990年《继承法改革条例》(Succession Law Reform Act 1990)第37条第1款规定，遗嘱形式只要符合遗嘱订立地法、遗嘱人立遗嘱后的住所地法或惯常居所地法、遗嘱人立遗嘱时的国籍国法，即为有效。①

现代社会，由于工作、生活以及旅游等活动的频繁发生，实际上使得遗嘱人在何地立遗嘱具有不确定性，在偶然的情况下，要求遗嘱人的遗嘱完全符合遗嘱行为地法、国籍国法或者住所地法似乎是过高的要求，容易使遗嘱形式陷入无效的境地。有时候遗嘱人并不会在住所地或国籍国立遗嘱，他有可能在任何地方立遗嘱，如果仅仅因为遗嘱形式不符合其住所地法或国籍国法就宣布无效，则遗嘱无效的可能性极大，不利于保障遗嘱人的意愿。以选择性冲突规范指引涉外遗嘱形式准据法的选择，目前被越来越多的国家所采纳。除遗嘱行为地、国籍和住所地之外，其他与遗嘱形式相关的连结点也被采用。

---

① 参见刘仁山：《加拿大国际私法研究》，法律出版社2001年版，第287~288页。

第七章　我国涉外遗嘱法律选择规则之完善

第一节　我国涉外遗嘱法律选择规则之立法概述

一、我国涉外遗嘱法律选择规则的立法演进

早在 1954 年，外交部、最高人民法院已颁布《外国人在华遗产继承问题处理原则》。① 此后很长一段时间内，我国都没有专门关于涉外遗嘱法律选择的立法规定，仅有最高人民法院的相关批复。1985 年颁布《继承法》，其中第 36 条对涉外继承的法律选择问题作了原则性规定。② 该条采用区别制，即动产继承适用遗嘱人住所地法，不动产继承适用不动产所在地法，但只有我国公民继承在我国境外的遗产或者继承在我国境内的外国人的遗产才能适用该条。1985 年 9 月 11 日最高人民法院颁布《关于贯彻执行〈中华人民共和国继承法〉若干问题的意见》（以下简称《继承法意见》），其中第 63 条是对《继承法》第 36 条的解释，即遗嘱人住所地法是指遗嘱人生前

---

① 外交部、最高人民法院《外人在华遗产继承问题处理原则》，发部欧 54 字第 1689787 号，1954 年 9 月 28 日。

② 《继承法》第 36 条："中国公民继承在中华人民共和国境外的遗产或者继承在中华人民共和国境内的外国人的遗产，动产适用遗嘱人住所地法律，不动产适用不动产所在地法律。外国人继承在中华人民共和国境内的遗产或者继承在中华人民共和国境外的中国公民的遗产，动产适用遗嘱人住所地法律，不动产适用不动产所在地法律。中华人民共和国与外国订有条约、协定的，按照条约、协定办理。"

的最后住所地法。① 1987 年 1 月 1 日施行的《民法通则》第 149 条延续《继承法》第 36 条的原则，采用区别制，但该条仅规定法定继承，没有涉及遗嘱继承的法律选择规则。②

随着我国审理的涉外遗嘱案件数量的增多，上述立法规定都无法满足司法实践中法院裁判的需要，给有关涉外遗嘱纠纷的解决造成了诸多困境。这种情况在《法律适用法》颁布后得到有效缓解。《法律适用法》是我国历史上首部专门调整涉外民事关系的法律，涉及涉外遗嘱事项的条款是第 32 条和第 33 条，分别规定了遗嘱方式和遗嘱效力的法律选择规则。因此，目前我国的法律文件中与涉外遗嘱事项有关的规定包括《继承法》第 36 条、《继承法意见》第 63 条以及《法律适用法》第 32 条和第 33 条。根据新法优于旧法的原则，《继承法》及其意见与《法律适用法》规定不一致的，适用《法律适用法》的相关规定。但是根据 2013 年最高人民法院《关于适用〈中华人民共和国涉外民事关系法律适用法〉若干问题的解释（一）》③（以下简称《法律适用法司法解释（一）》）第 2 条之规定，在《法律适用法》没有规定涉外遗嘱事项的情况下，可以适用《继承法》第 36 条。因此，在旧法新法并存的情况下，我国关于涉外遗嘱法律选择规则的立法和司法实践有诸多值得思考的问题。与《继承法》第 36 条相比，《法律适用法》第 32 条和第 33 条有其先进和突破之处，但也有值得讨论和商榷之处。

二、我国涉外遗嘱法律选择规则的特点

在国际私法理论和实践中，对各国冲突法规则之间的冲突以及冲突后

---

① 《继承法意见》第 63 条："涉外继承，遗产为动产的，适用遗嘱人住所地法律，即适用遗嘱人生前最后住所地国家的法律。"

② 《民法通则》第 149 条："遗产的法定继承，动产适用遗嘱人死亡时住所地法律，不动产适用不动产所在地法律。"

③ 2012 年 12 月 10 日最高人民法院审判委员会第 1563 次会议通过，根据 2020 年 12 月 23 日最高人民法院审判委员会第 1823 次会议通过的《最高人民法院关于修改〈最高人民法院关于破产企业国有划拨土地使用权应否列入破产财产等问题的批复〉等二十九件商事类司法解释的决定》修正。

果的研究较少，对这一问题的研究很大程度上受到一国内现行国际私法规则的影响。① 为更好地提出完善建议，需要总结归纳我国涉外遗嘱法律选择规则的特点。

（一）运用分割方法

长期以来，我国立法者在进行立法活动时都受到宁有毋缺和宁粗毋细思想的指导。在这种思想的影响下，关于涉外遗嘱法律选择规则的立法规定也不够精细。②《继承法》第 36 条规定所有涉外继承事项均适用同一冲突规范，没有意识到遗嘱制度本身的特殊性。《民法通则》第 149 条仅规定法定继承的法律选择规则，缺少关于遗嘱继承及遗嘱其他事项的法律选择规则。这种局面在《法律适用法》颁布后得到了有效缓解，我国逐渐建立起法定继承和遗嘱分立的立法体例。《法律适用法》运用分割方法，首先分割继承与遗嘱本身问题，再进一步分割遗嘱为遗嘱方式和遗嘱效力，分别规定这两个问题的法律选择规则。这是采用两分制分割方法的表现。

（二）采用同一制

关于法定继承，《继承法》第 36 条和《民法通则》第 147 条都坚持采用区别制，主要区别在于动产继承的法律选择规则。《继承法》第 36 条以住所地为连结点指引继承准据法的选择，《民法通则》第 147 条以被继承人死亡时的住所地为连结点指引法定继承准据法的选择。《法律适用法》第 31 条延续我国关于法定继承的一贯规定，也采用区别制，但不再以住所地为连结点，而是采用经常居所地为连结点，符合属人法的发展趋势。关于遗嘱的法律选择问题，结合《法律适用法》第 31 条、第 32 条和第 33 条可知，

---

① See Atle Grahl-Madsen, Conflict Between the Principle of Unitary Succession and the System of Scission, 28(4) The International and Comparative Law Quarterly 600(1979).

② 参见高宏贵、徐妮娜：《论我国涉外遗嘱继承法律适用之规定》，载《社会主义研究》2013 年第 6 期，第 116 页。

我国目前是采用同一制的。

（三）适用无条件选择性冲突规范

各国一般对遗嘱效力、遗嘱方式制定不同的冲突规范。关于遗嘱效力的冲突规范通常是双边冲突规范，仅有一个连结点指引法律的选择，并且主要根据遗嘱人的属人法以及区别制下的不动产所在地法决定遗嘱效力的准据法。就冲突规范的类型而言，遗嘱效力较少适用无条件选择性的冲突规范。各国关于遗嘱方式的冲突规范一般是无条件选择性冲突规范，以两个或者两个以上连结点指引法律的选择，有的立法例还允许遗嘱人选择适用于遗嘱方式的准据法。可见，各国对遗嘱方式的法律选择持较为宽松的态度。我国《继承法》第 36 条和《民法通则》第 149 条都采用双边冲突规范，已经不能适应国际社会的发展趋势。《法律适用法》不仅对遗嘱方式采用无条件选择性冲突规范，对遗嘱效力亦如此，还同时采用了遗嘱人遗嘱时和死亡时两个时间点，增加了可选择的法律范围。《法律适用法》的规定体现了宽松和灵活的立法态度，从而尽可能地使遗嘱有效，更有利于保障遗嘱人的遗嘱自由。

（四）以经常居所地取代住所地

关于属人法，两大法系国家历来存在"国籍国法主义"与"住所地法主义"之争。海牙国际私法会议在制定 1989 年《死者遗产继承法律适用公约》时曾受到两大法系国家的质疑，欧盟在制定 2012 年《欧盟继承条例》时也受到了坚持"住所地法主义"的英美法系国家的反对。属人法的主义之争一直较为激烈，为调和两大法系在属人法理解上的分歧，国际社会上出现了以惯常居所地法部分地取代自然人国籍国法或者住所地法的趋势。在属人法问题上，两大法系的矛盾在一定程度上被缓解了。我国《继承法》第 36 条以住所地作为属人法的连结点；《法律适用法》中，住所则被完全抛弃，国籍功能被弱化，仅作为替补性或者选择性的连结点出现在《法律适用法》规定的 10 个条文中，经常居所地法发展成为最重要的属人法，经常居所地已上升到最重要的连结点的地位。① 根据《法律适用法》第 32 条和第 33 条的规定可知，住所地已经被经常居所地取代，在选择涉外遗嘱方式的准据法时，可选择的连结点是经常居所地、国籍以及遗嘱行为地，在选择涉外遗嘱效力的准据法时，可选择的连结点是经常居所地和国籍。

第二节　我国涉外遗嘱案件法律选择之统计分析

截至 2022 年 7 月 2 日，笔者从 openlaw、中国裁判文书网以及北大法宝这三个数据库中共收集到 119 个涉外遗嘱案例。最早的案件是福建省高级人民法院 2013 年 9 月 10 日审结的游某 1、游某 2 继承纠纷案②，最近的案件是广东省广州市中级人民法院 2022 年 3 月 25 日审结的岩某、黄某继承纠纷案③。在近十年内，我国各级人民法院受理的涉外遗嘱案件数量呈明显增加的趋势，2013 年立案的仅有 3 件，2014 年立案的有 10 件，2015 年立案的有 12 件，2016 年立案的有 10 件，2017 年立案的有 17 件，2018 年立案的有 22 件，2019 年立案的有 10 件，2020 年立案的有 21 件，2021 年立案的有 14 件。可见，从 2013 年之后，案件数量增长较为迅速、稳定。就案件分布情况而言，广东省 45 件、北京市 26 件、上海市 13 件、浙江省 9 件、福建省 9 件、江苏省 3 件、广西壮族自治区 3 件、辽宁省 3 件、河北省 2 件、山东省 2 件、湖北省 1 件、陕西省 1 件、四川省 1 件、新疆维吾尔自治区 1 件。这些案件反映了我国处理涉外遗嘱案件的实践情况，既揭示了司法工作者对既有规则的理解、处理涉外遗嘱案件的裁判水平，也折射出我国涉外遗嘱法律选择规则的不足之处。

---

① 参见何其生：《我国属人法重构视阈下的经常居所问题研究》，载《法商研究》2013 年第 3 期，第 86 页。

② 福建省高级人民法院（2013）闽民终字第 533 号。

③ 广东省广州市中级人民法院（2022）粤 01 民终 33 号。

一、涉及国家和地区统计分析

119 个案件涉及的国家和地区包括美国、意大利、新加坡、加拿大、澳大利亚、德国、西班牙、英国、菲律宾、瑞士、纳米比亚、新西兰、法国、爱尔兰、日本以及泰国(见表 7-1)。①

表 7-1　涉及国家和地区统计　　　　　　(单位：件)

国家和地区	案件数量
美国	30
加拿大	13
英国	8
澳大利亚	8
未说明	5
法国	4
日本	3
新加坡	2
新西兰	2
德国	2
爱尔兰	2
西班牙	1
意大利	1
菲律宾	1
瑞士	1
纳米比亚	1
泰国	1

根据表 7-1 的统计结果可知，我国法院审理的涉外遗嘱案件与跨国

---

①　有的案件涉及两个或两个以上的国家和地区。

(境)人员流动密切相关，法院审理的涉外遗嘱案件涉及的国家范围广泛。受移民潮的影响，我国公民与包括美国、英国和加拿大在内的传统移民国家公民的涉外遗嘱纠纷案件占比重较大，涉及美国的案件数量为30件，涉及加拿大的案件数量为13件，涉及英国的案件数量为8件。

根据《中国国际移民报告(2018)》数据显示，美国和英国两国关于投资移民的门槛被不断提高，同时，也都制定了较具有吸引力的企业家投资移民政策。新加坡的移民政策也被"收紧"，但是为了增加国内的人口规模，有放宽移民政策的措施。2018年，加拿大通过国际教育战略方式吸引了更多的高素质移民。我国已经成为世界第四大国际移民来源国。该报告总结了2018年我国的国际移民现象，有以下特点：第一，国际移民数量增加，所在区域相对集中，但流动性下降；第二，受经济政策的影响，人口出现大量的短期迁徙现象；第三，移民形式呈现多样化的趋势，在大规模的人口流动潮中，移民的动机和目的具有较强的混合性；第四，全球范围内被迫流离失所的难民数量较多，重返故乡和安置新居的移民数量占比相对较低，增幅有放缓的迹象。近年来，我国也渐渐从输出移民的移民来源国成长为较为规范的国际移民目的国，越来越多的外国人移民至中国，目的可能为了学习、生活、工作等，不过这一现象总体上呈现增加的趋势。① 随着全球人口数量的不断增加以及跨国、跨境人口流动的愈加频繁，未来我国法院会受理涉及更多国家的涉外遗嘱案件。

二、涉案纠纷类型统计分析

随着财产类型的增加和家庭关系的发展变化，涉外遗嘱纠纷愈加复

---

① "一带一路"沿线地区成为我国规范移民的重要流向地区，我国移民的前20大目的国中有7个为"一带一路"沿线国家：新加坡(44.86万人)、孟加拉国(17.78万人)、泰国(10.03万人)、印尼(7.03万人)、俄罗斯(5.62万人)、菲律宾(3.6万人)、缅甸(3.37万人)。参见《中国国际移民报告(2018)》，https://www.pishu.com.cn/skwx_ps/initDatabaseDetail? siteId = 14&contentId = 9724000&contentType = literature&type =%25E6%258A%25A5%25E5%2591%258，最后访问日期：2022年6月18日。

杂，类型也逐渐多样，我国法院审理的涉外遗嘱案件不仅涉及遗嘱效力、遗嘱方式等问题，还与遗嘱能力、遗嘱解释、遗赠等事项密切相关。《法律适用法》仅制定关于遗嘱方式和遗嘱效力的冲突规范，其他遗嘱纠纷适用何种冲突规范是我国法院必须要面对的问题，但不论如何选法，我国法院首先要对案件进行识别，才能有进一步的裁判活动。表 7-2 统计了 119 例案件中法院对纠纷类型的识别情况。

表 7-2　涉案纠纷类型统计 　　　　　　　　　（单位：件）

案件类型	案件数量
涉外遗嘱纠纷	103
涉外遗赠纠纷	16

统计的案件中，涉外遗嘱纠纷案件数量达到 103 件，部分案件的法律关系和法律事实较为简单明确，法院可以准确识别纠纷性质，而在有的案件中，由于纠纷较为复杂或者司法工作者水平不足等因素的影响，纠纷性质被错误识别，继而适用了错误的法律。欧阳某某与刘某某等法定继承纠纷案①，李某 1 与 SHANDAI(戴某)等法定继承纠纷上诉案②，欧某甲与欧某乙、欧某丙法定继承纠纷案③，欧某甲诉郭某等法定继承纠纷案④，苏某 1 等与苏某 3 等法定继承纠纷上诉案⑤，周某 1、王某某等与周某 2、张某 2 法定继承纠纷案⑥这 6 个案件是涉外遗嘱纠纷，法院识别错误导致适用了涉外法定继承的冲突规范。还有的纠纷其实是涉外遗赠纠纷，在法院没有识别或者识别错误的情况下也会导致法律选择错误的情况，造成选法

---

① 广东省佛山市顺德区人民法院(2014)佛顺法均民初字第 1110 号。
② 北京市第二中级人民法院(2015)二中民终字第 06704 号。
③ 广东省东莞市中级人民法院(2015)东中法民一终字第 2587 号。
④ 广东省佛山市顺德区人民法院(2016)粤 0606 民初 974 号。
⑤ 福建省漳州市中级人民法院(2016)闽 06 民终 733 号。
⑥ 上海市第二中级人民法院(2017)沪 02 民终 1359 号。

依据与裁判理由脱节，难以保证裁判结果的公平公正。

三、援引法律条文统计分析

《法律适用法》于 2011 年 4 月 1 日起施行后，最高人民法院为处理实践中出现的问题于 2012 年 12 月 10 日通过《法律适用法司法解释(一)》，《法律适用法》及其司法解释成为我国法院审理涉外案件时的主要法律依据。此外，《继承法》《继承法意见》以及《民法通则》等相关法条也较常被我国法院援引。具体适用情况见表 7-3。

表 7-3 援引的法律条文统计 （单位：次）

法律条文	数量
《法律适用法》第 2 条	3
《法律适用法》第 3 条	1
《法律适用法》第 4 条	1
《法律适用法》第 8 条	2
《法律适用法》第 11 条	1
《法律适用法》第 12 条	1
《法律适用法》第 31 条	19
《法律适用法》第 32 条	48
《法律适用法》第 33 条	61
《法律适用法》第 34 条	2
《法律适用法》第 36 条	14
《法律适用法》第 37 条	3
《法律适用法》第 41 条	1
《法律适用法司法解释(一)》第 1 条①	7
《法律适用法司法解释(一)》第 2 条	3
《法律适用法司法解释(一)》第 8 条	1

---

① 表格中引用的都是 2012 年《法律适用法司法解释(一)》中的条文。

续表

法律条文	数量
《法律适用法司法解释(一)》第 19 条	1
《民法通则》第 144 条①	3
《民法通则》第 149 条②	3
《民事诉讼法》第 144 条	1
《民事诉讼法》第 259 条③	1
《民事诉讼法司法解释》第 522 条④	1
《民事诉讼法司法解释》第 551 条⑤	1
《继承法》第 36 条⑥	7
《继承法意见》第 63 条	1
未说明	13

① 第 144 条(不动产所有权的法律适用)：不动产的所有权，适用不动产所在地法律。

② 第 149 条(涉外继承关系的法律适用)：遗产的法定继承，动产适用遗嘱人死亡时住所地法律，不动产适用不动产所在地法律。

③ 法院援引的是 2012 年《民事诉讼法》第 259 条：在中华人民共和国领域内进行涉外民事诉讼，适用本编规定。本编没有规定的，适用本法其他有关规定。

④ 《最高人民法院关于适用〈中华人民共和国民事诉讼法〉的解释》于 2014 年 12 月 18 日由最高人民法院审判委员会第 1636 次会议通过，自 2015 年 2 月 4 日起施行，后经过两次修正。这里法院援引的是 2015 年《最高人民法院关于适用〈中华人民共和国民事诉讼法〉的解释》第 522 条：有下列情形之一，人民法院可以认定为涉外民事案件：(一)当事人一方或者双方是外国人、无国籍人、外国企业或者组织的；(二)当事人一方或者双方的经常居所地在中华人民共和国领域外的；(三)标的物在中华人民共和国领域外的；(四)产生、变更或者消灭民事关系的法律事实发生在中华人民共和国领域外的；(五)可以认定为涉外民事案件的其他情形。

⑤ 2015 年《最高人民法院关于适用〈中华人民共和国民事诉讼法〉的解释》第 551 条：人民法院审理涉及香港、澳门特别行政区和台湾地区的民事诉讼案件，可以参照适用涉外民事诉讼程序的特别规定。

⑥ 第 36 条：中国公民继承在中华人民共和国境外的遗产或者继承在中华人民共和国境内的外国人的遗产，动产适用遗嘱人住所地法律，不动产适用不动产所在地法律。外国人继承在中华人民共和国境内的遗产或者继承在中华人民共和国境外的中国公民的遗产，动产适用遗嘱人住所地法律，不动产适用不动产所在地法律。中华人民共和国与外国订有条约、协定的，按照条约、协定办理。

我国法院在处理涉外遗嘱纠纷时能够熟练地援引相关法条，法院援引的不仅有《法律适用法》及其司法解释的条文，还有《民法通则》第 144 条和第 149 条、《民事诉讼法》第 259 条、《民事诉讼法司法解释》第 522 条、《继承法》第 36 条以及《继承法意见》第 63 条。根据《法律适用法司法解释（一）》第 2 条，在《法律适用法》实施以前发生的涉外遗嘱法律关系，亦即在 2011 年 4 月 1 日以前发生的涉外遗嘱法律关系，法院应当根据该涉外遗嘱法律关系发生时的有关法律规定确定准据法，如果当时法律没有规定的，可以参照《法律适用法》《法律适用法司法解释（一）》的相关条文进行审理。

统计的 119 例案件中，有的法院会适用新法，有的法院仍然适用旧法的规定。其中，被援引最多次的是《法律适用法》第 32 条和第 33 条，分别是 48 次和 61 次。但值得注意的是，法院在陈某 1 诉陈某 2 等继承纠纷案①中援引的《民事诉讼法》第 144 条并不属于冲突规范。法院认为，遗嘱人梅某某是瑞士联邦沃州居民，本案属于涉外案件，因涉案标的位于广东省佛山市南海区，为我国境内，因此根据《民事诉讼法》第 144 条之规定，本案适用我国法律。根据法律关系发生时间判断，这里法院适用的是 2012 年《民事诉讼法》第 144 条②，而该条是关于缺席判决的规定，不是具体的法律选择规则。笔者认为，法院可能混淆了《民法通则》第 144 条与《民事诉讼法》第 144 条。

四、法律选择方法统计分析

《法律适用法》第 32 条和第 33 条都是无条件选择适用的冲突规范，法院在进行法律选择时有一定的自由裁量权，因此有必要分析法院以何种方法选择应适用的法律，对连结点进行取舍的依据和理由有哪些。本书对 119 例案件的法律选择方法进行统计分析，结果见表 7-4。

---

①　广东省佛山市南海区人民法院（2017）粤 0605 民初 9761 号。
②　第 144 条：被告经传票传唤，无正当理由拒不到庭，或者未经法庭许可中途退庭的，可以缺席判决。

表 7-4　法律选择方法统计

经常居所地法	40
不动产所在地法	36
未说明①	33
国籍国法	18
遗嘱行为地法	13
当事人选择的法律	6
最密切联系地法	3
遗产所在地法	2
动产所在地法	2
住所地法	1
法院地法	1
最后住所地法	1

我国法院较常适用经常居所地法、不动产所在地法、国籍国法以及遗嘱行为地法，分别被适用了 40 次、36 次、18 次和 13 次。当事人选择的法律被适用了 6 次，最密切联系地法被适用了 3 次，遗产所在地法和动产所在地法被适用了 2 次，住所地法、法院地法和最后住所地法分别被适用了 1 次。有 33 例案件未说明法律选择方法，法院仅在裁判文书中列出根据哪一法律或者法条进行裁判，这种做法会导致法律选择模糊的情况。在余某某 6 等诉余某某 3 继承纠纷案②中，法院在查明案件事实之后即依照《法律适用法》第 31 条、第 32 条作出判决，朱某、张某与

_____

①　包括两种情况：法院直接适用我国法律进行裁判，没有选法过程；法院仅列举出选法依据等法条，并没有进一步说明，因为不好判断法院具体是依据哪个连结点选择法律的，因此也算入未说明这一情况内。

②　广东省江门市蓬江区人民法院（2013）江蓬法民一初字第 1500 号。

LeeHong 遗赠纠纷案①、马某某 3 与马某某 1 等遗嘱继承纠纷上诉案②中法院将几个可以选择的连结点叠加在一起,认为这些连结点都指向我国而适用我国法律。这些案件中法院的裁判依据、裁判理由以及判决结果都值得商榷。

五、选择法律情况统计分析

法院的选法结果对纠纷的解决以及当事人的权益都有重要影响,本书对 119 例案件的选法结果进行统计,分析情况见表 7-5。

表 7-5　选择法律情况统计

中国法律	108
加拿大法律	3
美国法律	3
新加坡法律	1
菲律宾法律	1
澳大利亚法律	1
英国	1
瑞典	1

---

①　广西壮族自治区桂林市叠彩区人民法院(2010)叠民初字第 691 号。法院认为:因本案被告张某现居住地在美国,被告 LeeHong 为澳大利亚籍公民,本案系涉外民事纠纷案件。根据《民事诉讼法》第 265 条的规定,因其他财产权益纠纷,对在中华人民共和国领域内没有住所的被告提起的诉讼,诉讼标的物在中华人民共和国领域内,可以由诉讼标的物所在地人民法院管辖。因本案涉案房屋位于广西壮族自治区桂林市叠彩区清风小区,该诉讼标的物在中华人民共和国境内,故我国法院具有管辖权。因立遗嘱人张文斌为中华人民共和国公民,其立遗嘱时和死亡时的经常居所地,即案涉不动产所在地在中华人民共和国境内,故本案应适用中华人民共和国法律作为裁判的法律依据。

②　浙江省杭州市中级人民法院(2013)浙杭民终字第 3400 号。

这 119 例案件中，法院选择我国法律的次数为 108 次，加拿大和美国的法律被选择了 3 次，新加坡、菲律宾、澳大利亚、英国和瑞典的法律分别被选择了 1 次。可见，我国法院在审理涉外遗嘱纠纷案件时较常适用我国法律作为裁判依据，这也是近年来被学者关注和招致批评的地方。有些学者认为我国法院在处理涉外案件时会刻意创造与我国的联系，最终选择适用我国法律。从表 7-5 的统计结果可知，这种情况也出现在涉外遗嘱纠纷案件中。

第三节　我国涉外遗嘱法律选择规则之问题

一、忽略《法律适用法》的溯及力问题

在涉外民商事审判实践中，我国法院首先面临的难题是如何解决旧法与新法之间的时际冲突。涉外遗嘱纠纷案件中，遗嘱人的立遗嘱时间或死亡时间与纠纷发生的时间往往间隔很长，法院在选择法律时经常会面临选择新法还是旧法的问题。从现行立法来看，关于涉外遗嘱法律选择规则的立法既有旧法《继承法》第 36 条，也有新法《法律适用法》第 32 条和第 33 条。虽然《法律适用法》既不是实体法也不是程序法，但是适用该法对遗嘱人以及其他遗嘱法律关系当事人的权利和义务有一定的影响，所以确定该法的溯及力问题实属必要，应该以不溯及既往为适用该法的原则，保证遗嘱法律关系的当事人对其行为有合理预期。①

于 2013 年 1 月 7 日起施行的《法律适用法司法解释(一)》明确规定了《法律适用法》的溯及力问题，该法第 2 条规定，在《法律适用法》实施以前发生的涉外遗嘱法律关系，亦即在 2011 年 4 月 1 日前发生的涉外遗嘱法律关系，法院应当根据该涉外遗嘱法律关系发生时的有关法律规定确定准据

---

① 参见高晓力：《〈关于适用涉外民事关系法律适用法若干问题的解释(一)〉的理解与适用》，载《人民司法》2013 年第 3 期，第 19~20 页。

法，如果当时法律没有规定的，可以参照《法律适用法》以及《法律适用法司法解释(一)》的相关条文进行审理。对于涉外遗嘱纠纷案件而言，在选择应适用的准据法时，对遗嘱继承法律关系"发生时"这一时间因素的确定具有重要意义。那么，如何理解遗嘱继承法律关系"发生时"呢？有遗嘱人"立遗嘱时"和遗嘱人"死亡时"这两个时间因素可供考量。鉴于遗嘱成立后并不能立即发生效力，唯有遗嘱人去世后才能产生继承效果，因此，应该将遗嘱继承法律关系"发生时"理解为遗嘱人"死亡时"，故法院在选择准据法时应考虑这一时间因素。① 但就遗嘱本身而言，有遗嘱能力的遗嘱人在订立遗嘱时，该遗嘱即成立，因此，关于遗嘱的部分事项，比如遗嘱能力、遗嘱形式、遗嘱解释等事项还应考虑遗嘱人"立遗嘱时"这一时间因素。

在本书统计的 119 例案件中，只有王某乙等与李某等继承纠纷案②、任某等与宁某乙等继承纠纷案③、王某 1 等诉李某等继承纠纷案④和谢某等遗嘱继承纠纷案⑤这 4 例案件中的法官明确依据《法律适用法司法解释(一)》第 2 条确定溯及力问题。第一个案件中的原审法院依据《继承法》第 36 条进行裁判，但未说明溯及力问题。案件被上诉至江苏省南京市中级人民法院(以下简称南京市中院)后，南京市中院根据《法律适用法司法解释(一)》第 2 条裁判：本案中，李某于 2008 年 6 月 13 日死亡，根据法律规定，遗嘱继承法律关系自遗嘱人"死亡时"开始，因此本案的遗嘱继承关系发生于《法律适用法》实施以前，可以参考适用《继承法》第 36 条的规定。因此，南京市中院根据《继承法》第 36 条裁定本案应适用不动产所在地法，即我国法律。

---

① 参见汪金兰：《涉外遗嘱继承法律适用的实证分析》，载《中国涉外家事法律论丛》(第 1 辑)，法律出版社 2017 年版，第 281 页。

② 江苏省南京市中级人民法院(2015)宁民终字第 1775 号。

③ 陕西省西安市中级人民法院(2015)西中民一终字第 00171 号。

④ 江苏省高级人民法院(2016)苏民申 1630 号。

⑤ 福建省泉州市中级人民法院(2017)闽 05 民终 6970 号。

　　未正确处理溯及力问题的案件存在多种情况。有些法院虽然援引了《法律适用法司法解释(一)》第 2 条，但只是简单罗列了所援引的法条，并没有进一步的分析，存在说理不充分的问题。还有一些法院并没有注意到《法律适用法》的溯及力问题，导致法律选择错误的情况。朱某、张某与 LeeHong 遗赠纠纷案①、余某某 6 等诉余某某 3 继承纠纷案②、姚某某等与严某某遗赠纠纷案③、薛某 1 等诉杨某遗赠纠纷再审案④这 4 例案件发生在《法律适用法》实施之前，但审理法院均直接援引《法律适用法》的相关条文选择准据法，并没有注意到溯及力问题。ZANDY-MO GHADAMS HAHRAM 案⑤属于"当时法律没有规定"的情况，因此，法院可以参照《法律适用法》的规定进行裁判。但本案中，法院未说明是否依据《法律适用法司法解释(一)》第 2 条解决了溯及力问题，仅笼统地援引《继承法》和《法律适用法》的相关法条进行裁判，这种选择法律的方式可能会令人混淆。

　　在吕某 1 与 J 某 1 继承纠纷案⑥中，法官不仅忽略了溯及力问题，还将新法与旧法混在一起适用。本案吕某 2 为美国公民，根据《法律适用法》第 32 条和第 33 条，吕某 2 的国籍国、立遗嘱时所在地国为美国，死亡时经常居住地为我国，即吕某 2 的遗嘱只需符合美国法律或我国法律，均成立且有效。但法院查明，吕某 1 等人提供的美国律师出具的意见书不一致，加上客观上难以查明美国法律，且本案主要遗产为不动产，因此，法院依据《继承法》第 36 条规定，以不动产适用不动产所在地法为由选择适用我国法律。事实上，本案应先根据法律关系发生的时间确定《法律适用法》的溯及力问题。已经查明，2012 年 7 月 9 日，吕某 2 在马尔代夫旅游时因病死亡，该时间点在《法律适用法》实施之后，且本案涉及遗嘱方式和遗嘱效

① 广西壮族自治区桂林市叠彩区人民法院(2010)叠民初字第 691 号。
② 广东省江门市蓬江区人民法院(2013)江蓬法民一初字第 1500 号。
③ 上海市第二中级人民法院(2014)沪二中民一(民)终字第 294 号。
④ 河北省秦皇岛市中级人民法院(2017)冀 03 民再 28 号。
⑤ 辽宁省大连市中级人民法院(2015)大民一终字第 01677 号。
⑥ 广东省广州市中级人民法院(2016)粤 01 民终 9704 号。

力两个问题，《法律适用法》中对此有明确规定，因此，应当依据《法律适用法》第 32 条和第 33 条选择准据法，法院不应该再依据《继承法》第 36 条选择准据法。

司法实践中，我国部分法院不够重视溯及力问题，对《法律适用法司法解释(一)》第 2 条的理解也不够充分。分析上述案例的裁判文书可以看出，部分法院在应当解释选法理由时并没有任何说明，甚至没有意识到案件涉及溯及力问题。《法律适用法》的溯及力问题直接影响案件的裁判结果和当事人的权益，我国法院应当予以重视。

二、因忽略识别而导致法律选择错误

在司法实践中，识别(qualification)是指法官根据其自身所有的法律观点或对法律概念的理解，对构成法律关系的法律事实作出定性(characterization)或分类(classification)，将其归入特定的法律范畴，以确定应适用哪个冲突法规则选择准据法的法律认识过程。[①] 在处理涉外遗嘱纠纷案件时，识别意味着法院需要判定案件事实的性质并对其加以分类，比如确定纠纷是否属于法律问题？如果是法律问题，是什么性质的法律问题？属于哪一类的遗嘱纠纷？可以说，识别是国际私法上的一个基本问题。识别也存在法律冲突，为此，国际私法学者们曾经提出不同的理论来解释识别的依据。我国《法律适用法》第 8 条采法院地法说。因此，我国法院在处理涉外遗嘱纠纷案件时应根据我国法律进行识别。法院未进行识别会导致准据法选择错误，具体分为以下两种情况。

(一)混淆涉外遗赠纠纷与涉外不动产物权纠纷

欧某甲诉郭某等继承纠纷案[②]中，法院依据《法律适用法》第 36 条认为，案涉不动产物权位于我国，因此适用我国法律进行裁判。事实上，根

---

① 参见李双元：《国际私法(冲突法篇)》，武汉大学出版社 2016 年版，第 155 页。

② 广东省佛山市顺德区人民法院(2016)粤 0606 民初 974 号。

据本案法院已经查明的事实，本案属于涉澳遗赠纠纷。本案涉及的遗嘱人欧某某生前出具赠与书，将其所占案涉房产份额赠与原告欧某甲，原告表示接受赠与，并办理了公证。虽然双方未能立即办理房产的变更登记手续，但从欧某某的上述行为而知，欧某某的本意是将其所占的案涉房产的份额赠与原告，且该意愿直至欧某某死亡时亦未被改变或撤销，本案应属于涉外遗赠纠纷。此外，法院在选择我国法律进行裁判时，还参考了《继承法》第 5 条之规定，也从侧面证实本案属于涉外遗赠纠纷，但法院最终依据《法律适用法》第 36 条选择法律，裁判过程有矛盾之处。

（二）混淆涉外遗嘱纠纷与涉外遗赠纠纷

本书收集了近十年内发生的 16 例涉外遗赠案件，无一例外都被法院当作涉外遗嘱纠纷进行审理。下文以姚某某等与严某某遗赠纠纷案①为例进行分析。

1. 案情介绍

本案涉及的当事人分别是严某某和姚某某。1975 年，严某某和姚某某在上海市静安区登记结婚，结婚后多年，二人都未生育子女。1987 年，严某某去德国探亲，随后，姚某某也前往德国探亲。约两年后，严某某办理了移民巴拉圭的手续。1992 年 9 月 15 日，严某某与姚某某在巴拉圭亚松森市当地法院离婚，该离婚判决目前尚未经我国司法确认。1993 年 7 月 22 日，巴拉圭向严某某颁发护照。1994 年 1 月 8 日，严某某与姚某某签订了《继承遗产协议》，并在德国法兰克福市进行了遗产继承公证，后因《遗产继承协议》中的房产争议诉至法院。

2. 案件判决

法院在查明案件基本情况和事实后，依据《法律适用法》第 32 条和第 33 条进行裁定，认定本案应适用我国法律进行审理。法院在分析说理时指出，严某某与姚某某在德国订立的《继承遗产协议》属于共同遗嘱，而我国

---

① 上海市第二中级人民法院（2014）沪二中民一（民）终字第 294 号。

《继承法》没有明确规定共同遗嘱制度。法院认为，虽然无明文规定，但若该《继承遗产协议》具备遗嘱的形式要件和实质要件，也不违反我国法律的禁止性规定，就应该被认定为有效。形式要件方面，严某某与姚某某在德国签订了《继承遗产协议》并予以公证，整个过程符合德国关于共同遗嘱的形式要件要求；实质要件方面，在进行公证时，德国的公证员认定遗嘱人具有遗嘱能力，德语水平也足够理解和参与公证过程，遗嘱人还亲自向公证员表述了《继承遗产协议》的内容，因此，《继承遗产协议》是具有遗嘱效力的文件，处分的是严某某与姚某某的合法财产。并且《继承遗产协议》订立之后，严某某或姚某某都没有质疑过或声明废除该协议，因此该《继承遗产协议》应当被认定为具有效力。

但在具体说理部分，法院又从遗赠角度进行分析，法院认为，严某某与姚某某相互以对方为自己遗产的唯一继承人，该共同遗嘱属于相互遗嘱。相互遗嘱中一个遗嘱人死亡，另一遗嘱人尚健在时，应当确认已经死亡的遗嘱人所作的意思表示生效，尚健在的遗嘱人所作的意思表示失效。严某某与姚某某在订立协议时，已没有夫妻关系，不是彼此的法定继承人，两人通过共同遗嘱的方式，将各自的遗产赠与法定继承人以外的遗嘱人，我国《继承法》规定该行为是遗赠。在本案的共同遗嘱中，立遗嘱是一种双方的民事行为，共同遗嘱的成立乃是严某某与姚某某双方共同合意的结果，严某某与姚某某订立共同遗嘱、领取公证书的行为应视为两人在获知受对方遗赠的同时即明确作出了接受遗赠的表示。故法院认为，严某某在姚某某作出遗赠决定时及姚某某去世前后都以自己的行为表示了接受遗赠，严某某应是姚某某本案所涉遗产的合法继承人。

3. 案件分析

本案法院先根据涉外遗嘱的法律选择规则选取我国法律作为裁判依据，又以案涉纠纷为遗赠展开说理并进行裁判，存在逻辑上的错误。不可否认，法院如此裁判的原因之一是《法律适用法》并没有规定涉外遗赠的法律选择规则，法院不可避免地会参照涉外遗嘱的冲突规范选择法律进行裁判。我国虽没有关于遗赠的冲突规范，却有关于遗赠的实体法，因此法院会根据《继承法》中有关遗赠的规定进行裁判说理。但遗赠与遗嘱有较大区别，一般认为，遗赠不同于契约等合意行为，是一种处分自己遗产的单方法律行为，遗赠人在立遗嘱时，不必征求受遗赠人的同意，即可在其遗嘱中作出遗赠的规定。基于遗赠的这一法律特性，我国《继承法》规定，受遗赠人知道遗赠事实后，需要在 2 个月内表示接受或者放弃受遗赠。本案中法院不先进行识别活动，而直接适用有关涉外遗嘱的冲突规范显然存在法律选择不当的现象。

三、倾向于适用我国法律

本书收集的案例几乎都涉及在我国境内的不动产，法院往往是以"不动产适用不动产所在地法"为理由认定案件应适用我国法律。王某乙等与李某等继承纠纷案①，叶某等与彭某继承纠纷案②，王某 1 等诉李某等继承纠纷案③，吕某 1、J 某 1 继承纠纷案④，杨某 1 等诉杨某 5 等继承纠纷案⑤，马某 2 等与马某 3 等继承纠纷案⑥等案件中，法院以《继承法》第 36 条为裁判依据。郭某 1 等诉张某等继承纠纷案⑦，朱某等与 LeeHong 遗赠纠纷案⑧，欧某甲诉郭某等法定继承纠纷案⑨，程某 1 与程某 2 等遗嘱继承纠纷案⑩，吕某 1、J 某 1 继承纠纷案⑪，余某 1 诉余某 2 遗嘱继承纠纷案⑫，李某等与陈某 2 等遗嘱继承纠纷案⑬，张某 1 诉张某 2 等遗嘱继承

---

① 江苏省南京市中级人民法院(2015)宁民终字第 1775 号。
② 广东省广州市中级人民法院(2013)穗中法审监民再字第 1 某号。
③ 江苏省高级人民法院(2016)苏民申 1630 号。
④ 广东省广州市中级人民法院(2016)粤 01 民终 9704 号。
⑤ 福建省厦门市思明区人民法院(2016)闽 0203 民初 12034 号。
⑥ 北京市第二中级人民法院(2018)京 02 民终 3194 号。
⑦ 广东省佛山市禅城区人民法院(2013)佛城法民一重字第 3 号。
⑧ 广西壮族自治区桂林市叠彩区人民法院(2010)叠民初字第 691 号。
⑨ 广东省佛山市顺德区人民法院(2016)粤 0606 民初 974 号。
⑩ 浙江省杭州市中级人民法院(2016)浙 01 民终 1107 号。
⑪ 广东省广州市中级人民法院(2016)粤 01 民终 9704 号。
⑫ 浙江省杭州市西湖区人民法院(2015)杭西民初字第 4069 号。
⑬ 浙江省杭州市西湖区人民法院(2015)杭西民初字第 1428 号。

纠纷案①和孙某 1 等与 Guo Angela TingTing 遗赠纠纷案②等案件中，法院以《法律适用法》第 36 条为依据进行裁判。

在处理涉外遗嘱纠纷案件时，法院以经常居所地和国籍国指向我国，适用我国法律尚且有法可依，但若以不动产在我国而适用我国法律是否有法可依呢？综观我国有关机关的规范性文件，主张不动产遗嘱适用不动产所在地法的观点首见于司法部在 20 世纪 80 年代发布的几个复函③中。在这种解释的影响下，实务中逐渐开始流行不动产遗嘱适用不动产所在地法的观点。然而，当时的法律条文中并没有明确规定"不动产遗嘱适用不动产所在地法"。只有《民法通则》第 144 条以"不动产所在地"为连结点，但这是关于不动产物权的法律选择方法，不能指引不动产遗嘱的法律选择。《法律适用法》坚持对法定继承采用区别制，而对遗嘱本身问题的法律选择采用同一制，法律条文对连结点的选择已经非常明确了，即遗嘱法律关系的冲突规范中不包括"不动产所在地"这一连结点，且继承冲突规范不支配遗嘱继承法律关系。因此，上述案件使用"不动产所在地"这一连结点缺乏法律依据，有刻意适用我国法律的嫌疑。

《法律适用法》关于涉外遗嘱法律选择规则的规定，仅仅适用于遗嘱方式和遗嘱效力，对分割方法的运用不完善，遗嘱继承以及遗嘱其他重要事项，比如遗嘱能力、遗嘱解释、遗嘱的变更与撤销、遗赠等问题均包含在内。在司法实践中，我国法院已经遇到处理遗嘱能力和遗嘱解释的法律选择问题，此时会出现无法可依的尴尬局面。有的法院在选择遗嘱能力准据法时会参照适用《法律适用法》第 33 条之规定，或者将其他所有与遗嘱效力有关的事项都涵盖在第 33 条的效力之下，使第 33 条成为大包大揽的条款。不可否认，遗嘱能力、遗嘱解释等问题与遗嘱效力有较为密切的联系，遗嘱能力

---

①　浙江省杭州市西湖区人民法院（2015）杭西民初字第 3112 号。

②　北京市第三中级人民法院（2018）京 03 民终 9480 号。

③　参见《公证律师司关于涉外遗嘱继承公证中如何确认遗嘱效力问题的复函》，司公字第 65 号；《关于办理黄兆源遗嘱继承公证的复函》，司公字第 60 号；《关于如何确认香港高等法院遗嘱检定书事的复函》，司公字第 67 号。

是遗嘱实质要件之一，遗嘱解释可能影响遗嘱有效或者无效的结果。

从其他国家和地区的立法规定来看，遗嘱能力主要受遗嘱人的属人法和遗嘱人意思自治原则支配，而在决定遗嘱效力和遗嘱解释的法律选择时，遗嘱人的属人法和意思自治原则有不同的作用，即遗嘱各具体事项不能适用同一种法律选择规则，要注意每种遗嘱事项本身的特点。遗嘱人的属人法是遗嘱效力和遗嘱解释的重要法律选择方法，但是在适用遗嘱人属人法的同时，有的立法例还不同程度地适用遗产所在地法、遗嘱行为地法以及遗嘱人选择的法律。遗赠作为遗嘱处分方式的一种，与遗嘱存在相似之处，但同时也存在差异，并不能采用同一法律选择规则。仅将遗嘱分割为遗嘱方式和遗嘱效力已经远不能适应遗嘱冲突法的发展趋势，应当予以修改完善。

四、不当地适用意思自治原则和最密切联系原则

(一)不当地适用意思自治原则

《法律适用法》第3条确立了意思自治原则的宣示性地位，将该法律选择方法上升到《法律适用法》一般规定的地位，从涉外合同领域扩展适用于涉外民事关系的其他多个领域，是立法的一大亮点。但从该条文上看，它设置了两个限制条件，即必须"依据法律规定"和"明示选择"才可以适用。《法律适用法》中允许当事人选择法律的领域包括委托代理、信托、婚姻财产、协议离婚、动产物权、侵权责任、不当得利、无因管理以及知识产权。因此，在处理上述案件中，如果案件当事人已经根据法条要求选择了适用的法律，则法院应当优先适用当事人选择的法律。此时，法院依据的是分则有关意思自治原则的具体冲突规范，而不宜直接援引《法律适用法》第3条的规定。从这个角度来看，《法律适用法》第3条只是一种宣示性规定，不具有实质意义。①《法律适用法司法解释(一)》第6条明确规定当事

---

① 参见杜涛：《涉外民事关系法律适用法释评》，中国法制出版社2011年版，第61页。

人应根据具体规定选择法律。① 因此，法院在处理案件时，需要根据《法律适用法》分则的具体冲突规范考察是否允许当事人选择准据法，而不能根据《法律适用法》第 3 条赋予当事人选择法律的权利。

但在司法实践中，法院一般允许当事人选择准据法。在叶某等与彭某继承纠纷案中，法院选择法律的依据是《民法通则》第 149 条和《继承法》第 36 条。在说理部分，法院认为，本案所涉不动产均位于广州市内，故本院对本案具有管辖权，各方当事人合意本案适用我国法律，故法院确认我国法律作为解决本案争议的准据法。法院虽然以《民法通则》第 149 条和《继承法》第 36 条为选法依据，却仅仅是列出来而已，并未根据冲突规范中的连结点去选择应当适用的法律，最后法院适用的法律是当事人选择适用的法律，即我国法律。本案法院的裁判过程前后矛盾。

姚某某等与严某某遗赠纠纷案②中，法院也误用了意思自治原则。本案中法院已经采取国籍国法（当事人国籍为中国），即我国法律为裁判依据，然而在裁判说理时以"严某某现向法院提起诉讼，并主张适用中国法律"为由选择我国法律作出裁判。这种选法方式于法无依，也显得多余。

裴某 1 与裴某 2 等遗嘱继承纠纷案③中，法院根据《法律适用法》第 3 条以及《法律适用法司法解释（一）》第 8 条裁定，原审当事人均援引我国法律，故而适用我国法律并无不当。本案一审和二审法院都存在适用法律错误的情况，应当予以纠正。

（二）不当地适用最密切联系原则

最密切联系原则在决定法律选择时具有一定的指导作用，不仅体现在制定法律规定方面，还体现在法官的裁判过程中。最密切联系的适用侧重于赋予法官自由裁量权和司法能动性，保障法官对案件法律选择的推定。

---

① 《法律适用法司法解释（一）》第 6 条：中华人民共和国法律没有明确规定当事人可以选择涉外民事关系适用的法律，当事人选择适用法律的，人民法院应认定该选择无效。

② 上海市第二中级人民法院（2014）沪二中民一（民）终字第 294 号。

③ 北京市第二中级人民法院（2015）二中民终字第 11660 号。

对该原则作出规定，有助于指导法官在考虑整体案情、案件事实以及法律关系的基础上，选择具有最密切联系的国家或者地区的法律。适用最密切联系原则有助于实现法律选择的灵活性，具有较高的抽象性和间接性。①目前，各国都认可最密切联系原则的重要性，也纷纷适用最密切联系原则，但应当注意正确地、适当地适用最密切联系原则。如果法官不当适用该原则，以法律选择的方式达到特定的目的，选择的法律就不能保障案件结果的公正与合理，从而背离适用该原则的初衷。②

司法实践中，我国有法院对《法律适用法》第 2 条第 2 款理解有误，在欧某甲与欧某乙等遗嘱继承纠纷案③中，法院根据《法律适用法》第 2 条第 2 款裁定，因为本案中涉及的房屋在我国，我国是本案的最密切联系地，最密切联系地指向适用我国法律。我国《法律适用法》第 2 条第 2 款是具有补缺功能的兜底性条款。④ 法院只能在特殊情况下选择最密切联系地的法律。⑤ 换句话说，如果《法律适用法》及其司法解释，或其他法律中的有关条文对该涉外民事关系有明确规定，就应当得到优先适用，而不应适用《法律适用法》第 2 条第 2 款的规定。本案中，法院在可以适用《法律适用法》相关规定选择准据法时，直接以涉案房屋在我国为由，根据最密切联系原则适用我国法律作出裁判属于法律选择错误的情况，应当予以纠正。

第四节　完善我国涉外遗嘱法律选择规则之立法建议

《中国国际移民报告(2018)》的数据显示，中国已经成为世界第四大国

---

① 参见马志强：《正确适用最密切联系原则的理论构想》，载《郑州大学学报(哲学社会科学版)》2015 年第 5 期，第 75 页。

② 参见马志强：《正确适用最密切联系原则的理论构想》，载《郑州大学学报(哲学社会科学版)》2015 年第 5 期，第 76 页。

③ 广东省佛山市顺德区人民法院(2015)佛顺法均民初字第 468 号。

④ 参见杜涛：《涉外民事关系法律适用法释评》，中国法制出版社 2011 年版，第 57 页。

⑤ 参见黄进、姜茹娇主编：《〈中华人民共和国涉外民事关系法律适用法〉释义与分析》，法律出版社 2011 年版，第 6 页。

际移民来源国。① 为了维护我国公民的合法权益和海外侨胞的正当利益，我国应当借鉴各立法例的先进经验，完善涉外遗嘱的法律选择规则。

一、完善分割方法

一国内的法律制定是一个逐渐精细化的过程。当一个案件，或者更确切地说，当诉讼原因涉及的冲突与一个以上的问题有关时，法院应分别分析每一个冲突。根据具体情况，这种分析可能导致两种结果：一是所有问题适用同一国家的法律，二是同一诉讼中的不同问题适用不同国家的法律。后一种情况就导致了分割现象的产生。② 这种现象不是法律选择的目标，而是放弃传统法律选择理论和采用逐个分析方法的结果，某种程度上说，这种结果的产生是无意识的。③ 法律关系被不断细分，针对分割后的法律关系制定冲突规范是冲突法发展的必然趋势。④ 分割方法将遗嘱法律关系分割为不同方面，每个方面都规定连结点指引准据法的选择，体现了对冲突规范的软化处理趋势，已经成为重要的法律选择方法。与其他国家和地区的规定相比，我国应完善对分割方法的运用。

（一）采用"遗嘱"体例，规定涉外遗嘱继承的法律选择规则

目前，各国关于遗嘱冲突法的立法体例大致可以分为："遗嘱"体例和"遗嘱继承"体例。除英美法系的英国、美国、加拿大和南非外，采用"遗

----

① 参见《中国国际移民报告（2018）》，https：//www. pishu. com. cn/skwx＿ps/initDatabaseDetail？siteId＝14&contentId＝9724000&contentType＝literature&type＝%25E6%258A%25A5%25E5%2591%258A，最后访问日期：2022 年 6 月 23 日。

② See Symeon C. Symeonides, The American Choice-of-Law Revolution：Past, Present and Future 103（Martinus Nijhoff Publishers 2006）.

③ See Symeon C. Symeonides, The Challenge of Recodification Worldwide：The Conflicts Book of the Louisiana Civil Code：Civilian, American, or Original？, 83 Tulane Law Review 1067（2009）.

④ 参见肖永平、夏雨：《遗嘱能力的法律适用问题探讨——〈中华人民共和国民法（草案）〉第九编第七十二条之评析》，载《河南省政法管理干部学院学报》2005 年第 2 期，第 134 页。

嘱"体例的国家和地区共 49 个，有的国家和地区对遗嘱事项的分割较为细致，将遗嘱本身分割为五个甚至六个方面，即采用五分制或者六分制的分割方法。关于这两个体例在第二章已经有较为详细的阐述，在这里不再赘述。

我国的遗嘱冲突法体例不属于上述两种立法体例的范畴。《法律适用法》有 3 个条文涉及继承和遗嘱问题，分别规定了法定继承和遗嘱的法律选择规则，属于"法定继承—遗嘱"体例。这种模式漏掉了涉外遗嘱继承的法律选择规则，应该建立起一个逻辑结构更为完整的继承与遗嘱分立的"遗嘱"体例。在条文的设计安排上，笔者建议不区分法定继承与遗嘱继承，规定继承适用同一冲突规范，再分割遗嘱各具体事项，分别规定法律选择规则。提出此项建议的原因如下：

第一，满足司法实践的需要。"遗嘱"体例不仅体现立法设计的科学性，还能满足司法实践的需要。继承法律关系本就可以分为法定继承和遗嘱继承，二者同属于一个性质的法律关系，适用同一法律选择规则具有合理性。但我国《法律适用法》第 31 条关于继承的法律选择规则仅适用于法定继承，第 32 条和第 33 条又只涉及遗嘱方式和遗嘱效力，因此，在体例结构上，《法律适用法》的规定遗漏了遗嘱继承。采用"遗嘱"体例可以改变这种困境，"遗嘱"体例中继承准据法同时支配法定继承和遗嘱继承，依遗嘱可为何种行为(遗嘱继承)受继承准据法支配，由此建立起一个逻辑上完整的遗嘱法律选择规则体系。

第二，采用"遗嘱"体例更符合我国的立法规定。"遗嘱"体例和"遗嘱继承"体例都是受继承实体法的影响而建立的，形式有差异但都具有合理性和逻辑严密性。[①] 就我国的涉外遗嘱法律选择规则而言，作为一个成文法国家，我们不宜采用以普通法为基础而建立起来的"遗嘱继承"体例，而应采用"遗嘱"体例。随着跨国、跨境人员流动愈加频繁，跨国遗嘱纠纷案件数量和类型随之增加，运用分割方法选择准据法更符合未来的发展趋

---

① 参见李建忠：《论涉外遗嘱法律适用制度的发展趋势——兼论〈涉外民事关系法律适用法〉第 32、33 条的解释与完善》，载《法律科学(西北政法大学学报)》2014 年第 1 期，第 181 页。

势，有利于保障案件得到更为公正和合理的解决。① 现代遗嘱冲突法对分割方法的运用既符合法律选择稳定性和可预见性的要求，也有利于促进法律选择的灵活性，兼顾了冲突正义和实质正义两种价值追求。

（二）修改涉外遗嘱方式的法律选择规则

如何理解《法律适用法》第32条的范围，"遗嘱方式"这一措辞是否就是指遗嘱形式要件，在实务中存在较大争议。② 各国一般肯定遗嘱是要式法律行为，规定遗嘱成立的形式要求。因此，如果遗嘱人没有按照法律规定的方式订立遗嘱，则遗嘱无效。③ 立法上通常将遗嘱形式分为两大类，一类是普通形式，适用于正常情况；另一类是特别形式，适用于无法按照普通形式订立遗嘱的特殊情形。从具体内容上看，普通形式要比特别形式复杂、正式；而从适用范围上看，则是普通形式远远大于特别形式。无论普通形式还是特别形式，都主要包括遗嘱订立方式和遗嘱参与人资格两个方面。④

我国1985年《继承法》规定有五种订立遗嘱的方式，具体为口头遗嘱、书面遗嘱、公证遗嘱、录音遗嘱和代书遗嘱，其中，公证遗嘱的效力高于其他遗嘱，其他遗嘱不能改变和撤销公证遗嘱。这种规定存在不合理之处，为尊重遗嘱人的真实意愿，《民法典》删除了《继承法》中关于公证遗嘱效力优先的规定。随着科学技术的发展和人类生活的进步，各国都需要考虑传统的遗嘱方式是否能适应快速发展的信息技术。⑤ 为适应科学技术的发展需要，《民法典》还增加了打印和录像两种遗嘱方式。就遗嘱参与人而

---

① 参见黄进、杜焕芳等：《中国国际私法司法实践研究（2001—2010）》，法律出版社2014年版，第58页。

② 参见汪金兰：《涉外遗嘱继承法律适用的实证分析》，载《中国涉外家事法律论丛》（第1辑），法律出版社2017年版，第285页。

③ 参见史尚宽：《继承法论》，中国政法大学出版社2000年版，第398页。

④ 参见魏小军：《遗嘱有效要件研究——以比较法学为主要视角》，中国法制出版社2010年版，第21页。

⑤ See Irma Sasso, Will Formalities in the Digital Age: Some Comparative Remarks, 4 (1) Italian Law Journal 170(2018).

言，《民法典》第 1140 条规定无行为能力人、限制行为能力人、继承人、受遗赠人以及与继承人和受遗赠人有利害关系的人不可以做遗嘱见证人。

遗嘱形式要件的内涵是变化的，不同国家之间、同一国家在不同时期的具体要求可能会存在一定差别。但遗嘱参与人资格仍是非常重要的内容，除自书遗嘱外，一般都有见证人参与，对遗嘱见证人资格及对受益人身份重合问题的解决成为多数国家遗嘱法的重要内容。我国关于遗嘱形式要件的实体法规定比较完善，而在遗嘱冲突法上，从《法律适用法》第 32 条的表述方式可知，仅规定了作为遗嘱形式要件内容之一的遗嘱方式的法律选择规则，缺少了关于遗嘱参与人资格的法律选择规则。未来应该对该条文进行修改，采用"遗嘱形式"这一表述方式。

(三)增加涉外遗嘱能力的法律选择规则

司法实践中，我国法院在处理涉外遗嘱能力问题时通常会依据《法律适用法》第 33 条，该条是对遗嘱效力的规定，是否可以适用于遗嘱能力有待商榷。遗嘱的实质要件包括：遗嘱能力、真实意思表示、遗嘱受益人以及保留份等。遗嘱能力涉及的是遗嘱人行为能力问题，一般以年龄和心智状况为考量标准，不具有遗嘱能力的遗嘱通常是无效的。一项遗嘱符合实质要件和形式要件的要求才有可能产生效力，遗嘱能力与遗嘱效力不可等同。

关于涉外遗嘱实质要件的法律选择问题，有两种立法方式：第一，不分割遗嘱的实质要件，统一规定实质有效性的法律选择规则，这里的实质有效性通常被称为遗嘱效力，此时遗嘱效力的法律选择规则可以适用于遗嘱能力；第二，分割遗嘱实质要件为遗嘱能力和遗嘱效力，分别规定法律选择规则。遗嘱能力和遗嘱效力的准据法有相似性，但也存在细微的差别，二者发挥着不同的功能。对遗嘱能力准据法的选择，其目的在于判断遗嘱人生前以遗嘱方式指定继承人、分配遗产的行为是否有效，而对遗嘱效力准据法的选择旨在判断遗嘱最终可以产生何种法律结果。[①] 目前共有

---

① 参见肖永平、夏雨：《遗嘱能力的法律适用问题探讨——〈中华人民共和国民法(草案)〉第九编第七十二条之评析》，载《河南省政法管理干部学院学报》2005 年第 2 期，第 134 页。

31 个国家和地区运用分割方法，分别规定遗嘱能力和遗嘱效力的法律选择规则。

我国应当分割遗嘱实质要件为遗嘱能力和遗嘱效力，分别制定冲突规范指引准据法的选择。《法律适用法》第 33 条是关于"遗嘱效力"的冲突规范，司法实践中对这里的"遗嘱效力"含义有争议，造成法律选择的不确定性和模糊性。分割遗嘱实质要件，有助于准确地选择应当适用的法律。在借鉴各立法例的基础上，可以考虑规定为：涉外遗嘱能力，适用遗嘱人立遗嘱时的经常居所地法或者国籍国法。

(四)增加涉外遗嘱解释的法律选择规则

遗嘱解释对遗嘱继承和遗嘱效力有重要意义，适用不同国家的实体法解释遗嘱将直接影响当事人的权益。但我国学者对涉外遗嘱解释法律选择规则的研究较少，可能因为较少有立法例单独规定涉外遗嘱解释的法律选择规则。遗嘱解释变得越来越重要，这一问题理应受到我国学者和立法者的重视。我国没有规定关于涉外遗嘱解释的法律选择规则，因此司法实践中，法院在处理遗嘱解释问题时存在无法可依的状态。在董甲诉顾乙等遗嘱继承纠纷案[1]中，法院是直接作出解释的，并没有选择法律这一过程。对遗嘱的解释牵扯到不同语言、不同的文化背景以及解释习惯等因素，我

---

[1] 上海市第一中级人民法院(2014)沪一中民一(民)终字第 3413 号。本案中，法院认为本案的争议焦点在于，如何解读涉讼遗嘱中的下列文字，其原文为"Pursuant to Section (5) of the will, all automobiles, housebhold furnishing sand furniture, books, artworks, and the residuary estate, shall be distributed toAi-LinDongKoo, and upon herdeath to Bo-PingGu"，而根据原审审理中的相关译文"我把我的汽车、室内陈设和家具、书籍、艺术作品和剩余资产，即未通过此遗嘱或其他任何方式明确且合法有效处置的我的其他财产，都给予我的妻子董甲，或者，当我的妻子去世时，则给予我的儿子顾乙"，如果将此理解为由董甲继承或者其去世时，由顾乙继承，这一并列的选择性的解释显然会使遗嘱无法执行。根据《法律适用法》第 33 条，本案遗嘱当适用美国的法律，故本案涉讼遗嘱当属有效。根据《法律适用法》第 33 条之规定，遗产管理等事项，适用遗产所在地法律；由于本案涉讼的房屋在中国境内，故针对该财产的遗产执行理应适用我国法律，当然，在具体适用时，我们亦应探究立遗嘱人所立遗嘱的本意。

国法院直接予以翻译不免过于轻率。

遗嘱的实质有效性主要是解决遗嘱人意图的效力问题，与之不同，遗嘱解释是对遗嘱人的意向的探究，以解决遗嘱内容不清楚的问题。解释遗嘱时，遗嘱人往往已经去世，因此，有必要允许遗嘱人选择适用于遗嘱解释的准据法，以保障遗嘱人可以预见到其意愿会被如何解释，这也符合遗嘱自由的要求。遗嘱人的意向应当影响法律选择过程。① 因此，解释遗嘱时要充分考虑遗嘱人进行法律选择的意图。各国主要依属人法和意思自治原则决定遗嘱解释的法律选择，结合我国的情况，未来可以规定：涉外遗嘱解释，适用遗嘱人立遗嘱时的经常居所地法或者国籍国法，但遗嘱人可以明示选择其作出选择时或死亡时的经常居所地法或者国籍国法。

（五）增加涉外遗赠的法律选择规则

我国学者主张遗赠为债权。② 继承权既不属于物权也不属于债权，因此，也不能简单地将遗赠归为物权或债权法律关系的范畴。③ 在我国，遗赠与遗嘱继承有以下区别：首先，主体范围不同。遗嘱继承人的范围仅限于法定继承人，包括配偶、子女（孙子女、外孙子女为代为继承人）、父母、祖父母、外祖父母、兄弟姐妹。此外，对公婆或岳父母尽了主要赡养扶助义务的丧偶儿媳或者女婿，可以作为第一顺序的法定继承人。而受遗赠人的范围是国家、集体及法定继承人以外的人。其次，权利内容不同。遗嘱继承人在继承遗嘱人的财产权利的同时，要承担财产义务，即负责清

---

① 参见刘仁山：《加拿大国际私法研究》，法律出版社 2001 年版，第 289 页。

② 参见陈棋炎、黄宗乐、郭振恭：《民法继承新论》，台湾三民书局股份有限公司 2016 年版，第 353~355 页。

③ 参见张平华、刘耀东：《继承法原理》，中国法制出版社 2009 年版，第 144 页。刘春茂教授也认为遗赠非传统意义上的物权和债权可以涵盖的，因而不能把遗赠的法律效力归为物权或者债权，而将遗赠作为遗嘱继承的一种特殊形式，是遗嘱继承从属部分认为其具有独立的法律效力，既不同于物权，也不同于债权。因为遗嘱继承和遗赠的标的既包括有形财产权的继承和遗赠，也包括无形财产权的继承和遗赠。参见刘春茂主编：《中国民法学·财产继承》，人民法院出版社 2008 年版，第 378 页。

偿遗嘱人的债务。受遗赠人只享受财产权利却不承担财产义务。再次，权利行使方式不同。遗嘱继承人在继承开始后，遗产处理前，没有做出放弃或接受继承的意思表示的，视为接受继承。我国《民法典》第 1124 条第 2 款规定，受遗赠人应在知道受遗赠后 60 日内作出接受或放弃遗赠的表示，到期无表示的，则视为放弃受遗赠。最后，取得遗产的方式不同。遗嘱继承人在继承开始后，可直接参与遗产的管理和分配，以实现其继承权。而受遗赠人在作出接受遗赠的意思表示后，只能请求继承人或遗嘱执行人等交付受遗赠物以协助其实现受遗赠权。

实体法上的遗赠与遗嘱继承具有较大差异，冲突法上，涉外遗赠适用涉外遗嘱的冲突规范是不合理的。从司法实践来看，我国目前有制定涉外遗赠法律选择规则的现实需要。我国部分法院存在忽略识别而导致将涉外遗嘱的法律选择规则适用于涉外遗赠的情况，这就造成一个诡谲的现象，即，冲突法上涉外遗嘱等同于涉外遗赠，适用同一冲突规范选择适用某一内国实体法，又适用该实体法中关于遗赠的规定进行裁判。遗赠作为遗嘱处分的方式之一，确有单独规定其法律选择规则的必要。借鉴各国立法经验，未来我国可以区分遗赠的不同方面分别规定法律选择规则。首先，继承准据法支配下列事项：受遗赠人的范围、受遗赠人权利的性质和范围、接受或放弃遗赠的条件、遗赠的实施和归还。其次，遗赠人的遗赠能力、遗赠形式和遗赠解释可以参照有关遗嘱能力、遗嘱形式和遗嘱解释的法律选择规则。

二、增加连结点的数量

《法律适用法》第 32 条抛弃了不动产所在地和住所这两个连结点，涉外遗嘱方式适用遗嘱人立遗嘱时或死亡时的经常居所地法、国籍国法或者遗嘱行为地法。在传统的遗嘱冲突规范中，不动产所在地和住所地都是较为重要的连结点。曾经一段时期内，二者甚至是单独的连结点。但随着各国逐渐由区别制转向同一制，不动产所在地已经不如以前那样被各国立法例所采纳。此外，惯常居所地的出现也缓和了国籍和住所之争，已经有较多立法例以惯常居所地为主要连结点，特别是在处理涉外遗嘱继承、涉外遗嘱能力以及涉外遗嘱效力等事项上，连结点的变化较为明显。各国一般规定这些事项受惯常居所地法、国籍国法或者遗嘱人选择的法律调整，这种变化符合对遗嘱冲突规范的软化处理趋势。我国对经常居所地和国籍这两个连结点的采用，从整体上而言，顺应遗嘱法律选择方法的发展，特别是以经常居所地为主要连结点，体现了属人法的发展趋势。

但在处理涉外遗嘱形式的法律选择时，不动产所在地、遗嘱行为地、住所地以及其他连结点仍然占据重要地位。住所是一个非常有用的概念，它有两个重要作用：

第一，在冲突法层面上，选择法律时，住所可以帮助决定有关身份事项（比如婚姻、继承）的准据法；第二，在实体法层面上，住所意味着一个公民与其国家或者某特定地理位置的法律联系。① 国际私法的属人法事项，向来有"国籍国法主义"与"住所地法主义"的对立，时至今日，住所仍为属人法的基础，尤其在英美法系国家，住所仍处于至为重要的地位，即使在采"国籍国法主义"的国家，住所在国际私法上仍然常被使用，即仍具有重要性。② 为促进遗嘱形式上的有效性，各国一般尽量增加连结点的数量以增加法院可以选择的法律数量。海牙《遗嘱处分方式法律冲突公约》中，住所地、国籍、惯常居所地、不动产所在地等与遗嘱形式有关的连结点都被纳入考虑范围。受公约影响，世界各国和地区逐渐采取宽泛、灵活的规定。

在选择其他遗嘱事项上，可以选择的连结点数量较少，以遗嘱能力为例，有遗嘱能力的遗嘱人才可以订立遗嘱，这种特殊行为能力与遗嘱人的能力和身份等问题密切相关，国际社会一般认为应适用遗嘱人的属人法，属人法中的国籍、惯常居所地被经常采用。但是，正因为遗嘱能力的深刻

---

① See Nikolaos A. Davrados, Louisiana My Home Sweet Home: Decodifying Domicile, 64(2) Loyola Law Review 290-291(2018).

② 参见赖来焜：《当代国际私法学之构造论——建立以"连结因素"为中心之理论体系》，香港神州图书出版有限公司 2001 年版，第 427 页。

影响，如果遗嘱能力只能根据遗嘱人的属人法选择准据法，则可能会违反不动产所在地国的强制性规定。目前，有不少国家在这一问题上采用区别制，比如，英美法系的英国、美国以及大陆法系的法国等国家主张区分动产遗嘱能力和不动产遗嘱能力，分别选择连结点指引法律的选择，不动产遗嘱能力受不动产所在地法调整。

综上，不能随意舍弃不动产所在地和住所这两个连结点，至少在制定部分遗嘱事项的冲突规范时应当考虑这两个连结点的作用，①可以进行如下规定：遗嘱形式符合下列国内法之一，即为有效：（1）遗嘱行为地法；（2）遗嘱人立遗嘱时或死亡时的国籍国法、住所地法或者经常居所地法；以及（3）在涉及不动产时，亦可以依不动产所在地法。

三、有限地引入意思自治原则

《法律适用法》第3条规定了当事人意思自治原则，但将其放在第一章一般规定中，主要扮演一种立法宗旨的角色。在这一原则的指导下，《法律适用法》中诸多具体领域体现了意思自治原则，当事人可以协议选择合同、代理、信托、仲裁、夫妻财产关系、侵权等领域的准据法。②《法律适用法》第16条、第17条、第18条、第24条、第26条、第37条、第38条、第41条、第44条、第45条、第47条、第49条以及第50条对适用意思自治原则作出了具体规定。但《法律适用法》第4章并未引入意思自治原则，即理论上遗嘱人不得依意思自治原则选择准据法。司法实践中，我国法院在处理涉外遗嘱纠纷时常常适用当事人选择的法律，在意思自治原则的扩张发展趋势下，从立法和司法两个层面而言，我国都应该引入意思自治原则。

社会上的每个人都会为自己的利益考虑，特别是在自己与他人发生利

---

① 参见高宏贵、徐妮娜：《论我国涉外遗嘱继承法律适用之规定》，载《社会主义研究》2013年第6期，第119~120页。

② 参见黄进、姜茹娇主编：《〈中华人民共和国涉外民事关系法律适用法〉释义与分析》，法律出版社2011年版，第4页。

益冲突的时候，每个人都会或多或少地从自己的角度考虑，选择有利于本人的法律。在遗嘱冲突法领域引入意思自治原则，不是一个简单的任务。① 允许遗嘱人依意思自治原则选择准据法必须受到社会公共利益的限制。② 即使意思自治在遗嘱领域有扩张的趋势，也需要适度限制，只能在与各方当事人有充分联系的法律中选择，这种选择不仅要考虑空间范围，还要参考选择法律的时间因素。③ 简言之，即我国应该有限地引入意思自治原则。

第一，遗嘱人可以选择的法律范围仅限于国籍国法。考察前述各立法例的规定可知，除 1989 年海牙《死者遗产继承法律适用公约》提供了国籍国法和住所地法两个选择之外，乌兹别克斯坦、亚美尼亚、白俄罗斯、阿塞拜疆、保加利亚、乌克兰、罗马尼亚、摩纳哥、爱沙尼亚、北马其顿这10 个国家规定只可以选择遗嘱人的国籍国法。2012 年《欧盟继承条例》第22 条也规定遗嘱人可以选择国籍国法。有学者认为，条例赋予遗嘱人的准据法选择权是该条例最显著的特点。④ 根据条例序言第 38 段的解释，将可以选择的法律限制为遗嘱人的国籍国法"是为了确保遗嘱人与其所选择的法律有关联，尤其是为了避免破坏享有保留份额的人的合法期待"。第 22条实际上也是第 21 条的补充，尤其是考虑到欧盟内部人员的流动性，给予遗嘱人事先选择的权利，有利于提高法律选择的可预见性，这是第 21 条所

① See Janeen Carruthers, Party Autonomy in the Legal Regulation of Adult Relationships: What Place for Party Choice in Private International Law?, 61 (4) The International and Comparative Law Quarterly 913(2012).

② See Andrea Slane, Tales, Techs and Territories: Private International Law, Globalization and the Legal Construction of Borderlessness on the Internet, 71 Law and Contemporary 131(2008).

③ See Janeen Carruthers, Party Autonomy in the Legal Regulation of Adult Relationships: What Place for Party Choice in Private International Law?, 61 The International and Comparative Law Quarterly 912(2012).

④ See Fontanellas Morell & Josep Maria, Freedom of Testation and Freedom of Choice of the Law Applicable to the Succession, 10(2) Cuadernos de Derecho Transnacional 376 (2018).

不能达到的优势。借鉴各国以及欧盟的立法经验，我国可以规定遗嘱人只能选择其作出法律选择时的国籍国法。

第二，遗嘱人必须以明示的方式作出选择。对于明示的方式，各国的解读不同，韩国仅规定遗嘱人应以明示方式选择，多米尼加、爱沙尼亚和摩纳哥都规定遗嘱人须通过遗嘱形式作出选择。黑山规定法律选择必须是以遗嘱方式明示或者通过案件情况明确地表现出来。2012 年《欧盟继承条例》的解释更为详细，第 22 条规定，一个人可以选择适用他作出选择时或者死亡时拥有的国籍国法，但必须是以遗嘱的方式作出，比如他的遗嘱处分参考了国籍国法律的特别规定，或者提到了国籍国的法律，由此可以推断出遗嘱人选择了该国籍国法律。①

四、规定例外条款

《法律适用法》第 2 条第 2 款关于最密切联系原则的规定发挥着兜底救济的功能，因此，有些学者主张我国并未将其上升为法律选择的基本原则。② 那么，最密切联系原则是否发挥着例外条款的作用呢？显然，遗嘱冲突法中没有采用例外条款，但我国合同法领域早已出现例外条款。1987年最高人民法院颁布《关于适用〈涉外经济合同法〉若干问题的解答》（以下简称《解答》），其第 2 条第 6 款规定，若合同明显地与另一国家或者地区的法律具有更密切的联系，则法院应适用该法律。③ 2007 年 8 月 8 日施行的最高人民法院《关于审理涉外民事或商事合同纠纷案件法律适用若干问题的规定》有类似的规定，针对第 5 条第 2 款规定的 17 种合同的特征履行地，第 3 条规定，如果有更密切联系的情况下，例外地适用其他法律。

---

① See Juan Carlos Olarra, Recent Developments in the European Union, 20 Trusts & Trustees 157(2014).

② 参见刘想树：《论最密切联系的司法原则化》，载《现代法学》2012 年第 3 期，第 132 页。

③ 1999 年 3 月 15 日，第九届全国人民代表大会二次会议通过了《中华人民共和国合同法》，从 10 月 1 日起施行，原《经济合同法》《涉外经济合同法》和《技术合同法》同时废止。

《法律适用法》第 41 条也是关于例外条款的规定。① 这些例外条款都仅限于合同法领域，体现了合同法律选择规则的灵活性。但目前，我国尚未出现其他关于例外条款的规定。

在制定《法律适用法》时，学者建议稿中曾有关于例外条款的规定。学者建议稿第 6 条有关"适用更适当的法律"的规定，将最密切联系原则提升为法律选择的基本原则，要求按照实质重于形式的方式对所有冲突规范指向的结果通过最密切联系精神予以矫正，只要"本法规定应当适用的法律与涉外民事关系联系并不密切，而明显地与另一法律有更为密切的联系，可以作为例外适用另一法律……"但在提交给十一届全国人大常委会第十六次会议的审议稿中，该条被修改为："涉外民事关系适用的法律，应当与涉外民事关系有最密切联系。"在该法的正式文本中，则将其从基本原则更改为兜底补充规则。② 这种修改反映出立法者对法院自由裁量权的限制，但《法律适用法》第 2 条又为法官的自由裁量权提供了可能。

依最密切联系原则指导法律选择的方法，在新近的理论与实践中越来越得到肯定和推广，并成为判断有关冲突法是不是"现代化"了的一项重要标准。③ 由于依据最密切联系原则去选择法律，能够适应当前涉外民事关系复杂多变的客观形势的需要，可以避免传统冲突规范造成的缺陷，因而这种方法具有明显的优越性。最密切联系原则提取了美国冲突法革命成果的精华，赋予了传统法律选择方法以时代精神，代表了国际私法价值取向由形式正义向实质正义的转变，它根植于西方，移植我国尚缺乏历史的积淀。④

---

① 《法律适用法》第 41 条：当事人可以协议选择合同适用的法律。当事人没有选择的，适用履行义务最能体现该合同特征的一方当事人经常居所地法律或者其他与该合同有最密切联系的法律。

② 参见刘想树：《论最密切联系的司法原则化》，载《现代法学》2012 年第 3 期，第 134 页。

③ 参见李双元：《国际私法（冲突法篇）》，武汉大学出版社 2016 年版，第 241 页。

④ 参见马志强：《正确适用最密切联系原则的理论构想》，载《郑州大学学报（哲学社会科学版）》2015 年第 5 期，第 74 页。

　　鉴于我国的立法和司法实践状况，规定例外条款应以遗嘱人未选择法律或者遗嘱人选择法律无效为前提，以实现最密切联系原则对意思自治原则的矫正作用。若所有情况均表明，遗嘱人在死亡时明显地与另一国家或地区的法律有更密切的联系，则作为例外，排除本应适用的法律。如果遗嘱人已经作出了法律选择，则不适用前款规定。

结　语

　　各国的法律传统、历史文化以及继承习惯存在较大差异，遗嘱法律冲突一直存在。早期，关于涉外遗嘱的法律选择规则一般极为概括，依靠某一种连结点来选择法律越来越受到人们的批判。遗嘱法领域已经出现了激进的方法论变革，各国通过变革连结点的方式软化遗嘱冲突规范，法律选择方法由"简单"向"复杂"方向发展，传统的客观连结点逐渐被主观连结点所取代，呈现多种法律选择方法并存的局面。

　　分割方法是对一个问题的不同方面进行分割处理，对该方法展开研究，有助于厘清遗嘱冲突法的特殊分割问题。运用分割方法既符合法律选择稳定性和可预见性的要求，也有利于促进法律选择的灵活性，体现了冲突正义和实质正义两种价值追求。得益于分割方法的优势，其从产生以来发展迅速，已经成为遗嘱的重要法律选择方法之一。不管各国是否明确使用分割方法这一表达方式，许多立法规定以及案件判决都体现了分割方法的思想。由于该方法给结果选择留下了操作空间，因此，有利于激励司法创新。但是，若不能有效地、合理地限制分割的程度，可能会导致法律选择结果过于灵活。我国应完善对分割方法的运用，以更好地发挥其价值和功能。

　　属人法是决定涉外遗嘱法律选择的重要规则，但各国在具体适用时存在差异。在决定涉外遗嘱继承、涉外遗嘱能力、涉外遗嘱效力的准据法时，通常将其作为一般性规则予以适用。在决定涉外遗嘱形式的准据法时，一般作为选择性规则予以适用。但在采用区别制的国家，遗嘱人的属人法与不动产所在地法是并列适用的。依属人法决定涉外遗嘱的法律选择也离不开对连结点的选择，但是连结点的选择从来就不是任意的，有其客观依据。惯常居所地已经成为重要的属人法连结点，较住所而言，惯常居所地不是一个僵硬的连结点，更符合现代社会的需要。每个案件的情况都千差万别，不需要硬性地规定惯常居所地的成立条件和标准，而是需要法官在处理案件时综合考量案件所有因素进行认定。

依意思自治原则决定法律选择的方法已成为一种基本的方法，它在20世纪中期以来所表现出的强大生命力还在持续增强，目前欧盟立法的趋势是倾向于允许当事人意思自治。遗嘱冲突法中引入意思自治原则可以增加法律选择的确定性与可预见性，达成具体案件判决的一致。意思自治原则有扩张的发展趋势，其形成并非出于偶然或是突变，而是有着多方面的原因可探究。不应忽视的是，遗嘱不仅产生财产法上的效果，还具有一定的人法性质，发挥着维护家庭关系和社会稳定的功能。若要保证判决的一致性，必须对意思自治原则进行一定程度的限制，一方面要求限制遗嘱人可以选择的法律范围，另一方面要求遗嘱人采取明示或默示的方式，并且要考虑明示或默示的程度。

多样和复杂的国际私法关系要求最密切联系原则得到广泛和合理的运用，在此背景下，例外条款应运而生。与其他领域不同，遗嘱冲突法中，特别例外条款的数量要远远少于一般例外条款，而且是纷纷效仿瑞士制定的，带有浓厚的瑞士特色。作为法律选择方法的例外条款在遗嘱冲突法中的具体适用还未被广泛采纳，严格意义上的特别例外条款目前只有2012年《欧盟继承条例》的第21条第2款，条例的立法者试图给例外条款的适用设定标准，但仍然遗留诸多亟待解决和回答的问题。例外条款有助于矫正不当的法律选择，是弥补传统法律选择方法之机械性和盲目性的方法之一。在适用例外条款时，法官一方面需要确认冲突规范中的连结点与案件联系不足，另一方面还需要证明替代适用的法律与案件存在更加密切的联系。

　　随着全球人口数量的不断增加以及跨国、跨境人口流动愈加频繁，我国法院未来会遇到更多涉外遗嘱纠纷。为了维护我国公民的合法权益和海外侨胞的正当利益，未来应当借鉴各立法例的先进经验，完善关于涉外遗嘱的法律选择规则。为此，我国应完善分割方法，增加连结点的数量，有限地引入意思自治原则以及规定例外条款。

附录 涉外遗嘱法律选择规则的 立法例统计①

序号	立法例	法条规定
1	1896 年《德国民法典施行法》（2017 年 6 月 17 日文本）	第 25 条：因死亡而发生的权利继承，只要其不在《（欧盟）第 650/2012 号条例》的适用范围之内，则参照适用该条例第三章的规定。 第 26 条（死因处分的形式）：1. 在实施 1961 年 10 月 5 日《关于遗嘱形式法律适用的海牙公约》第 3 条时，一份遗嘱，即使系由数人在同一文件上设立或者据此而撤销了以前的遗嘱，只要其符合适用于因死亡而发生的权利继承的法律或者设立遗嘱时本应适用的法律所规定的形式要件，则在形式上有效。《海牙公约》的其他条款不受影响。2. 因死亡而发生的其他处分行为之形式，以《（欧盟）第 650/2012 号条例》第 27 条的规定为准。
2	1939 年《泰国国际私法》	第 37 条：不动产继承，依财产所在地法。 第 38 条：动产继承，不论法定继承或遗嘱继承，都依被继承人死亡时之住所地法。 第 39 条：遗嘱的能力，依遗嘱当时遗嘱人的本国法。 第 40 条：遗嘱的方式，依遗嘱人本国法，或依遗嘱地法。 第 41 条：遗嘱的效力与解释以及遗嘱的全部或部分无效，依遗嘱人死亡时住所地法。 第 42 条：撤销全部或部分遗嘱，依撤销时遗嘱人住所地法。遗嘱全部或部分条款失效消灭，依遗嘱人死亡时之住所地法。

---

① 除英国、美国、南非和加拿大以外，附录部分统计了 61 个国家和地区的立法例。

序号	立法例	法条规定
3	1941 年《乌拉圭国际私法》	第 2400 条：对死者遗留的财产，完全按其死亡时财产所在地的法律规定行使法定继承权或遗嘱继承权。
4	1946 年《希腊民法典》	第 28 条：继承关系适用被继承人死亡时的本国法。
5	1948 年《埃及民法典》	第 17 条：继承、遗嘱以及其他死亡遗赠，适用被继承人、遗嘱人或遗赠人死亡时的本国法。但遗嘱的形式由遗嘱人立遗嘱时的本国法或遗嘱成立地法规定。其他死亡遗嘱的形式亦同。
6	1962 年《马达加斯加国际私法》	第 31 条：不动产继承适用不动产所在地法。动产继承适用被继承人住所地法。 第 32 条：赠与适用赠与人本国法。
7	1965 年《中非国际私法》	第 43 条：不动产继承，适用不动产所在地法。动产继承，适用被继承人住所地法。
8	1966 年《葡萄牙民法典》	第 62 条(准据法)：继承适用被继承人死亡时的属人法，该准据法同样适用于继承财产管理人和遗嘱执行人的权限问题。 第 63 条(立遗嘱能力)：1. 立遗嘱或变更、取消遗嘱的能力，以及因立遗嘱人年龄原因对立遗嘱的方式提出的特殊要求，适用立遗嘱人立遗嘱时的属人法。2. 立遗嘱后，立遗嘱人的属人法发生变化的，立遗嘱人可依前款规定，取消遗嘱。 第 64 条(遗嘱的瑕疵和解释)：立遗嘱人立遗嘱时的属人法适用于：1. 遗嘱的内容和解释。但遗嘱本身明确提出适用其他法律的除外。2. 遗嘱的瑕疵。

续表

序号	立法例	法条规定
9	1972年《加蓬民法典》	第53条：（1）不动产，依不动产所在地法。（2）动产，依死者最后住所地法。但是，与营业资产有关的继承，依主事务所所在地法。 第54条：当一项继承既涉及在加蓬的财产，又涉及在外国的财产，而在该外国，作为共同继承人之一的加蓬人仅因其为外国人而处于不利地位时，他可以在财产分割前，从在加蓬的动产或不动产中，提取与其被剥夺的部分等量的份额。
10	1972年《塞内加尔家庭法》	第847条：涉及继承范围、继承顺序以及继承人之间各自资产与债务转移有关的遗产归属问题，由死者本国法确定。关于继承选择权、继承人的占有、共同继承、遗产分割以及调整债务比例的程序，由继承开始地法确定。继承不动产和营业资产时，该财产所有权的转移，依财产所在地法。 第848条：遗嘱的形式，依立遗嘱地法确定。但遗嘱同样可以依立遗嘱明示选择的其他法律订立。遗嘱继承，依死者本国法。继承规则由继承开始地法确定。赠与的方式，依行为地法，但也可依照各方明示选择的其他法律。默示赠与的效力，由赠与行为地法调整。可自由赠与的份额和继承人对特留份的权利依死者本国法，减少捐赠的方式和顺序依继承开始地法。
11	1976年《约旦民法典》	第18条：1.继承、遗嘱以及基于死亡而设立的其他处理措施，适用死者、遗嘱人或遗赠人死亡时的国家的法律。2.遗嘱的形式，适用立遗嘱人立遗嘱时之本国法；也可适用遗嘱订立地国家的法律。其他基于死亡而设立的处理措施也应如此。

序号	立法例	法条规定
12	1978 年《奥地利国际私法》（2017 年文本）	第 28 条：1. 基于死亡的权利继承，依照被继承人死亡时的属人法判定。2. 如果遗嘱查验程序系在奥地利进行，则遗产继承权的取得及遗产债务责任，依照奥地利法律判定。 第 30 条：1. 设立遗嘱的能力以及遗嘱、继承合同或者放弃继承的合同的其他有效要件，依照被继承人实施该法律行为时的属人法判定。如果依照该法为无效，而依照被继承人死亡时的属人法为有效时，以后者为准。2. 对上述法律行为的撤销或者取消，类推适用第 1 款的规定。
13	1980 年《多哥家庭法典》	第 714 条：法定继承人的范围与继承顺序适用被继承人本国法。 第 715 条：财产的继承和分割适用继承处理地法。 第 716 条：不动产和商业财产的继承适用财产所在地法。 第 717 条：遗嘱的方式适用立遗嘱地法或立遗嘱人明示选择的法律。 第 718 条：遗嘱继承依被继承人本国法。 第 719 条：赠与的方式适用赠与行为地法，或适用当事人各方明示选择的法律。 第 720 条：赠与的效力适用赠与行为履行地法。 第 721 条：可继承的份额和继承人的保留权适用继承人本国法。扣除捐赠的方式和顺序适用处理继承事项地的法律。
14	1980 年《布隆迪国际私法》	第 4 条：遗嘱的方式适用立遗嘱地法，遗嘱的内容适用立遗嘱人的本国法。尽管如此，外国人在布隆迪立遗嘱的，其方式也可以适用立遗嘱人本国法。
15	1984 年《秘鲁民法典》	第 2100 条：继承，无论遗产在何国，只适用死者最后住所地法。 第 2101 条：如果依死者住所地法，遗产须交给外国或其权力机关，对死者在秘鲁的财产继承，依秘鲁法。
16	1985 年《巴拉圭国际私法》	第 25 条：动产和不动产的法定继承和遗嘱继承、继承人的顺序和遗嘱继承的有效性适用被继承人最后住所地法。但位于巴拉圭境内的财产的转移问题，适用巴拉圭法。

续表

序号	立法例	法条规定
17	1987 年《瑞士〈关于国际私法的联邦法〉》(2017 年文本)	第 90 条 [II. 应适用的法律: 1. 最后住所在瑞士]1. 最后住所在瑞士的人, 其遗产继承适用瑞士法律。2. 但外国人可通过遗嘱或继承合同使其遗产继承受其任何一个本国法支配。如果该人在死亡时已不再具有该国国际或已成为瑞士国民, 则不适用前述规定。第 91 条 [2. 最后住所在外国]1. 最后住所在外国的人, 其遗产继承适用其最后住所地国家的冲突法所指引的法律。2. 在原籍地的瑞士法院或行政机关根据本法第 87 条规定有管辖权的范围内, 最后住所在外国的瑞士被继承人的遗产继承适用瑞士法律, 但被继承人在遗嘱或继承合同中明确表示保留适用其最后住所地法律的除外。第 93 条 [4. 方式]1. 遗嘱的方式, 适用 1961 年 10 月 5 日《关于遗嘱处分方式法律适用的海牙公约》。2. 其他的死因处分方式, 类推适用该公约的规定。第 94 条 [5. 处分能力]如果一人在实施处分行为时根据其住所地法律、惯常居所地法律或其他任何一个本国法律有处分能力, 即可进行死因处分。
18	1991 年《加拿大魁北克民法典》	第 3098 条: 动产继承适用死者最后住所地法, 不动产继承适用物之所在地法。但是, 任何人都可通过遗嘱选择其订立遗嘱时或死亡时的住所地法或本国法作为其遗产继承的准据法, 或者, 也可选择其拥有的不动产的所在地法, 但该法仅适用于与该项不动产有关的问题。第 3099 条: 如果所选定的法律将在很大程度上剥夺死者配偶或子女在没有此选择时所享有的天然继承权, 则该项对继承的准据法所作的选择无效。如果该项选择损及财产所在地国鉴于特定财产的经济、家庭或社会目的而对其设立的特殊继承制度, 则该项选择亦归于无效。

序号	立法例	法条规定
19	1991 年《美国路易斯安那州新的国际私法立法》	第 3528 条(遗嘱处分财产的形式有效性)：遗嘱处分财产在形式上如果是以书面做成并符合以下法律则为有效：(1)本州法律；或(2)立遗嘱时立嘱行为地州法律；或(3)立嘱人立嘱时或死亡时住所州法律；或(4)对于不动产，则为不动产所在地州法院可能适用的法律。 第 3529 条(承诺的能力及其瑕疵)：如果某人在立遗嘱时根据其立遗嘱时或死亡时住所地州法律具有立嘱能力，则其具有立嘱能力。如果立嘱人根据两个州的法律均具有立嘱能力，则其在遗嘱中所表达的意愿只要根据那些州中至少一个州的法律无瑕疵，则应被认为无瑕疵。如果立嘱人只是根据第一款中所提到的州中一州的法律具有立嘱能力，则其在遗嘱中所表达的意愿仅在该州法律无瑕疵时才可被认为无瑕疵。 第 3530 条(继承人或受遗赠人的资格)：继承人或受遗赠人的资格或无资格依照死者死亡时住所地州法律确定。但是，对于位于本州的不动产，受遗赠人必须具有本州法律规定的资格。 第 3531 条(遗嘱的解释)：遗嘱中所使用的词汇和用语的意思依照立嘱人为该目的而明示的，或在他立遗嘱时显然意欲适用的州的法律确定，在缺乏此种明示或默示的选择时，则依照立嘱人立嘱时住所地州法律。 第 3532 条(动产)：除本章另有规定外，对动产的遗嘱继承和无遗嘱继承均受死者死亡时住所地州法律支配。 第 3533 条(位于本州的不动产)：除本章另有规定外，对于位于本州的不动产的遗嘱继承和无遗嘱继承受本州法律支配。如果死者在死亡时以及在取得该不动产时均不在本州定居，并且其在死亡时也未留下定居于本州的享有特留份的继承人，则本州的特留份继承法不予适用。 第 3534 条(位于他州的不动产)：除本章另有规定外，对于位于他州的不动产的遗嘱继承和无遗嘱继承受该州法院可能适用的法律支配。如果死者在定居于本州时死亡并留下至少一个当时居住于本州的享有特留份的继承人，在计算可处分的继承份额和满足合法继承人的愿望时应将该不动产的价值包括在内。

序号	立法例	法条规定
20	1992 年《澳大利亚法律选择法案》	12.（1）一份遗嘱书，如果其执行符合以下任一法律，则可被认为已有效设立：（a）遗嘱执行地有效的法律；（b）在设立时或立嘱人死亡时立嘱人住所地或惯常居所地有效的法律；（c）设立时或立嘱人死亡时其国籍国有效的法律；（d）考虑到船舶或飞行器的登记及其他相关事项，如果遗嘱是在船舶或飞行器上设立（不论何种形式），则为与船舶或飞行器有最密切和最真实联系的地点有效的法律；（e）如果遗嘱处理的是不动产，则为财产所在地有效的法律。 （2）第一项（c）中所指国籍国有效的法律，当该国存在两个或更多的法律体系，而且都对遗嘱的适当订立或适当解除作出了规定时，是指以下法律：（a）如果在该国全境适用着某项法律规则专门确定上述法律体系中何者适用于该案情——则为该规则所确立的法律体系；或（b）在其他情况下——在相关时间与立嘱人有密切联系的法律体系。 （3）有关遗嘱的解释而提起的问题依照以下法律解决：（a）遗嘱订立时立嘱人住所地有效的法律；或（b）如果经证明立嘱人立嘱时意欲使遗嘱的解释问题受其他地点有效的法律支配——则为该其他地点有效的法律。 （4）某一遗嘱是否因结婚或离婚而被撤销的问题依照死者结婚或离婚时住所地有效的法律确定。 （5）其他有关继承的问题，除有关立嘱人的立嘱能力问题之外，依照死者最后住所地有效的法律确定。本项意义上的法律包括有关法律选择的法律。
21	1994 年《蒙古国民法典》	第 436 条：1. 继承关系，由被继承人最后永久住所地所在国的法律调整。2. 被继承人的行为能力、遗嘱的形式、遗嘱的订立和变更，由被继承人在订立或变更此等遗嘱时的最后永久住所地所在国的法律确定。但如果订立或变更遗嘱符合遗嘱订立地或变更地国和蒙古国法律的要求，不能仅因形式不合要求而认为此等遗嘱无效。3. 只能依蒙古国法律继承处在蒙古国领土上的不动产。就处在蒙古国领土上的不动产订立的遗嘱，不论是订立遗嘱的程序还是遗嘱的形式，都适用蒙古国法律。

序号	立法例	法条规定
22	1995 年《朝鲜涉外民事关系法》	第 45 条：不动产继承受不动产所在地国家的法律支配，动产的继承受被继承人本国法支配。但是，定居国外的朝鲜人民民主主义共和国公民继承动产的，适用被继承人居所地国家的法律。定居外国的朝鲜人民民主主义共和国的公民无继承人的，其可继承的财产可由与该公民关系最密切的人继承。 第 46 条：遗嘱及遗嘱的修改受立嘱人本国法的支配。遗嘱的形式及遗嘱的修改如果符合朝鲜人民民主主义共和国法律、立嘱行为地国家法律、立嘱人居所地国家法律，或者不动产所在地国家法律的，得被认为有效。
23	1995 年《意大利国际私法制度改革法》	第 46 条(继承)：1. 继承受死亡时对其财产有争议的死者有效的死者本国法支配。2. 财产有争议者可以通过遗嘱明示，对他的继承受其居住地国法律支配，但如果其死亡时已不再居住在该国，那么这种选择无效。在继承人系意大利公民的情形下，上述法律选择不能影响意大利法律赋予继承人的权利，只要继承人在财产有争议的死者死亡时居住在意大利。3. 遗产的分割受继承所适用的法律支配，除非共同继承人合意指定由继承开始地或者一项或多项财产所在地法支配。 第 47 条(处分的能力)：遗嘱的设立、修改和撤销受遗嘱人在设立、修改或撤销遗嘱时对其有效的遗嘱人的本国法支配。 第 48 条(遗嘱的形式)：就形式而言，如果一项遗嘱依据遗嘱作出地国法、遗嘱人作成遗嘱时或死亡时的本国法，遗嘱人住所地法或居所地法在形式上是有效的，则该遗嘱应为有效。

序号	立法例	法条规定
24	1996年《列支敦士登关于国际私法的立法》	第29条(死亡的权利继承)：(1)死亡的权利继承适用被继承人死亡时国籍法。(2)如果一份遗嘱需要由列支敦士登法院执行，则死亡的权利继承在第(3)款和第(4)款条件下适用列支敦士登法律。(3)外国被继承人可以通过遗嘱或者遗产处分协议选择其母国法或者其最后惯常居所地国法作为其权利继承的准据法。(4)住所在国外的本国被继承人可以通过遗嘱或者遗产处分协议选择其母国法或者其最后惯常居所地国法作为其权利继承的准据法。 第30条(遗嘱的有效性)：(1)立嘱能力及其他对于遗嘱、遗产处分协议或放弃遗产继承协议所需的条件，只要其符合以下法律之一，即为成立：a.被继承人实施法律行为时或死亡时的母国法；b.被继承人实施法律行为时或死亡时的惯常居所地国法律；c.列支敦士登法律，如果遗嘱将由一列支敦士登法院执行。(2)第(1)款的规定原则上也适用于该法律行为的撤销或解除。
25	1997年《乌兹别克斯坦共和国民法典》	第1197条(继承关系)：只要本法典第1198、1199条未作其他规定，且被继承人未在遗嘱中选择其国籍国法，则继承关系依照被继承人的最后固定住所地国法律确定。 第1198条(设立及废除遗嘱的能力、设立及废除遗嘱的形式)：只要被继承人未在遗嘱中选择其国籍国法，则被继承人设立或废除遗嘱的能力、设立及废除遗嘱的形式，依照被继承人在设立或废除遗嘱时的固定住所地国法律确定。遗嘱以及遗嘱的废除，只要其形式满足遗嘱作成地、废除地的要求或者符合乌兹别克斯坦共和国法律规定的形式要求，则不得因未遵守形式规定而被认定为无效。 第1199条(不动产以及须经国家注册机关注册的财产之继承)：不动产的继承，依照该不动产所在地国法继承，继承已在乌兹别克斯坦共和国国家注册机关注册的财产，则依照乌兹别克斯坦共和国法律确定。

续表

序号	立法例	法条规定
26	1998 年《突尼斯国际私法典》	第 54 条：继承由被继承人死亡时的本国法，或其最后住所地所在国法或遗产所在地国法支配，上述法律均限于国内法的范畴。继承的准据法未将位于突尼斯的财产分配给任何可继承的自然人时，此种财产应归属于突尼斯。 第 55 条：遗赠由立遗嘱人死亡时的本国法支配。遗嘱的形式由立遗嘱人的本国法或遗嘱成立地法支配。 第 56 条：赠与由赠与合意成立时赠与人的本国法支配。赠与的形式，由赠与人的本国法或赠与文书成立国法支配。
27	1998 年《委内瑞拉〈关于国际私法的法律〉》	第 34 条：继承依被继承人的住所地法。 第 35 条：被继承人的晚辈、前辈及未进行法定财产分割的幸存配偶，可对位于共和国境内的遗产行使委内瑞拉法律所赋予的法定继承权。
28	1998 年《格鲁吉亚〈关于调整国际私法的法律〉》	第 55 条（继承关系）：继承关系，由被继承人死亡时的国籍国法调整。对于无国籍人，则以其最后的惯常居所地法为准；无惯常居所地的，适用格鲁吉亚法律。 第 56 条（遗嘱的形式）：遗嘱符合下列任何一个国家法律所规定的形式要求的，则在形式上视为有效：（1）被继承人死亡时的国籍国；（2）被继承人死亡时的惯常居所地国；（3）遗嘱所处分的不动产所在地国。
29	1998 年《吉尔吉斯共和国民法典》	第 1206 条（继承关系）：继承关系，只要本法典第 1207、1208 条未作其他规定，适用被继承人的最后住所地国法，除非被继承人已在遗嘱中选择了其国籍国法。 第 1207 条（设立或撤销遗嘱的能力、设立及撤销遗嘱的形式）：设立或撤销遗嘱的能力、设立及撤销遗嘱的形式，依照被继承人设立或撤销遗嘱时的固定住所地国法，除非被继承人已在遗嘱中选择了其国籍国法。但是，只要遗嘱及其撤销满足了遗嘱设立地或撤销地的法律要求或吉尔吉斯共和国法律要求，则不得因不符合形式而被视为无效。 第 1208 条（不动产以及须经国家等级机关注册的财产之继承）：不动产的继承，依照该不动产所在地国法。已在吉尔吉斯共和国国家登记机关注册的财产之继承，依照吉尔吉斯共和国法律。

序号	立法例	法条规定
30	1999年《斯洛文尼亚共和国〈关于国际私法与国际诉讼的法律〉》	第32条：1.继承，依照被继承人死亡时的国籍国法。2.立遗嘱能力，由遗嘱人设立遗嘱时的国籍国法支配。 第33条：就遗嘱形式而言，如果依照下列法之一有效，则为有效：(1)遗嘱设立地法；(2)遗嘱人处分遗嘱时或死亡时的国籍国法；(3)遗嘱人处分遗嘱时或死亡时的住所地法；(4)遗嘱人处分遗嘱时或死亡时的居所地法；(5)斯洛文尼亚共和国法律；(6)对于不动产，亦依不动产所在地法。
31	1999年《亚美尼亚共和国民法典》	第1292条(继承关系)：1.继承关系，依遗产人的最后住所地国法确定，但立遗嘱人已在遗嘱中选择其国籍国法的除外。2.当事人设立或撤销的能力，以及遗嘱的形式或其撤销文书的形式，依立遗嘱人作成该遗嘱或遗嘱撤销文书时的住所地国法确定。但是，遗嘱或撤销遗嘱的文书，如果其形式已满足遗嘱或撤销文书作成地法或者亚美尼亚共和国法的要求，则不得因其形式不符而被认定无效。 第1293条(不动产的继承)：不动产的继承，依该不动产所在地国法确定。
32	1999年《白俄罗斯共和国民法典》	第1133条(继承关系)：只要本法典第1134、1135条未作其他规定，且被继承人在遗嘱中未选择其国籍国法，则继承关系适用被继承人的最后固定住所地国法律。 第1134条(不动产以及须经注册财产的继承)：不动产的继承，依该不动产所在地国法确定，对于已在白俄罗斯共和国注册的财产的继承，则依白俄罗斯共和国法律确定。 第1135条(遗嘱能力、遗嘱以及废弃遗嘱的文书的形式)：只要被继承人在遗嘱未选择其国籍国法，则被继承人设立或废除遗嘱的能力、遗嘱以及废除遗嘱的文书的形式，依照被继承人设立或废除遗嘱时的固定住所地国法确定。遗嘱以及废除遗嘱的文书，只要其形式满足被继承人遗嘱处分地要求或者符合白俄罗斯共和国法律的形式要求，则不得因未遵守形式规定而被宣告为无效。

序号	立法例	法条规定
33	2000 年《阿塞拜疆共和国〈关于国际私法的法律〉》	第 29 条(继承权):1. 继承权,只要遗产人未在其遗嘱中明确要求适用其国籍国法,则依遗产人的最后固定居住地国法。2. 若被继承人为无国籍人,依其最后固定居住地国法确定继承权。如果其最后的固定居住地无法查明,则适用阿塞拜疆共和国法律。 第 30 条(遗嘱):1. 除了本法第 17 条规定的要求外,遗嘱仅在其满足下列国家之一的法律规定时方为有效:(a)遗嘱设立地国;(b)遗产人在设立遗嘱时或死亡时的居住地国;(c)遗嘱对不动产作出处理时的不动产所在地国。2. 在设立遗嘱的形式有效性方面,必须考虑遗产人的立遗嘱能力、国籍以及其他个人特性或者证明个人特性的必需证据。
34	2001 年《俄罗斯联邦民法典》(2013 年文本)	第 1224 条(继承关系的准据法):1. 继承关系,依被继承人的最后住所地国法确定,但本条另有规定的除外。不动产的继承,依该财产所在地国法确定;已在俄罗斯联邦国家注册机关注册的不动产,其继承依俄罗斯法确定。2. 当事人设立和撤销遗嘱的能力,包括设立和撤销涉及不动产的遗嘱的能力,以及该遗嘱的形式或撤销遗嘱的文书的形式,均依遗嘱人设立遗嘱时或制作撤销遗嘱文书时的住所地国法律确定。但是,遗嘱或对遗嘱的撤销符合遗嘱设立地或撤销遗嘱的文书制作地法律或俄罗斯法律的形式要求,则不得以遗嘱或撤销遗嘱的文书不符合形式而认定其无效。
35	2001 年《韩国修正国际私法》	第 49 条:1. 继承适用被继承人死亡时其本国法。2. 尽管有第 1 项的规定,但被继承人通过适用于遗嘱的方式明示指定了下列各法中的某一个时,继承应适用该法:(1)指定当时被继承人的惯常居所地。但这一指定只有在被继承人直到死亡时仍在这一地方保有其惯常居所的情况下才有效。(2)涉及不动产的继承时该不动产所在地法。 第 50 条:1. 遗嘱适用遗嘱当时遗嘱者的本国法。2. 遗嘱的变更或撤回适用变更或撤回当时遗嘱者的本国法。3. 遗嘱方式适用下列各项中任何一个法律:(1)遗嘱者遗嘱当时或死亡当时国籍国所属国家的法律;(2)遗嘱者遗嘱当时或死亡当时的惯常居所地法;(3)遗嘱当时行为地法;(4)涉及不动产的遗嘱的方式时,该不动产所在地法。

续表

序号	立法例	法条规定
36	2001 年《立陶宛共和国民法典》	第 1.60 条(遗嘱能力):被继承人设立、变更与撤销遗嘱的能力,依被继承人的固定住所地法。自然人无固定住所地或者固定住所地不能确定的,设立遗嘱的能力依遗嘱设立地法。 第 1.61 条(遗嘱形式):1. 变更或撤销遗嘱的形式,依该法律文书的签署地法。2. 遗嘱、遗嘱的变更及撤销,只要该法律文书的形式符合被继承人的固定住所地国法、被继承人签署该法律文书时或死亡时的国籍国法规定,亦为有效。涉及不动产的遗嘱及其变更与撤销,只要其形式符合不动产所在地国法规定,则为有效。 第 1.62 条(其他继承关系的准据法):1. 除不动产之外的其他继承关系,适用被继承人死亡时的固定住所地国法。不动产的继承关系,适用不动产所在地国法。2. 立陶宛共和国公民死亡后发生的继承,若继承人居住于立陶宛共和国境内并对遗产的法定份额主张权利的,除不动产外,适用立陶宛共和国法律。3. 如果依照继承关系的准据法规定,遗产不能归入外国国家,又无其他继承人,且该财产位于立陶宛共和国境内的,该财产归立陶宛共和国所有。
37	2002 年《摩尔多瓦共和国民法典》	第 1621 条(继承的准据法):继承的准据法决定:(1)开始遗产继承的时间;(2)有继承资格者的范围;(3)无继承资格的法定条件;(4)对被继承人所遗留财产的占有权的行使;(5)接受遗产与拒绝接受遗产的条件、后果;(6)继承人履行承担债务的义务之范围;(7)国家对无人继承财产的权利。 第 1622 条(遗产的准据法):1. 动产的继承关系,依遗产人死亡时现行的(遗产人)本国法。2. 不动产的继承关系,依该财产的所在地国法。 第 1623 条(遗嘱的准据法):1. 只要不违反强制性规定,遗产人可通过遗嘱将其遗产的转移由本法典第 1622 条所指法律以外的另一法律支配。所选择的法律适用于本法典第 1621 条所指的诸情形。2. 遗嘱的设立、变更或撤销,只要根据下列法制之一,满足了设立、变更或撤销遗嘱时或者遗产人死亡时应适用的形式要求,即属有效:(1)遗产人的本国法;(2)遗产人的住所地法;(3)遗嘱的设立地、变更地或撤销地法;(4)作为遗产标的不动产所在地法;(5)执行遗产转移程序的法院或者机关所在地法。

序号	立法例	法条规定
38	2002 年《爱沙尼亚共和国〈关于国际私法的法律〉》（2017 年修订）	第 24 条（调整继承的法律）：继承，由被继承人最后住所地国法律调整。 第 25 条（法律选择）：任何人可以通过遗嘱或者继承合同决定其遗产继承适用其国籍国法律。如果该人在其死亡时已丧失了有关国家的国籍，则该项决定无效。 第 26 条（准据法的适用范围）：调整继承的法律，应特别决定下列事项：（1）遗嘱处分的类型和效力；（2）继承权和继承权的丧失；（3）继承的范围；（4）继承人及其相互间关系；（5）被继承人债务的承担。 第 27 条（调整遗嘱形式的法律）：1. 遗嘱的形式，适用 1961 年《关于遗嘱处分方式法律冲突的海牙公约》（公布于 1998 年第 16/17 号《官方公报》第二部分第 28 页）；2. 本条第 1 款所指的公约也适用于继承合同的形式。 第 28 条（订立遗嘱的能力）：1. 任何人可以订立、变更或者撤回其遗嘱，前提是根据其订立、变更或撤回遗嘱时的住所地国法律，其具有这种能力。如果根据该国法律，遗嘱人不具有订立遗嘱的能力，但根据其订立、变更或撤回遗嘱时的国籍国法律有权订立遗嘱时，则其可以订立、变更或撤回其遗嘱。2. 住所地或国籍的变更，并不限制已经取得的订立遗嘱的能力。3. 本条的规定，相应地适用于一个人订立、变更或终止继承合同的能力。 第 29 条（继承合同与相互遗嘱）：1. 继承合同，由被继承人订立合同时的住所地国法律调整，但在本法第 25 条规定的情形下，由其国籍国法律调整。继承合同的可采性、效力、内容和约束力以及法律后果，依照应适用的法律确定。2. 在订立相互遗嘱时，遗嘱应当符合遗嘱人双方的共同住所地国法律或者遗嘱人双方共同选定的夫妻一方的住所地国的法律。

序号	立法例	法条规定
39	2004 年《比利时国际私法典》	第 78 条(继承的准据法)：(一)动产继承适用被继承人死亡时的惯常居所地法。(二)不动产继承适用不动产所在地法，但是如果该不动产位于外国，该外国法指定适用被继承人死亡时的惯常居所地法，则适用被继承人死亡时的惯常居所地法。 第 79 条(继承准据法的选择)：被继承人可以选择适用其所有财产的法律。被选择的法律只能是被继承人选择法律时或其死亡时的惯常居所地法或本国法。但是，被继承人选择的法律不能剥夺根据本法第 78 条确定的准据法赋予继承人的特留份额。被继承人必须采取遗嘱的形式选择法律或撤销该选择。 第 80 条(继承准据法的适用范围)：(一)继承准据法主要决定下列事项：1. 需要遗产宣告的情形和宣告时间；2. 继承人享有继承权的资格和受遗赠人的资格，其中包括继承人生存配偶的权利及其遗产宣告中的其他权利；3. 国家对遗产的继承权；4. 丧失继承权及取消继承权的事由；5. 遗嘱继承的有效性；6. 可用遗嘱处分的财产、遗产的法定特留份额和其他对当事人订立遗嘱的限制；7. 继承人和受遗赠人权利的性质和范围以及被继承人提出的继承其财产及接受其遗赠的条件；8. 本条第 2 款规定的条件之外，其他接受或拒绝继承的条件和法律后果；9. 无能力处分遗产或接受遗产的特别事由；10. 遗赠的实施和归还以及计算遗产孳息时对上述情况的考虑。(二)如果遗产所在地法对继承的接受及拒绝规定了特别的形式，继承的接受或拒绝适用被继承人死亡时相关财产所在地法。遗产中动产所在地为被继承人死亡时的惯常居所地。 第 83 条(遗嘱的形式有效性)：遗嘱及遗嘱撤销的形式适用 1961 年 10 月 5 日在海牙缔结的《关于遗嘱方式的法律冲突公约》。这一公约可以适用于公约调整范围以外的遗嘱。

序号	立法例	法条规定
		第84条(遗嘱的解释):遗嘱及遗嘱撤销的解释适用立遗嘱人依据第79条的规定选择的法律。这一选择必须是明示的,或是能够依据被继承人的遗嘱或其撤销遗嘱的行为明确推定的。如果不存在这一选择,对遗嘱及其撤销的解释适用与其有最密切联系的国家的法律,除非有相反证据,该最密切联系地推定为遗嘱成立或撤销时立遗嘱人的惯常居所地。
40	2004年《卡塔尔国民法典》	第24条:1. 遗嘱和其他死因处分行为,依处分人死亡时的国籍国法。2. 遗嘱和其他死因处分行为的形式,依处分行为人作出处分行为时的国籍国法或者适用处分行为地国法。
41	2005年《阿尔及利亚民法典》	第16条:1. 遗产、遗嘱及其他死因处分行为,依遗产人、遗嘱人或处分行为人死亡时的本国法。2. 赠与或福利基金会,依赠与人或捐赠人实施赠与或捐赠行为时的本国法。
42	2005年《乌克兰国际私法》	第70条(继承关系):依据本法第71、72条的规定,如果被继承人在遗嘱里未选择其国籍国法,则继承关系依被继承人最后住所地国法。如果遗嘱作成后被继承人国籍变更,则被继承人的法律选择无效。 第71条(不动产和需经国际注册登记的财产的继承):不动产的继承,由该财产所在地国法调整,而在乌克兰需经国家注册登记的财产,依乌克兰法。 第72条(当事人成立和撤销遗嘱的能力,遗嘱及其撤销文书的形式):当事人成立和撤销遗嘱的能力,以及遗嘱及其撤销文书的形式,依被继承人文书作成时或死亡时的经常住所地国法。如果遗嘱或撤销文书与遗嘱作成地法或被继承人的国籍国法或文书作成时或死亡时的惯常居所地法,以及不动产所在地国法的形式要求相符,则不得因欠缺形式要件而认定其为无效。

续表

序号	立法例	法条规定
43	2005年《保加利亚共和国〈关于国际私法的法典〉》	第89条：1. 动产的继承顺位，依被继承人死亡时的惯常居所地国法。2. 不动产的继承顺位，依不动产所在地国法。3. 被继承人可以选择其所有财产的继承顺位均依其选择法律时的国籍国法。4. 准据法的选择及其废除的效力的条件，依所选择的法律。准据法选择及其废除均必须以遗嘱的形式作出。5. 对准据法的选择，不得有损于根据第1款和第2款应适用的法律所规定的给继承人的保留份额。 第90条：1. 人通过遗嘱处分其财产（设立或废除遗嘱）的能力，依第89条规定的准据法。2. 遗嘱，如果其符合下列国家法律的规定，则在形式上有效：（1）设立地国；或者（2）遗嘱人在设立遗嘱时或者死亡时的国籍国；或者（3）遗嘱人在设立遗嘱时或者死亡时的惯常居所地国；或者（4）作为遗嘱标的物的不动产所在地国。3. 第2款亦适用于废除遗嘱的形式。 第91条：继承的准据法调整（下列事项）：（1）继承开始的时间和地点；（2）继承人的范围和继承顺位；（3）继承份额；（4）继承能力；（5）对被继承人债务的承担以及该债务在继承人之间的分配；（6）继承的接受和拒绝；（7）接受继承的期限；（8）可支配的部分；（9）遗嘱的有效要件。
44	2006年《日本关于法律适用的通则法》	第36条：继承适用被继承人的本国法。第37条：（1）遗嘱的成立及效力适用被继承人立遗嘱时的本国法。（2）遗嘱的撤销适用被继承人撤销遗嘱时的本国法。
45	2007年《斯洛伐克共和国〈关于国际私法与国际民事诉讼规则的法律〉》	第17条：继承，由被继承人死亡时的国籍国法律支配。 第18条：1. 设立及撤销遗嘱之能力，以及意思表示及意思表示的瑕疵的效力，由被继承人作出意思表示时的国籍国法律支配。该规定亦适用于法律所允许的其他死因处分行为之方式。2. 遗嘱的方式，由被继承人设立遗嘱时的国籍国法律支配，但符合遗嘱设立地国法律者，亦为有效。遗嘱之撤销方式，亦适用该规定。

序号	立法例	法条规定
46	2007 年《土耳其共和国〈关于国际私法与国际民事诉讼程序法的第 5718 号法令〉》	第 20 条：1. 遗产继承，依死者的本国法。就土耳其境内的不动产而言，适用土耳其法律。2. 遗产继承的开始、遗产的取得和分割，依遗产所在地法。3. 位于土耳其境内的无人继承遗产，归土耳其国库所有。4. 设立遗嘱的方式，适用本法第七条的规定。立嘱人按照其本国法规定的方式设立遗嘱的，亦为有效。5. 设立遗嘱的能力，依立嘱人设立遗嘱时的本国法。第 7 条：法律行为，可以采用行为实施地法或者适用于法律行为的准据法中的实体规范所规定的方式完成。
47	2007 年《马其顿共和国〈关于国际私法的法律〉》	第 35 条(继承)：继承，依被继承人死亡时的国籍国法。 第 36 条(遗嘱能力)：设立遗嘱的能力，依遗嘱人设立遗嘱时的国籍国法。 第 37 条(遗嘱形式)：1. 遗嘱的形式，如果依照下列法律之一为有效者，则属有效：(1)遗嘱设立地法；(2)遗嘱人设立遗嘱时或死亡时的国籍国法；(3)遗嘱人设立遗嘱时或死亡时的住所地法；(4)遗嘱人设立遗嘱时或死亡时的住所地法；(5)马其顿共和国法律；以及(6)对于不动产，则依不动产所在地法。2. 撤销遗嘱的形式，如果该形式根据本条第 1 款所规定的据以设立有效遗嘱的法律之一为有效，则属有效。
48	2009 年《罗马尼亚民法典》	第 2633 条：继承适用被继承人死亡时经常居住地法律。 第 2634 条(法律选择)：1. 自然人可以选择其本国法作为其全部遗产的准据法。2. 法律选择声明中所表明的意愿的存在及其有效性适用所选择的支配遗产继承的法律。3. 准据法选择声明无论采用什么形式，必须满足遗嘱的要件。同样，遗嘱人修改或撤销做出此项法律选择的声明，无论以何种形式，必须满足修改或撤销遗嘱的准据法所规定的条件。

序号	立法例	法条规定
48	2009 年《罗马尼亚民法典》	第 2635 条(遗嘱形式的准据法):遗嘱的起草、修改和撤销如果满足了遗嘱起草、修改或撤销时或立嘱人死亡时以下法律所规定的形式要件,即为有效:(1)立嘱人本国法;(2)立嘱人经常居住地法;(3)立嘱人起草、修改或撤销遗嘱的行为地法;(4)作为遗嘱标的的财产所在地法;(5)对遗产进行管理的法院或机关所在地国法律。 第 2636 条(继承准据法的适用范围以及无人继承):1. 继承准据法特别适用于:(1)继承开始的时间和地点;(2)继承人的资格;(3)继承的能力;(4)对被继承人遗产的占有;(5)接受或拒绝继承的条件和效力;(6)继承人承担法律义务的范围;(7)遗嘱的实质要件、遗嘱条款的修改和撤销以及是否有能力订立遗嘱;(8)遗产的分割。2. 如果根据继承准据法遗产无人继承,则位于罗马尼亚境内的遗产由罗马尼亚国家根据罗马尼亚法律中有关处分无人继承遗产的规定处理。
49	2011 年《波兰共和国〈关于国际私法的法律〉》	第 64 条:1. 立遗嘱人可在遗嘱或者其他死因处分行为中指定遗产事项适用其本国法、实施该项法律行为时或者死亡时的住所地或者惯常居所地国法。2. 未选择法律时,遗产事项适用立遗嘱人死亡时的本国法。 第 65 条:遗嘱或者其他死因处分行为的有效性,适用立遗嘱人实施该项法律行为时的本国法,但第 66 条另有规定的除外。 第 66 条:1. 遗嘱的形式及其撤销的准据法,依照 1961 年 10 月 5 日订于海牙的《关于遗嘱处分方式法律冲突的公约》(1969 年第 34 号《法律公报》第 284 项)确定。2. 依照第 1 款所确定的法律亦适用于其他死因处分行为。

序号	立法例	法条规定
50	2011 年《荷兰〈民法典〉第 10 卷（国际私法）》	第 145 条：[1989 年《海牙继承公约》的纳入] 1. 为本编之目的，"1989 年《海牙继承公约》"系指 1989 年 8 月 1 日在海牙订立的《被继承人财产继承的准据法公约》（《荷兰王国条约集》1994 年第 49 号）。2. 继承的准据法依 1989 年《海牙继承公约》确定。第 146 条：[立嘱能力] 1. 自然人的立嘱能力依其本国法。2. 若立嘱人拥有一个以上国家国籍，而在其中一个国家有惯常居所，则视其惯常居所地国法为本国法。立嘱人在所有国籍国中都没有惯常居所的，视经综合考量后与其有最密切联系的国家的法律为其本国法。第 151 条：[《关于遗嘱形式的冲突法公约》] 1. 遗嘱形式的准据法，依 1961 年 10 月 5 日在海牙订立的《关于遗嘱形式的冲突法公约》（《荷兰王国条约集》1980 年第 54 号）确定。2. 不具有其他国籍的荷兰人的口头遗嘱不能在荷兰得到承认，但特殊情况除外。
51	2011 年《阿尔巴尼亚〈关于国际私法的第 10428 号法律〉》	第 33 条（准据法）：1. 动产的继承，由被继承人死亡时的经常居所地国法律调整。2. 不动产的继承，由不动产所在地国法律调整。3. 遗嘱人可选择特定国家的法律作为适用于全部遗产的法律。这种法律选择，只有当遗嘱人在作出决定时或者死亡时是其选择的法律所属国公民或者在该国有经常居所时方才有效。对法律的选择不得剥夺继承人根据本条第 1 款和第 2 款应适用的法律所享有的法定特留份权利。4. 对准据法的选择、撤销或变更，应遵守撤销遗嘱处分的形式规则。第 34 条（遗嘱能力）：遗嘱能力，由遗嘱人设立、变更或撤销遗嘱时的国籍国法律调整。第 35 条（遗嘱效力）：1. 遗嘱如果符合下列法律之一所规定的形式要求，则在形式上有效：（a）遗嘱人设立遗嘱地国法律；（b）遗嘱人设立遗嘱时或者死亡时的国籍国法律；（c）遗嘱人设立遗嘱时或者死亡时的经常居所地国法律；（d）遗嘱所处分的不动产所在地国法律。2. 本条第 1 款的规定，同样适用于遗嘱的变更或者撤销。

序号	立法例	法条规定
52	2012 年《捷克共和国〈关于国际私法的法律〉》	第 76 条：继承关系，依照被继承人死亡时其经常居所所在国的法制。如果被继承人曾为捷克共和国国民或者至少一个继承人在捷克共和国境内有经常居所，则适用捷克法律。 第 77 条：1. 设立或撤销遗嘱的能力，以及意思表示及意思表示瑕疵的效力，依照被继承人意思表示时的国籍国法律或者经常居所所在国法制确定。进行或者撤销其他死因处分的能力，以及法律所容许的其他死因处分的认定方式，亦适用以这种方式确定的法制。2. 遗嘱，只要其符合下列任一国家法制的规定，即在方式上有效：(a)被继承人意思表示时或死亡时的国籍国；(b)遗嘱设立地国；(c)被继承人意思表示时或死亡时的经常居所地国；(d)适用于继承关系的法制或者在设立遗嘱时本应适用于继承关系的法制；(e)所涉的不动产之所在国。该规定亦适用于遗嘱的撤销方式。3. 继承合同的一方当事人被视为继承人时，第 2 款的规定亦适用于继承合同的形式和其他死因处分行为。该规定亦适用于继承合同和其他死因处分行为的撤销方式。4. 被继承人可在遗嘱中指定，继承关系依照被继承人设立遗嘱时其经常居所地国法制确定，以取代本应适用的法律，对于不动产遗产亦然；或者其可指定，继承关系，包括不动产遗产在内，依照其在设立遗嘱时的国籍国的法制确定。5. 对于继承关系，继承合同的各方当事人可选择适用第 4 款所述的法制之一，但应附带说明继承合同的一方当事人被视为继承人。该规定同样类推适用于其他死因处分行为。
53	2013 年《阿曼苏丹国民法典》	第 17 条：法定继承、遗嘱以及所有死因处分行为，适用被继承人、遗嘱人和处分其财产的人死亡时的国籍国法律。遗嘱和所有死因处分行为的形式，适用该处分行为的实施地国法律。

序号	立法例	法条规定
54	2013 年《黑山共和国〈关于国际私法的法律〉》	第 71 条(一般规则)：因死亡而发生的全部继承，适用被继承人死亡时的经常居所地国法律。 第 72 条(法律选择)：被继承人对其所有遗产的继承，可以选择其国籍国法律、选择法律时或者其死亡时的经常居所地国法律。不动产的继承，被继承人可以选择该不动产所在地国法律。法律选择必须是明示的或者通过案件情况明确地体现出来，并采用法律对死因处分行为所规定的形式(遗嘱、共同遗嘱或者继承合同)。对应适用的法律所作选择之存在及实质有效性，依照所选择的法律判断。本条第 1 款至第 3 款的规定，亦适用于对以前法律选择的变更及撤销。 第 73 条(遗嘱的形式有效性)：一项遗嘱，如其依照下列法律之一为有效，则在形式上有效：(1)遗嘱设立地国法律；(2)遗嘱人在设立遗嘱时或者死亡时的国籍国法律；(3)遗嘱人在设立遗嘱时或者死亡时的住所地法律；(4)遗嘱人在设立遗嘱时或者死亡时的经常居所地法律；(5)黑山法律；(6)对于不动产，还适用于不动产所在国的法律；(7)适用于继承的法律或者在设立遗嘱时假设应适用的法律。遗嘱的撤销，如此种形式根据本条第 1 款的规定能有效设立遗嘱的法律是有效的，则在形式上有效。下列事项，亦视为形式的组成部分：(1)是否存在对遗嘱人的年龄、国籍或者其他人身属性的限制；(2)满足证人方面的条件；(3)对特定死因处分行为的禁止。 第 76 条(适用范围)：继承的准据法特别调整下列事项：(1)继承开始的事由及时间；(2)继承人和受遗赠人的范围、继承份额以及由继承案件所产生的其他权利；(3)继承能力；(4)无继承能力的特别事由；(5)剥夺继承权和继承权的丧失；(6)将属于遗产的资产转移给继承人和受遗赠人，以及接受或者放弃遗产或者遗赠的条件及其效力；(7)继承人、遗嘱执行人及其他遗产管理人的权利，尤其是有关变卖财产和清偿债权人的权利；(8)遗产债务的责任承担；(9)遗产中可自由处分的部分、特留份及对遗嘱自由的其他限制，包括法院或者其他机关为了与被继承人亲近者的利益而对遗产进行的分割；(10)退还礼物或者计算礼物价值的义务以及将礼物算入继承份额；(11)遗产的分配。

续表

序号	立法例	法条规定
55	2014年《多米尼加共和国国际私法》	第54条(继承)：继承适用被继承人死亡时的住所地法律。被继承人可以通过遗嘱的形式明示选择继承适用经常居所地法律。遗产的分配适用继承准据法，除非继承人已经通过协议指定适用继承开始地法律，或者他们发现一处或多处遗产的地点的法律。 第55条(遗嘱的形式有效性)：遗嘱的形式只要符合立嘱人指定的法律或者立嘱人死亡时国籍国或住所地国法律即为有效。 第57条(遗赠)：遗赠适用遗赠人时的住所地法律。遗赠人可以明示选择适用其住所地法律。遗赠的形式只要符合支配其内容的法律即为有效，若不符合该法律，则只要符合遗赠作出地国法律亦为有效。
56	2014年《阿根廷共和国〈民商法典〉》	第2644条(准据法)：因死亡而产生的继承，适用被继承人死亡时住所地法律。其位于国内的不动产，适用阿根廷法律。 第2645条(形式)：国外订立的遗嘱符合订立遗嘱地法律规定的形式，符合遗嘱人订立遗嘱时的住所地法律、惯常居所地法律或国籍国法律规定的形式，或符合阿根廷法律规定的形式的，在阿根廷共和国有效。 第2647条(能力)：订立或撤销遗嘱的能力，适用订立遗嘱时立遗嘱人住所地法律。
57	2015年《巴拿马共和国国际私法典》	第51条：关于对在巴拿马居住的人及外国人自由订立遗嘱的规定，以及对其资产进行保护的法律制度，属于公共秩序。在巴拿马共和国拥有财产且在巴拿马共和国居住的人及外国人自由订立遗嘱的规定，以及对立遗嘱人资产进行保护的制度，适用巴拿马法律。 第52条：继承作为所有权转移的全过程，适用财产所在地法律，即使被继承人死亡时住所地在外国。根据外国法律在外国作出的财产分配判决，在巴拿马共和国具有法律效力，但与国内法院承认的巴拿马法律的规定相抵触的除外。被继承人财产所在地的法院，对于关于继承全部过程的案件具有管辖权。 第53条：遗嘱的形式要件适用遗嘱订立地的法律。

续表

序号	立法例	法条规定
58	2017 年《匈牙利〈关于国际私法的第 28 号法律〉》	第 64 条：口头遗嘱及其撤销，如果其符合下列法律之一，则在形式上有效：(a)匈牙利法律；(b)设立或者撤销口头遗嘱时的行为法律；(c)设立口头遗嘱、撤销口头遗嘱或者被继承人死亡之时曾是被继承人属人法的法律；(d)设立口头遗嘱、撤销口头遗嘱或者被继承人死亡之时被继承人的住所地或者经常居所地法律；(e)在口头遗嘱涉及不动产时，不动产所在地法律。 第 65 条：如果根据继承的准据法，遗产无人继承时，则对于内国遗产的继承，适用匈牙利法律中有关匈牙利国家继承的规定。
59	2017 年《摩纳哥公国〈关于国际私法的第 1448 号法律〉》	第 56 条：继承，由被继承人死亡时的住所地国法律调整。 第 57 条：一个人在解决自己的继承问题时，可以选择指定其作出选择时的国籍所属国法律。适用于继承的法律必须以明示方式指定，并载入财产的死因处分声明中。对这种指定的同意之成立和效力，由被指定的法律调整。指定人对适用于继承的法律的指定如果要进行修改或撤销，必须符合所指定的法律对修改或撤销财产的死因处分规定的形式要件。 第 58 条：遗嘱处分如果符合下列法律规定之一，则在形式上有效：(1)遗嘱人设立遗嘱地所在国法律；(2)遗嘱人设立遗嘱时或者死亡时的国籍国法律；(3)遗嘱人设立遗嘱时或者死亡时的住所地国法律；(4)遗嘱人设立遗嘱时或者死亡时的经常居所地国法律；(5)涉及不动产的，不动产所在地国法律。遗嘱人是否在一国境内有住所的认定问题，由该国法律调整。
60	2019《克罗地亚共和国〈关于国际私法的法律〉》	第 29 条(一般规定)：继承事项的准据法，依照欧盟议会及理事会 2012 年 7 月 4 日《关于继承事项的管辖权、法律适用、判决的承认与执行，公文书的接受与执行以及设立欧洲遗产证书的(欧盟)第 650/2012 号条例》(载于 2012 年 7 月 27 日 L201 号《欧盟官方公报》)确定。 第 30 条(遗嘱方式)：遗嘱方式的准据法，依照 1961 年 10 月 5 日《关于遗嘱处分方式法律冲突的海牙公约》确定。

续表

序号	立法例	法条规定
61	2020 年《北马其顿〈关于国际私法的法律〉》	第 51 条(一般规则)：因死亡而引起的所有遗产继承事项，适用被继承人死亡时的经常居所地国法律。 第 52 条(法律选择)：1. 对于因死亡而引起的所有遗产继承事项，被继承人可选择其在选择法律时或者死亡时的国籍国法律。被继承人有多个国籍的，可选择其在选择法律时或者死亡时的国籍国之一的法律。2. 法律选择必须以遗嘱形式作出，或者从遗嘱中体现出来。3. 法律选择的存在和实质有效性，适用所选择的法律。4. 本条第 2 款的规定，亦适用于对先前所选择法律的变更及撤回。 第 53 条(继承准据法的适用范围)：根据本法第 51 条和第 52 条确定为应予适用的法律，适用于因被继承人死亡而引起的所有遗产继承事项。该法特别调整以下事项：(1)遗产继承发生的依据、遗产继承开始的时间和地点；(2)继承人和受遗赠人的范围、继承份额、被继承人对继承人和受遗赠人可能施加的义务以及其他继承权的确定，包括被继承人的尚存配偶或婚外同居者的继承权；(3)继承能力；(4)剥夺继承权或者无继承资格；(5)向继承人或者受遗赠人移交遗产，继承人和受遗赠人因继承而产生的义务，以及接受或放弃继承或遗赠的条件及效力；(6)继承人、遗嘱执行人及其他遗产管理人的权利，特别是有关变卖财产和清偿债权人方面的权利；(7)特留份和对遗嘱自由的其他限制，包括法院或其他机关为保护被继承人亲属的利益而事先从遗产中分割的部分；(8)退还礼物或者将礼物算入继承份额的义务；(9)遗产的分配；(10)对被继承人所负债务的责任。

参 考 文 献

一、中文类

(一)中文著作

1. 何其生：《多元视野下的中国国际私法》，高等教育出版社 2019 年版。

2. 邹国勇译注：《外国国际私法立法选译》，武汉大学出版社 2017 年版。

3. 李双元：《中国与国际私法统一化进程》，武汉大学出版社 2016 年版。

4. 李双元：《国际私法（冲突法篇）》，武汉大学出版社 2016 年版。

5. 张玉敏：《继承法律制度研究》（第二版），华中科技大学出版社 2016 年版。

6. 刘文：《继承法律制度研究》，中国政法大学出版社 2016 年版。

7. 陈棋炎、黄宗乐、郭振恭：《民法继承新论》，台湾三民书局股份有限公司 2016 年版。

8. 戴永盛译：《瑞士民法典》，中国政法大学出版社 2016 年版。

9. 陈卫佐译：《德国民法典》，法律出版社 2015 年版。

10. 沈达明：《德意志法上的法律行为》，对外贸易教育出版社 2015 年版。

11. 何其生：《比较法视野下的国际民事诉讼》，高等教育出版社 2015 年版。

12. 周枏：《罗马法原论（下册）》，商务印书馆 2014 年版。

13. 王爱群译：《日本民法典》，中国法制出版社 2014 年版。

14. 黄进、杜焕芳等：《中国国际私法司法实践研究（2001—2010）》，法律出版社 2014 年版。

15. 李岩：《遗嘱制度论》，法律出版社 2013 年版。

16. 薛军译：《埃塞俄比亚民法典》，厦门大学出版社 2013 年版。

17. 陈苇主编：《外国继承法比较与中国民法典继承编制定研究》，北京大学出版社 2011 年版。

18. 蒋军洲译：《菲律宾民法典》，厦门大学出版社 2011 年版。

19. 杜涛：《涉外民事关系法律适用法释评》，中国法制出版社 2011 年版。

20. 黄进、姜茹娇主编：《〈中华人民共和国涉外民事关系法律适用法〉释义与分析》，法律出版社 2011 年版。

21. 沈涓主编：《国际私法学的新发展》，中国社会科学出版社 2011 年版。

22. 蒋军州译：《菲律宾民法典》，厦门大学出版社 2011 年版。

23. 魏小军：《遗嘱有效要件比较研究——以比较法学为主要视角》，中国法制出版社 2010 年版。

24. 罗结珍译：《法国民法典》，北京大学出版社 2010 年版。

25. 陈国柱译：《意大利民法典》，中国人民大学出版社 2010 年版。

26. 张平华、刘耀东：《继承法原理》，中国法制出版社 2009 年版。

27. 王泽鉴：《民法概要》，北京大学出版社 2009 年版。

28. 刘春茂主编：《中国民法学·财产继承》，人民法院出版社 2008 年版。

29. 田甜译：《纽约州民法典草案》，中国大百科全书出版社 2007 年版。

30. 王国治：《民法系列——遗嘱》，台湾三民书局股份有限公司 2006 年版。

31. 何勤华、魏琼主编：《西方民法史》，北京大学出版社 2006 年版。

32. 程维荣：《中国继承制度史》，东方出版中心 2006 年版。

33. 朱伟东：《南非共和国国际私法研究——一个混合法系国家的视角》，法律出版社 2006 年版。

34. 李浩培：《李浩培法学文集》，法律出版社 2006 年版。

35. 邓正来：《美国现代国际私法流派》，中国政法大学出版社 2006 年版。

36. 王泽鉴：《民法学说与判例研究》（第一册），中国政法大学出版社 2005

年版。

37. 李秀清：《日耳曼法研究》，商务印书馆 2005 年版。

38. 黄进主编：《国际私法》(第二版)，法律出版社 2005 年版。

39. 宋晓：《当代国际私法的实体取向》，武汉大学出版社 2004 年版。

40. 郭明瑞、房绍坤：《继承法》(第二版)，法律出版社 2004 年版。

41. 韩德培主编：《国际私法新论》，武汉大学出版社 2003 年版。

42. 何勤华、李秀清、陈颐编：《新中国民法典草案总览(中卷)》，法律出版社 2003 年版。

43. 崔峰：《国际私法原理与案例》，中国政法大学出版社 2003 年版。

44. 郭明瑞、房绍坤、关涛：《继承法研究》，中国人民大学出版社 2003 年版。

45. 肖永平：《肖永平论冲突法》，武汉大学出版社 2002 年版。

46. 李双元、欧福永、熊之才编：《国际私法教学参考资料选编(上册)》，北京大学出版社 2002 年版。

47. 董安生：《民事法律行为》，中国人民大学出版社 2002 年版。

48. 徐涤宇译：《智利共和国民法典》，金桥文化出版(香港)有限公司 2002 年版。

49. 龙卫球：《民法总论》，中国法制出版社 2002 年版。

50. 赖来焜：《当代国际私法学之构造论——建立以"连结因素"为中心之理论体系》，香港神州图书出版有限公司 2001 年版。

51. 苏远成：《国际私法》，台湾五南图书出版公司 2001 年版。

52. 刘仁山：《加拿大国际私法研究》，法律出版社 2001 年版。

53. 史尚宽：《继承法论》，中国政法大学出版社 2000 年版。

54. 李浩培：《李浩培文选》，法律出版社 2000 年版。

55. 费安玲：《罗马继承法研究》，中国政法大学出版社 2000 年版。

56. 沈涓：《合同准据法理论的解释》，法律出版社 2000 年版。

57. 何勤华主编：《英国法律发达史》，法律出版社 1999 年版。

58. 董丽萍：《澳大利亚国际私法研究》，法律出版社 1999 年版。

59. 赵秉志编：《澳门民法典》，中国人民大学出版社 1999 年版。

60. 龙翼飞：《比较继承法》，吉林人民出版社 1996 年版。

（二）外文译作

1. ［德］茨威格特、克茨：《比较法总论》，潘汉典、米健、高鸿钧、贺卫方译，中国法制出版社 2017 年版。

2. ［美］哈里·D. 格劳斯、大卫·D. 梅耶：《美国家庭法精要》（第 5 版），陈苇译，中国政法大学出版社 2010 年版。

3. ［英］梅因：《古代法》，沈景一译，商务印书馆 2009 年版。

4. ［美］弗里德里希·K. 荣格：《法律选择与涉外司法》，霍政欣、徐妮娜译，北京大学出版社 2007 年版。

5. ［澳］肯·马蒂、马克·波顿：《澳大利亚继承概要》（第二版），陈苇等译，西南政法大学外国家庭法及妇女理论研究中心 2007 年内部印刷。

6. ［美］斯蒂芬·芒泽：《财产理论》，彭诚信译，北京大学出版社 2006 年版。

7. ［意］彼得罗·彭梵得：《罗马法教科书》，黄风译，中国政法大学出版社 2005 年版。

8. ［德］拉伦茨：《德国民法通论（下册）》，王晓晔、邵建东、程建英、徐国建、谢怀栻译，法律出版社 2003 年版。

9. ［美］杰西·杜克米尼尔、斯坦利·M. 约翰松：《遗嘱 信托 遗产》，中信出版社 2003 年版。

10. ［德］迪特尔·梅迪库斯：《德国民法总论》，邵建东译，法律出版社 2000 年版。

11. ［英］丹宁勋爵：《法律的训诫》，杨白揆、刘庸安、丁健译，法律出版社 1999 年版。

12. ［德］罗伯特·霍恩、海因·科茨：《德国民商法导论》，楚建译，中国大百科全书出版社 1996 年版。

13. ［意］桑德罗·斯奇巴尼选编：《民法大全选译·遗产继承》，费安玲译，中国政法大学出版社 1995 年版。

（三）中文期刊论文

1. 许庆坤：《我国〈涉外民事关系法律适用法〉司法实践之检视》，载《国际法研究》2018 年第 2 期。

2. 张春良：《系属的体系化与体系化的系属——从〈涉外民事关系法律适用法〉第 21 条展开》，载《法律科学（西北政法大学学报）》2018 年第 5 期。

3. 张丽珍：《国际私法中冲突正义与实质正义衍进之多维观照》，载《社科纵横》2018 年第 2 期。

4. 杨立新：《民法分则继承编立法研究》，载《中国法学》2017 年第 2 期。

5. 龙翼飞、窦冬辰：《遗嘱解释论》，载《河南财经政法大学学报》2017 年第 2 期。

6. 涂永前：《论法外选法——瑞士国际私法的实践与启示》，载《学术月刊》2017 年第 9 期。

7. 汪金兰：《涉外遗嘱继承法律适用的实证分析》，载《中国涉外家事法律论丛》（第 1 辑），法律出版社 2017 年版。

8. 陈美伊、戴昀译：《阿根廷共和国〈民商法典〉》，载《中国国际私法与比较法年刊》（第 18 卷），法律出版社 2016 年版。

9. 陈慧译，杜涛校：《多米尼加共和国国际私法》，载《中国国际私法与比较法年刊》（第 18 卷），法律出版社 2016 年版。

10. 梅傲：《准据法选择的新方法：基于人本视角的研究》，载《浙江工商大学学报》2016 年第 1 期。

11. 田洪鋆、李芳：《多维视角下最密切联系原则在中国国际私法实践中的适用》，载《中国国际私法与比较法年刊》（第 18 卷），法律出版社 2016 年版。

12. 张天仪、冯宏霞译，潘灯校：《巴拿马共和国国际私法法典》，载《华政国际法评论》（第 3 卷），法律出版社 2016 年版。

13. 许凯：《进退之间：分割方法在侵权冲突法中适用的思辨》，载《法律方法》2016 年第 1 期。

14. 陈卫佐：《当代国际私法上的一般性例外条款》，载《法学研究》2015 年第 5 期。

15. 王慧：《论我国涉外民事关系法律选择方法的构建基础与体系展开》，载《法学评论》2015 年第 5 期。

16. 杜焕芳：《自然人属人法与经常居所的中国式选择、判准和适用——兼评〈涉外民事关系法律适用法司法解释（一）〉第 15 条》，载《法学家》2015 年第 3 期。

17. 马志强：《正确适用最密切联系原则的理论构想》，载《郑州大学学报（哲学社会科学版）》2015 年第 5 期。

18. 李建忠：《论涉外遗嘱法律适用制度的发展趋势——兼论〈涉外民事关系法律适用法〉第 32、33 条的解释与完善》，载《法律科学（西北政法大学学报）》2014 年第 1 期。

19. 沈涓：《继承准据法确定中区别制与同一制的理性抉择——兼评〈涉外民事关系法律适用法〉第 31 条》，载《国际法研究》2014 年第 1 期。

20. 高晓力：《〈关于适用涉外民事关系法律适用法若干问题的解释（一）〉的理解与适用》，载《人民司法》2013 年第 3 期。

21. 宋晓：《属人法的主义之争与中国道路》，载《法学研究》2013 年第 3 期。

22. 徐伟功：《法律选择中的意思自治原则在我国的运用》，载《法学》2013 年第 9 期。

23. 刘仁山：《现时利益重心地是惯常居所地法原则的价值导向》，载《法学研究》2013 年第 3 期。

24. 高宏贵、徐妮娜：《论我国涉外遗嘱继承法律适用之规定》，载《社会主义研究》2013 年第 6 期。

25. 杜涛译：《罗马尼亚民法典》，载《中国国际私法与比较法年刊》（第 15 卷），北京大学出版社 2013 年版。

26. 何其生：《我国属人法重构视阈下的经常居所问题研究》，载《法商研究》2013 年第 3 期。

27. 马泰斯·田沃德、龙威狄、赵宁译：《荷兰〈民法典〉第 10 卷（国际私法）》，载《中国国际私法与比较法年刊》（第 14 卷），法律出版社 2012 年版。

28. 刘想树：《论最密切联系的司法原则化》，载《现代法学》2012 年第 3 期。

29. 徐伟功：《评述〈涉外民事关系法律适用法——以有限理性和自由裁量权为视角〉》，载《河南财经政法大学学报》2012 年第 2 期。

30. 王卿：《论国际私法中的〈分割方法〉》，载《法律方法》2012 年第 1 期。

31. 宋晓：《同一制与区别制的对立及解释》，载《中国法学》2011 年第 6 期。

32. 黄栋梁：《我国 2010 年〈涉外民事关系法律适用法〉中的属人法问题》，载《时代法学》2011 年第 4 期。

33. 宋连斌、赵正华：《我国涉外民商事裁判文书现存问题探讨》，载《法学评论》2011 年第 1 期。

34. 郭玉军：《中国国际私法的立法反思及其完善——以〈涉外民事关系法律适用法〉为中心》，载《清华法学》2011 年第 5 期。

35. 崔相龙：《论法律选择中的例外条款》，载《武大国际法评论》2011 年第 1 期。

36. 杜新丽：《从住所、国籍到经常居所地——我国属人法立法变革研究》，载《政法论坛》2011 年第 3 期。

37. 刘贵祥：《涉外民事关系法律适用法在审判实践中的几个问题》，载《人民司法》2011 年第 11 期。

38. 袁发强、刘弦：《涉外遗嘱继承法律适用立法研究》，载《广西政法管理干部学院学报》2010 年第 6 期。

39. 梁分：《遗嘱解释应坚持"区别说"——从"诗歌遗嘱"案谈起》，载《中华女子学院学报》2010 年第 4 期。

40. 梁分、傅晶晶：《关于未来〈民法典继承编〉中应规定遗嘱解释规则的探讨》，载《天府新论》2010 年第 4 期。

41. 董海洲：《"身份"到"场所"——属人法连结点的历史与发展》，载《法学家》2010 年第 1 期。

42. 徐伟功：《论自由裁量主义在冲突法中的渗透》，载《环球法律评论》2009 年第 6 期。

43. 徐伟功、蔡鑫：《美国冲突法中的分割方法评析》，载《武汉大学学报（哲学社会科学版）》2008 年第 3 期。

44. 肖永平、郭明磊：《论国籍观念的演进与国籍法的变革》，载《法学评论》2007 年第 6 期。

45. 徐崇利：《我国冲突法立法应拓展意思自治原则的范围》，载《政治与法律》2007 年第 2 期。

46. 崔绍明译：《法律适用通则法》，载《中国国际私法与比较法年刊》（第 10 卷），北京大学出版社 2007 年版。

47. 匡增军译：《乌克兰国际私法》，载《中国国际私法与比较法年刊》（第 10 卷），北京大学出版社 2007 年版。

48. 梁敏、单海玲译：《比利时国际私法典》，载《中国国际私法与比较法年刊》（第 8 卷），法律出版社 2006 年版。

49. 肖永平、夏雨：《遗嘱能力的法律适用问题探讨——〈中华人民共和国民法（草案）〉第九编第七十二条之评析》，载《河南省政法管理干部学院学报》2006 年第 2 期。

50. 陈小云、屈广清：《英国属人法问题研究：从坚持传统到温和改革》，载《河北法学》2006 年第 4 期。

51. 杜新丽：《国际私法中法律选择方法的价值探究》，载《政法论坛》2005 年第 6 期。

52. 肖永平、王承志：《晚近欧洲冲突法之发展》，载《中国法学》2004 年第 5 期。

53. 肖永平、任明艳：《最密切联系原则对传统冲突规范的突破及"硬化"处理》，载《河南司法警官职业学院学报》2003 年第 3 期。

54. 沈涓译:《韩国 2001 年修正国际私法》,载《中国国际私法与比较法年刊》(第 6 卷),法律出版社 2003 年版。

55. 黄进、杜焕芳:《2002 年中国国际私法的司法实践述评》,载《中国国际私法与比较法年刊》(第 6 卷),法律出版社 2003 年版。

56. 刘益灯:《惯常居所:属人法趋同化的必然选择》,载《中南工业大学学报(社会科学版)》2002 年第 3 期。

57. 顾海波:《最密切联系原则在晚近冲突法立法中的新应用》,载《法制与社会发展》2000 年第 5 期。

58. 粟烟涛、杜涛译,韩德培校:《加拿大魁北克国际私法》,载《中国国际私法与比较法年刊》(第 2 卷),法律出版社 1999 年版。

59. 杜涛译,韩德培校:《意大利国际私法制度改革法》,载《中国国际私法与比较法年刊》(第 2 卷),法律出版社 1999 年版。

(四)中文学位论文

1. 费珊龙:《欧盟继承条例中的法律选择规则研究》,厦门大学 2014 年硕士学位论文。

2. 徐丽叶:《〈大清民律草案〉之遗嘱继承制度研究》,郑州大学 2010 年硕士学位论文。

3. 王永令:《解释学视角下的遗嘱解释》,厦门大学 2007 年硕士学位论文。

二、英文类

(一)英文著作

1. Sagi Peari, The Foundation of Choice of Law: Choice and Equality(Oxford University Press 2018).

2. J. Gareth Miller, International Aspects of Succession(Routledge 2018).

3. Maria Gigliola Di Renzo Villata, Succession law, Practice and Society in Europe across the Centuries(Springer 2018).

4. Alex Mills, Party Autonomy in Private International Law(Cambridge University Press 2018).

5. Haris P. Pamboukis, EU Succession Regulation No. 650/2012: a Commentary(Nomiki Bibliothiki 2017).

6. Kit Barker et al., Private Law in the 21st Century(Hart Publishing 2017).

7. Symeon C. Symeonides, Choice of Law(Oxford University Press 2016).

8. Birke Häcker & Charles Mitchell, Current Issues in Succession Law (Hart Publishing 2016).

9. Gray Slapper & David Kelly, The English Legal System(Routledge 2016).

10. Alexandra Braun & Anne Röthel, Passing Wealth on Death: Will-Substitutes in Comparative Perspective(Hart Publishing 2016).

11. Ulf Bergquist, EU Regulation on Succession and Wills: Commentary(Otto Schmidt 2015).

12. Wolfgang Burandt, International Law of Succession(Beck C. H. 2015).

13. De Maestri et al., Party Autonomy in European Private and International Law (Aracne 2015).

14. Symeon C. Symeonides, Codifying Choice of Law around the World: an International Comparative Analysis(Oxford University Press 2014).

15. Frankie McCarthy, Succession Law Essentials (Edinburgh University Press 2014).

16. Yvonne Pitts, Family, Law, and Inheritance in America(Cambridge University Press 2013).

17. Lloyd Bonfield, Marriage, Property and Succession (Duncker & Humblot 2013).

18. Pascal Grolimund, Private International Law in Switzerland(Dike 2013).

19. Jonathan Herring, Family Law(6th ed. Pearson Education Limited 2013).

20. Dicey, Morris and Collins on the Conflict of Laws(15th ed. Sweet & Maxwell 2012).

21. Dieter Schwab et al., Family and Succession Law in Germany (Kluwer Law International BV 2012).

22. Miriam Anderson, The Law of Succession: Testamentary Freedom (Europe Law Publishing 2011).

23. Lynn Dennis Wardle & Laurence C. Nolan, Family Law in the USA (Kluwer Law International BV 2011).

24. Kenneth G. C. Reid, Testamentary Formalities (Oxford University Press 2011).

25. Peter Hay et al., Conflict of Laws (5th ed. West Academic Publishing 2010).

26. Christoph Castelein & Boudewijn Bouckaert, Imperative Inheritance Law in a Late-modern Society: Five Perspectives (Intersentia 2009).

27. Symeon C. Symeonides, American Private International Law (Kluwer Law International BV 2008).

28. Cheshire, North & Fawcett: Private International Law (14th ed. Oxford University Press 2008).

29. David Hodson, A Practical Guide to International Family Law (Family Law 2008).

30. Johan Meeusen, International Family Law for the European Union (Intersentia 2007).

31. Kenneth G C Reidn et al., Exploring the Law of Succession: Studies National, Historical and Comparative (Edinburgh University Press 2007).

32. Symeon C. Symeonides, The American Choice-of-Law Revolution: Past, Present and Future (Martinus Nijhoff Publishers 2006).

33. William Musyoka, Law of Succession (LawAfrica Publishing Limited 2006).

34. Friedrich K. Juenger, Choice of Law and Multistate Justice (Transnational Publishers 2005).

35. Ralph C. Brashier, Inheritance Law and the Evolving Family (Temple Uni-

versity Press 2004).

36. C. F. Forsyth, Private International Law: The Modern Roman-Dutch Law Including the Jurisdiction of the High Courts(4th ed. Juta and Company Limited 2003).

37. Symeon C. Symeonides, Conflict of Laws: American, Comparative, International: Cases and Materials(2rd ed. West Academic Publishing 2003).

38. Grey W. Beyer, Wills, Trusts and Estate(2rd ed. Citic Publishing House 2003).

39. Roger Kerridge, The Law of Succession(11th ed. Sweet&Maxwell 2002).

40. David S. Clark, Introduction to the Law of the United States(2th ed. Kluwer Law International BV 2002).

41. J. G. Collier, Conflict of Law 3rd ed(Cambridge University Press 2001).

42. Ken Mackie & Mark Burton, Outline of Succession(2th ed. Butterworths 2000).

43. Julie Cassidy, Mutual Wills(The Federation Press 2000).

44. David Hayton, European Succession laws(Jordan 1998).

45. Mathias Reimann, Conflict of Laws in Western Europe: A Guide Through the Jungle(Transnational Publishers 1995).

46. Friedrich K. Juenger, Choice of Law and Multistate Justice(Martinus Nijhoff Publishers 1992).

47. Tan Yock Lin, Conflicts Issues in Family and Succession Law(Butterworths Asia 1993).

48. Ralph E. Boyer, The Law of Property(4th ed. West Publishing Company 1991).

49. Mary Ann Glendon, The Transformation of Family Law: State, Law and Family in the United States and Western Europe(University of Chicago Press 1989).

(二)英文期刊论文

1. Morgan McDonald, Home Sweet Home: Determining Habitual Residence within the Meaning of the Hague Convention, 59 Boston College Law Review 427(2018).

2. Mariusz Zlucki, Attempts to Harmonize the Inheritance Law in Europe: Past, Present, and Future, 103(5) Iowa Law Review 2317(2018).

3. Oksana Rudenko, Formation, Development and Modern State of Private International Law in the European Union, 5(2) European Journal of Law and Public Administration 34(2018).

4. Lara Walker, Party Autonomy, Inconsistency and the Specific Characteristics of Family Law in the EU, 14(2) Journal of Private International Law 225 (2018).

5. Fontanellas Morell & Josep Maria, Freedom of Testation and Freedom of Choice of the Law Applicable to the Succession, 10(2) Cuadernos de Derecho Transnacional 376(2018).

6. Iryna Dikovska, Laws Applicable to Succession Relations under Ukrainian Private International Law: Current State and Perspectives, 2018 Journal of Legal and Social Studies in South East Europe 362(2018).

7. Rath Bosca & Laura-Dumitrana, The Basic Elements of the Testaments in the English Legislation, 2018(1) AGORA International Journal of Juridical Sciences 11(2018).

8. Irma Sasso, Will Formalities in the Digital Age: Some Comparative Remarks, 4(1) Italian Law Journal 169(2018).

9. Mark Glover, A Social Welfare Theory of Inheritance Regulation, 2018(2) Utah Law Review 411(2018).

10. Nikolaos A. Davrados, Louisiana My Home Sweet Home: Decodifying Domicile, 64(2) Loyola Law Review 287(2018).

11. Mark Glover, Freedom of Inheritance, 2017 (2) Utah Law Review 283 (2017).

12. Tristan Medlin, Habitually Problematic: The Hague Convention and the Many Definitions of Habitual Residence in the United States, 30(1) Journal of the American Academy of Matrimonial Lawyers 241(2017).

13. Caroline Holley, Habitual Residence: Perspectives from the United Kingdom, 30(1) Journal of the American Academy of Matrimonial Lawyers 233 (2017).

14. Johannes Landbrecht, The Hague Conference on Private International Law: Shaping a Global Framework for Party Autonomy, 2017 (1) International Business Law Journal 35(2017).

15. Javier Carrascosa Gonzalea, European Regulation in Matters of Succession and Habitual Residence of the Deceased, 8(1) Cuadernos de Derecho Transnacional 47(2016).

16. Magdalena Pfeiffer, Legal Certainty and Predictability in International Succession Law, 12(3) Journal of Private International Law 566(2016).

17. Stephanie Francq, Party Autonomy and Regulation: Public Interests in Private International Law, 59 Japanese Yearbook of International Law 251 (2016).

18. Alon Kaplan & Lyat Eyal, The EU Succession Regulation: Estate Planning in Israel, 22 Trusts & Trustees 504(2016).

19. Felix Maultzsch, Party Autonomy in European Private International Law: Uniform Principle or Context-Dependent Instrument?, 12(3) Journal of Private International Law 466(2016).

20. Jacopo Crivellaro et al., The EU Succession Regulation and Its Impact for Non-Member States and Non-Member State Nationals, 22 Trusts & Trustees 227(2016).

21. Andreas Köhler, General Private International Law Institues in the EU Suc-

cession Regulation, 18 Anali Pravnog Fakulteta Univerziteta u Zenici 169 (2016).

22. Erin Gallagher, A House Is Not(Necessarily) a Home: A Discussion of the Common Law Approach to Habitual Residence, 47(2) New York University Journal of International Law and Politics 463(2015).

23. Atallah Max, The Last Habitual Residence of the Deceased as the Principal Connecting Factor in the Context of the Succession Regulation(650/2012), 5(2) Baltic Journal of European Studies 130(2015).

24. Nicola Saccardo, The Impact of the EU Regulation No 650/2012 on Successions for Italian Nationals Residing in Third Countries(including the UK), 21 Trusts & Trustees 334(2015).

25. Thomas Kadner Graziano, Codifying European Union Private International Law: The Swiss Private International Law Act-A Model for a Comprehensive EU Private International Law Regulation?, 11(3) Journal of Private International Law 585(2015).

26. Peter Hay, European Conflicts Law after the American Revolution, 2015 (5) University of Illinois Law Review 2053(2015).

27. Ornella Feraci, Party Autonomy and Conflict of Jurisdictions in the EU Private International Law on Family and Succession Matters, 16 Yearbook of Private International law 105(2014/2015).

28. Juan Carlos Olarra, Recent Developments in the European Union, 20 Trusts & Trustees 155(2014).

29. Daniel Berlingher, Rules on the Conflict of Laws in the Matter of Succession in Romanian Private International Law, 4(2) Juridical Tribune 176(2014).

30. Sagi Peari, Savigny's Theory of Choice of Law as a Principle of Voluntary Submission, 64(1) University of Toronto Law Journal 106(2014).

31. Symeon C. Symeonides, Issue-by-Issue Analysis and Dépeçage in Choice of Law: Cause and Effect, 45 (1) University of Toledo Law Review 751

(2014).

32. Angelique Devaux, The European Regulations on Succession of July 2012: A Path Towards the End of the Succession Conflicts of Law in Europe, or Not?, 47(2) International Lawyer 229(2013).

33. Sagi Peari, The Choice-Based Perspective of Choice of Law, 23(3) Duke Journal of Comparative and International Law 477(2013).

34. Richard Fimston, The European Union Succession Regulation No. 650/2012, 33(1) Estates, Trusts and Pensions Journal 100(2013).

35. Janeen Carruthers, Party Autonomy in the Legal Regulation of Adult Relationships: What Place for Party Choice in Private International Law?, 61 (4) The International and Comparative Law Quarterly 881(2012).

36. Barbara Rich, Habitual Residence in English Succession Law, 17 Trusts & Trustees 316(2011).

37. Christopher Baker & Michael Gilding, Inheritance in Australia: Family and Charitable Distributions From Personal Estates, 46(3) Australian Journal of Social Issues 273(2011).

38. Charles E. Reuther, Party Autonomy in Private International Law, 2010(1) New Jersey Lawyer 10(2010).

39. Erik Jayme, Party Autonomy in International Family and Succession Law: New Tendencies, 11 Yearbook of Private International Law 1(2009).

40. Symeon C. Symeonides, The Challenge of Recodification Worldwide: The Conflicts Book of the Louisiana Civil Code: Civilian, American, or Original?, 83 Tulane Law Review 1041(2009).

41. Anatol Dutta, Succession and Wills in the Conflict of Laws on the Eve of Europeanisation, 73(3) The Rabel Journal of Comparative and International Private Law 547(2009).

42. Symeon C. Symeonides, Rome II and Tort Conflicts: A Missed Opportunity, 56(1) The American Journal of Comparative Law 173(2008).

43. Patrick J. Borchers, Categorical Exceptions to Party Autonomy in Private International Law, 82(5) Tulane Law Review 1645(2008).

44. Lehmann Matthias, Liberating the Individual from Battles Between States: Justifying Party Autonomy in Choice of Laws, 41(2) Vanderbilt Journal of Transnational Law 381(2008).

45. Symeon C. Symeonides, The American Revolution and the European Evolution in Choice of Law: Reciprocal Lessons, 82(5) Tulane Law Review 1741 (2008).

46. Jurgen Basedow, Federal Choice of Law in Europe and the USA-A Comparative Account of Interstate Conflicts, 82 (5) Tulane Law Review 2119 (2008).

47. Katharina Boele Woelki, The Legal Recognition of Same-Sex Relationships Within the European Union, 82(5) Tulane Law Review 1949(2008).

48. Linda J. Silberman, Rethinking Rules of Conflict of Laws in Marriage and Divorce in the United States: What Can We Learn from Europe?, 82(5) Tulane Law Review 1999(2008).

49. Horatia Muir Watt, European Federalism and the "New Unilateralism", 82 (5) Tulane Law Review 1983(2008).

50. Ralf Michaels, The New European Choice-of-Law Revolution, 82(5) Tulane Law Review 1607(2008).

51. Ralf Michaels, Public and Private International Law: German Views on Global Issues, 4(1) Journal of Private International Law 121(2008).

52. Veerle van den Eeckhout, Promoting Human Rights Within the Union: The Role of European Private International Law, 14(1) European Law Review 105(2008).

53. Erin Ann O'Hara & Larry E. Ribstein, Rules and Institutions in Developing a Law Market: Views from the United States and Europe, 82(5) Tulane Law Review 2147(2008).

54. Jo Shaw, E. U. Citizenship and Political Rights in an Evolving European Union, 75(5) Fordham Law Review 2549(2007).

55. Johan Meeusen, Instrumentalisation of Private International Law in the European Union: Towards a European Conflicts Revolution?, 9(3) European Journal of Migration and Law 287(2007).

56. Paul Terner, Perspectives of a European Law of Succession, 14(2) Maastricht Journal of European and Comparative Law 147(2007).

57. Ralf Michaels, EU Law as Private International Law? Reconceptualising the Country-of-Origin Principle as Vested-Rights Theory, 2(2) Journal of Private International Law 195(2006).

58. Kurt Siehr, General Problems of Private International Law in Modern Codifications, 7 Yearbook of Private International law 26(2005).

59. Christian Joerges, The Challenges of Europeanization in the Realm of Private Law: A Plea for a New Legal Discipline, 14(2) Duke Journal of Comparative & International Law 149(2004).

60. Christopher G. Stevenson, Dépeçage: Embracing Complexity to Solve Choice-of-Law, 37(1) Indiana Law Review 303(2003).

61. Paul R. Amato et al., Continuity and Change in Marital Quality Between 1980 and 2000, 65(1) Journal of Marriage and Family Law 1(2003).

62. Kathryn Venturatos Lorio, The Changing Concept of Family and Its Effect on Louisiana Succession Law, 63(4) Louisiana Law Review 1161(2003).

63. Harry D. Krause & David D. Meyer, What Family for the 21st Century?, 50 The American Journal of Comparative Law 101(2002).

64. Kurt Siehr, Revolution and Evolution in Conflicts Law, 60(4) Louisiana Law Review 1353(2000).

65. Pippa Rogerson, Habitual Residence: The New Domicile?, 49(1) The International and Comparative Law Quarterly 86(2000).

66. Peter Stone, The Concept of Habitual Residence in Private International

Law, 29(3) Anglo-American Law Review 342(2000).

67. Kermit Roosevelt III, The Myth of Choice of Law: Rethinking Conflicts, 97 (8) Michigan Law Review 2448(1999).

68. Eugene F. Scoles, The Hague Convention on Succession, 42(1) The American Journal of Comparative Law 85(1994).

69. Carol S. Bruch, The Hague Convention on the Law Applicable to Succession to the Estates of Deceased Persons: Do Quasi-community Property and Mandatory Survivorship Laws Need Protection?, 56(2) Law and Contemporary Problems309(1993).

70. Douglas Laycock, Equal Citizens of Equal and Territorial States: The Constitutional Foundations of Choice of Law, 92(2) Columbia Law Review 249 (1992).

71. A. N. Yiannopoulos, Two Critical Years in the Life of the Louisiana Civil Code: 1870 and 1913, 53(1) Louisiana Law Review 5(1992).

72. Frank Vischer, General Course on Private International Law, 232 Collected Course of the Hague Academy International Law 9(1992).

73. Jeffrey Schoenblum, Choice of Law and Succession to Wealth: A Critical Analysis of the Ramifications of the Hague Convention on Succession to Decedents' Estates, 32(1) Virginia Journal of International Law 83(1991).

74. Alfred E. von Overbeck, The New Swiss Codification of Private International Law, 16 International Forum 13(1991).

75. Peter Hay, Flexibility versus Predictability and Uniformity in Choice of Law: Reflection on Current European and United States Conflicts Law, 226 Collected Courses of the Hague Academy of International Law 282(1991).

76. Larry Kramer, Rethinking Choice of Law, 90(2) Columbia Law Review 277 (1990).

77. Katherine Spaht et al., The New Forced Heirship Legislation: A Regrettable "Revolution", 50(1) Louisiana Law Review 409(1990).

78. Russell J. Weintraub, The Contributions of Symeonides and Kozyris To Making Choice of Law Predictable and Just: An Appreciation and Critique, 38 (3) The American Journal of Comparative Law 511(1990).

79. J. G. Miller, Family Provision on Death: The International Dimension, 39 (2) The International and Comparative Law Quarterly 261(1990).

80. Adam Samuel, The New Swiss Private International Law Act, 37(3) The International and Comparative Law Quarterly 681(1988).

81. Symeon C. Symeonides, Louisiana's Draft on Successions and Marital Property, 35(2) The American Journal of Comparative Law 259(1987).

82. Symeon C. Symeonides, Exploring the "Dismal Swamp": The Revision of Louisiana's Conflicts Law on Successions, 47 Louisiana Law Review 1029 (1987).

83. Kurt H. Nadelmann, Choice of Law Resolved by Rules or Presumptions with an Escape Clause, 33(2) The American Journal of Comparative Law 297 (1985).

84. Friedrich K. Juenger, Conflict of Laws: A Critique of Interest Analysis, 32 (1) The American Journal of Comparative Law 1(1984).

85. Friedrich K. Juenger, American and European Conflicts Law, 30(1) The American Journal of Comparative Law 117(1982).

86. Luther L. McDougal III, Codification of Choice of Law: A Critique of the Recent European Trend, 55 Tulane Law Review 114(1981).

87. Lea Brilmayer, Interest Analysis and the Myth of Legislative Intent, 78(3) Michigan Law Review 392(1980).

88. Stephen McCaffrey, The Swiss Draft Conflicts Law, 28(2) The American Journal of Comparative Law 235(1980).

89. Atle Grahl-Madsen, Conflict Between the Principle of Unitary Succession and the System of Scission, 28(4) The International and Comparative Law Quarterly 598(1979).

90. Gerhard Kegel, Paternal Home and Dream Home: Traditional Conflict of Laws and the American Reformers, 27(4) The American Journal of Comparative Law 615(1979).

91. Max Jr. Nathan, An Assault on the Citadel: A Rejection of Forced Heirship, 52(1) Tulane Law Review 5(1977).

92. Frank Vischer, Drafting National Legislation on Conflict of Laws: The Swiss Experience, 41(2) Law and Contemporary Problems 131(1977).

93. Kurt H. Nadelmann, Impressionism and Unification of Law: The EEC Draft Convention on the Law Applicable to Contractual and Non-contractual Obligations, 24(1) The American Journal of Comparative Law 1(1976).

94. Willis L. M. Reese, Dépeçage: A Common Phenomenon in Choice of Law, 73(1) Columbia Law Review 58(1973).

95. Kurt H. Nadelmann, Draft Convention Concerning the International Administration of Estates of Deceased Persons, 21(1) The American Journal of Comparative Law 139(1973).

96. Kurt H. Nadelmann, Mancini's Nationality Rule and Non-unified Legal Systems: Nationality Versus Domicile, 17(1) The American Journal of Comparative Law 418(1969).

97. Ulrich Drobnig, Conflict of Laws and the European Economic Community, 15(1/2) The American Journal of Comparative Law 204(1967).

98. Alfred E. von Overbeck, Renvoi in the Institute of International Law, 12(4) The American Journal of Comparative Law 544(1963).

后　记

　　本书是在我博士学位论文的基础上修订而成的。我的博士论文于 2019 年 5 月底完稿，在毕业答辩后，我根据各位答辩专家和老师们的意见进行了相应的调整和修改。此次出版之前我也更新了文中的法律文本和案例，但因为精力和能力有限，书中难免有疏漏和不足之处，恳请各位读者指正。

　　对博士论文的修改勾起了我对珞珈山的回忆。在武汉大学读书的六年是我人生的重要转折点。2013 年的秋天，初次离开家乡到外地读书的我在陌生的环境里感到无限迷茫。但是我很幸运，在这里遇到的每位老师都曾给过我无私的关怀和帮助，这些温暖激励着我向前追逐自己的梦想。本书的完成和出版，离不开老师们的指导和付出。

　　首先，我要感谢博士导师黄进教授对我的悉心栽培和精心点拨。从博士论文的选题到最终完成，黄老师都非常关心。当我首次和黄老师谈起论文选题时，黄老师就提出这个选题比较难写出新意，但他仍然尊重、支持我的选择。虽然黄老师事务极其繁重，但是每次见面都会询问我的论文进展，给我提供写作思路。对于每一封邮件，黄老师都会及时回复，会肯定我论文中的闪光点，也会指出其中的不足之处。在答辩前，黄老师还抽出时间对论文的遣词造句加以修改和润色。可以说，论文的最终完成和顺利出版都离不开黄老师的关怀和指导。师恩难忘，学生将铭记于心。

　　感谢我的硕士导师邹国勇副教授多年来对我的关心、帮助和支持。邹老师是我的学术指路人，当我第一次尝试写论文时，他就不厌其烦、逐字逐句地帮我修改论文。在他的耐心指导下，我在读硕士的第一个学期就顺利发表了论文，这极大地鼓舞了当时还是学术小白的我。邹老师不仅教会我写作的方法，还教导我要遵守写作规范、端正写作态度，他的指导让我少走很多弯路，激发出我对学术的兴趣。在我攻读博士学位期间，邹老师仍然关注着我的学业，从资格论文的写作和发表到博士学位论文的开题和答辩，每个阶段都充满他的关心和帮助。邹老师严谨的治学态度和为人处世的风范是我学习的榜样，学生的点滴进步都离不开邹老师的指导，有幸成为邹老师的学生是我一生的荣幸。

感谢武汉大学肖永平教授、郭玉军教授，北京大学何其生教授，湖南师范大学欧福永教授，中南财经政法大学向在胜教授和台湾国际私法研究会会长赖来焜教授等诸位答辩委员会成员，在答辩过程中提出诸多宝贵的建议，武汉大学乔雄兵副教授、徐祥老师在论文开题时也提出了有启发性的建议。论文写作过程中，我还请教了安徽大学的汪金兰教授，她建议我从多个角度去思考这个选题，帮助我梳理写作思路。感谢欧洲知名汉学家、瑞士比较法研究所中国法律专家胜雅律教授，他在我访问瑞士比较法研究所的一年间，每个星期都与我见面和讨论，多次帮助我修改和调整博士毕业论文的结构，对论文的文字表达提出建议。本书的完成和出版凝聚着他们的心血，向他们表示感谢！

感谢武汉大学法学院的邓朝晖老师、甘勇老师、朱磊老师、梁雯雯老师在我求学期间对我的无私帮助，感谢李何佳、童立雪、连俊雅、陈星儒、李建坤、林萌、桑远棵等师兄弟姐妹以及付鹏远、钱振球、赵运成、崔皓和赵以等同窗好友多年来的真诚关心。感谢周建茹、朱红萍、许力婷、张红宽、刘媛、张宇同学的陪伴和鼓励。

感谢山东大学法学院的领导和各位同事，是他们的理解和帮助让我快速地适应了新的工作环境。感谢山东大学提供的科研环境和各项支持，本书受"山东大学基本科研业务费专项资金资助"才得以顺利出版。还有太多需要感谢的人，我无法一一列举出他们的姓名，但他们对我的帮助和支持将永记在心。

最后，我要感谢父母及家人对我的理解、包容和支持。感谢我的爱人褚章正先生，感谢他在生活中对我的照顾和包容，使我有时间和精力来完成本书稿的修改工作。感谢我的爸爸妈妈一直以来无条件地爱护和信任我，他们不仅给予我物质上的支持，还给我提供无尽的精神鼓励，帮助我克服写作的困境。特别是我的妈妈，从我出生以来，她就把生活重心转移到我的身上，牺牲了自己大部分的时间，在我身边默默地付出与陪伴。在我感觉辛苦和迷茫的时候，她心疼的眼神让我明白，母爱无言，母爱是牵挂、担忧和不舍……2021 年 9 月 10 日，我的女儿朵朵出生了，为了支持我的工作，让我无后顾之忧，妈妈一边帮我照顾女儿，一边包揽了所有的家务。而我仍然可以像个孩子一样，在妈妈身边享受着全方位的照顾。爱是我前进的动力，谨以此书献给他们。

杨灵一
2022 年 8 月于山东大学华岗苑